应用型**本科汽车类**系列规划教材

汽车服务礼仪

》 主　编　牛艳莉
副主编　任俊峰　钱明珠　张捷姝

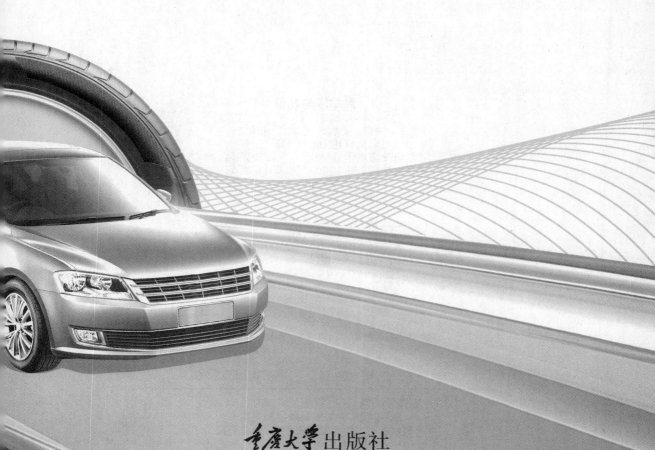

重庆大学出版社

内容提要

本书的特点是任务驱动,情境教学,基于工作过程的编撰体系。本书共分为9大情境,32个学习任务。全书整体上可分为三篇一题,即认知篇、服务礼仪篇、业务礼仪篇和会展礼仪专题。认知篇,主要对汽车服务礼仪认知、汽车服务人员职业素质构建进行解析;服务礼仪篇,涵盖汽车服务人员形象礼仪、社交礼仪、沟通礼仪、商务礼仪;业务礼仪篇,则是贯穿汽车售前、售中、售后3个环节的礼仪规范;会展礼仪专题,重点对汽车展会等相关业务流程及实战要求进行分析。本书既有理论专业性,又具有实用性。

本书可用于应用技术型本科院校汽车服务工程、汽车技术服务与营销等相关专业的核心教学,还可作为汽车4S店、汽车销售公司等销售人员的培训实战手册。

图书在版编目(CIP)数据

汽车服务礼仪／牛艳莉主编. -- 重庆:重庆大学
出版社,2017.8
应用型本科汽车类系列规划教材
ISBN 978-7-5689-0757-6

Ⅰ. ①汽…　Ⅱ. ①牛…　Ⅲ. ①汽车—服务营销—礼仪
—高等学校—教材　Ⅳ. ①F766

中国版本图书馆 CIP 数据核字(2017)第 199088 号

汽车服务礼仪

主　编　牛艳莉
副主编　任俊峰　钱明珠　张捷姝
策划编辑:何　梅

责任编辑:李定群　杨育彤　　版式设计:何　梅
责任校对:邬小梅　　　　　　责任印制:赵　晟

*

重庆大学出版社出版发行
出版人:易树平
社址:重庆市沙坪坝区大学城西路 21 号
邮编:401331
电话:(023) 88617190　88617185(中小学)
传真:(023) 88617186　88617166
网址:http://www.cqup.com.cn
邮箱:fxk@ cqup.com.cn(营销中心)
全国新华书店经销
重庆升光电力印务有限公司印刷

*

开本:787mm×1092mm　1/16　印张:16.5　字数:371 千
2017 年 8 月第 1 版　　2017 年 8 月第 1 次印刷
印数:1—2 000
ISBN 978-7-5689-0757-6　定价:38.00 元

序 言

　　汽车服务礼仪是汽车营销人员的基本功,对于营销业绩的促进具有重要意义。既能体现汽车营销服务人员的优秀素质,同时对于汽车品牌的支撑更有积极意义。汽车服务礼仪课程是当前高校汽车服务工程、汽车营销等相关专业的必修课程,但就当前的课程建设来看,普遍存在针对性不强,理论内容过多,实践操作性不够具体等问题。因此,从理论研究与实践需要,创新汽车服务礼仪课程既有必要性,又有迫切性。

　　本书基于岗位能力需要为导向,紧贴应用型本科建设中的课程改革要求,按照任务驱动,能力匹配的思路进行编写。既考虑到汽车企业一线营销人员的技能要求,又凸显出高校情境教学特点,真正做到理论与实践相结合。

　　本书在编写过程中,注重采纳国内外汽车服务营销领域的最新研究成果和国内汽车服务市场的案例动态,确保本书在理论上的前沿性和实践中的实用性。同时,在本书编撰过程中,突破管理学单一学科的研究范畴局限,将计算机学、心理学等相关交叉学科知识综合运用,增强了本书的趣味性和知识性,更便于学生学习和运用。

　　本书共分为 9 大情境、32 个学习任务,可分为两大能力板块:学习情境1—6 为第一板块,主要对汽车服务礼仪认知和汽车服务人员基本礼仪规范进行阐述;学习情境7—9 为第二板块,主要侧重于职业素养培养和业务能力提升。整书通过这两大板块,将理论知识与实践能力有机统一起来,将培训手册的实用性和理论教材的应用型有机结合起来,从而使得教材更具创新性。

　　本书由黄河科技学院牛艳莉担任主编,黄河科技学院钱明珠、任俊峰,张捷姝担任副主编。具体分工如下:学习情境 1、学习情境 2、学习情境 7 由黄河科技学院牛艳莉编写;学习情境 3、学习情境 4、学习情境 8 由黄河科技学院钱明珠编写;学习情境 5、学习情境 6 由黄河科技学院任俊峰编写;学习情境 9 由黄河科技学院张捷姝编写。

　　由于编写时间有限,本书仍存在一定的不足和疏漏,希望各位学者及同人提出宝贵意见。

编　者

2017 年 3 月 30 日

目 录

服务礼仪篇

会展礼仪专题

业务礼仪篇

认知篇

学习情境 1

～ 认知汽车服务礼仪 ～

【学习目标】

1. 了解礼仪的含义、起源及发展的过程。
2. 了解礼仪的特点、原则及作用。
3. 掌握服务的内涵及作用。
4. 掌握汽车服务人员应具备的职业道德。
5. 了解汽车服务人员应具备的职业素养。

【任务导入】

名言警句：

公生明,偏生暗。——《荀子·不苟》

鞠躬尽瘁,死而后已。——诸葛亮《后出师表》

有公心必有公道,有公道必有公制。——傅玄《傅子·通志》

人人好公,则天下太平;人人营私,则天下大乱。——刘鹗《老残游记》

没有下岗的痛苦,就不知道上岗的幸福,爱国先爱岗,做事先做人。

工作不怕干不到,就怕眼里看不到。操主人心,尽主人责,办主人事,干主人活。

该干的工作认真干,能干的工作主动干,难干的工作想法干。

有今天的苦干,才有明天的幸福。

自己给自己找活干,会永远有活干;自己给自己出难题,会永远无难题。

任务1.1 礼 仪

【任务书】

> 1. 掌握礼仪的内涵。
> 2. 熟悉礼仪的内容。
> 3. 熟悉礼仪的特征。
> 4. 掌握礼仪的原则。

【相关知识】

1.1.1 礼的概念与内涵

(1)礼、礼貌、礼节与礼仪

1)礼

礼的本义为敬神,后引申为表示敬意的通称。礼的含义比较丰富,它既可以指表示敬意和隆重而举行的仪式,也可泛指社会交往中的礼貌礼节,是人们在长期的生活实践中约定俗成、共同认可的行为规范,还特指奴隶社会、封建社会等级森严的社会规范和道德规范。在《中国礼仪大辞典》中,礼定义为特定的民族、人群或国家基于客观历史传统而形成的价值观念、道德规范以及与之相适应的典章制度和行为方式。礼的本质是"诚",有敬重、友好、谦恭、关心、体贴之意。"礼"是人际间乃至国际交往中,相互表示尊重、亲善和友好的行为。

2)礼貌

礼貌是人们在交往过程中相互表示敬意和友好的行为准则和精神风貌,是一个人在待人接物时的外在表现。它通过仪表及言谈举止来表示对交往对象的尊重。它反映了时代的风尚与道德水准,体现了人们的文化层次和文明程度。

3)礼节

礼节是指人们在日常生活中,特别是在交际场合中,相互表示问候、致意、祝愿、慰问以及给予必要的协助与照料的惯用形式。礼节是礼貌的具体表现,具有形式化的特点,主要指日常生活中的个体礼貌行为。

4)礼仪

礼仪包括"礼"和"仪"两部分。"礼",即"礼貌""礼节";"仪"即"仪表""仪态""仪式"

"仪容",是对礼节、仪式的统称。礼仪是人们在各种社会的具体交往中,为了相互尊重,在仪表、仪态、仪式、仪容、言谈举止等方面约定俗成的,共同认可的规范和程序。从广义的角度看,礼仪泛指人们在社会交往中的行为规范和交际艺术;而从狭义的角度看,通常是指在较大或隆重的正式场合,为表示敬意、尊重、重视等所举行的合乎社交规范和道德规范的仪式。

（2）礼、礼貌、礼节、礼仪之间的关系

礼、礼貌、礼节、礼仪都属于礼的范畴。礼是一种社会道德规范,是人们社会交际中的行为准则;礼貌是表示尊重的言行规范;礼节是表示尊重的惯用形式和具体要求;礼仪是由一系列具体表示礼貌和礼节所构成的完整过程。"礼貌""礼节""礼仪"三者尽管名称不同,但都是人们在相互交往中表示尊敬、友好的行为,其本质都是尊重人、关心人。三者相辅相成,密不可分。有礼貌而不懂礼节,往往容易失礼;谙熟礼节却流于形式,充其量只是客套。礼貌是礼仪的基础,礼节是礼仪的基本组成部分。礼是仪的本质,而仪则是礼的外在表现。礼仪在层次上要高于礼貌和礼节,其内涵更深、更广,它是由一系列具体的礼貌、礼节所构成;礼节只是一种具体的做法,而礼仪则是一个表示礼貌的系统、完整的过程。

1.1.2　中国礼仪的起源与发展

（1）中国礼仪的起源

关于礼的起源,说法不一。归纳起来有 5 种起源说:一是天神生礼仪;二是礼为天地人的统一体;三是礼产生于人的自然本性;四是礼为人性和环境矛盾的产物;五是礼生于理,起源于俗。

1）从理论上说,礼的产生,是人类为了协调主客观矛盾的需要

首先,礼的产生是为了维护自然的"人伦秩序"的需要。人类为了生存和发展,必须与大自然抗争,不得不以群居的形式相互依存,人类的群居性使得人与人之间相互依赖又相互制约。在群体生活中,男女有别,老少有异,既是一种天然的人伦秩序,又是一种需要被所有成员共同认定、保证和维护的社会秩序。人类面临着的内部关系必须妥善处理,因此,人们逐步积累和自然约定出一系列"人伦秩序",这就是最初的礼。

其次,起源于人类寻求满足自身欲望与实现欲望的条件之间动态平衡的需要。人对欲望的追求是人的本能,人们在追寻实现欲望的过程中,人与人之间难免会发生矛盾和冲突,为了避免这些矛盾和冲突,就需要为"止欲制乱"而制礼。

2）从具体的仪式上看,礼产生于原始宗教的祭祀活动

原始宗教的祭祀活动是最早也是最简单的以祭天、敬神为主要内容的"礼"。这些祭祀活动在历史发展中逐步完善了相应的规范和制度,正式形成为祭祀礼仪。随着人类对自然与社会各种关系认识的逐步深入,仅以祭祀天地、鬼神、祖先为礼,已经不能满足人类日益发展的精神需要和调节日益复杂的现实关系。于是,人们将事神致福活动中的一系列行为,从内容和形式扩展到了各种人际交往活动,从最初的祭祀之礼扩展到社会各个领域的各种各样的礼仪。

（2）中国礼仪的发展

礼仪在其传承沿袭的过程中不断发生着变革。从历史发展的角度来看,其演变过程可以分为 4 个阶段:

1)礼仪的起源时期:夏朝以前(公元前 21 世纪以前)

礼仪起源于原始社会,在原始社会中、晚期(约旧石器时代)出现了早期礼仪的萌芽。整个原始社会是礼仪的萌芽时期,礼仪较为简单和虔诚,还不具有阶级性。内容包括:制订明确血缘关系的婚嫁礼仪;区别部族内部尊卑等级的礼制;为祭天敬神而确定的一些祭典仪式;制订一些在人们的相互交往中表示礼节和表示恭敬的动作。

2)礼仪的形成时期:夏、商、西周三代(公元前 21 世纪—前 771 年)

人类进入奴隶社会,统治阶级为了巩固自己的统治地位把原始的宗教礼仪发展成符合奴隶社会政治需要的礼制,礼仪被打上了阶级的烙印。在这个阶段,中国第一次形成了比较完整的国家礼仪与制度。如"五礼"就是一整套涉及社会生活各方面的礼仪规范和行为标准。古代的礼制典籍也多撰修于这一时期,如周代的《周礼》《仪礼》《礼记》就是我国最早的礼仪专著。在汉代以后 2 000 多年的历史中,它们一直是国家制定礼仪制度的经典著作,被称为礼经。

3)礼仪的变革时期:春秋战国时期(公元前 771—前 221 年)

这一时期,学术界形成了百家争鸣的局面,以孔子、孟子、荀子为代表的诸子百家对礼教给予了研究和发展,对礼仪的起源、本质和功能进行了系统阐述,第一次在理论上全面而深刻地论述了社会等级秩序划分及其意义。

孔子对礼仪非常重视,把"礼"看成是治国、安邦、平定天下的基础。他认为"不学礼,无以立""质胜文则野,文胜质则史。文质彬彬,然后君子"。他要求人们用礼的规范来约束自己的行为,要做到"非礼勿视,非礼勿听,非礼勿言,非礼勿动"。倡导"仁者爱人",强调人与人之间要有同情心,要相互关心,彼此尊重。

孟子把礼解释为对尊长和宾客严肃而有礼貌,即"恭敬之心,礼也",并把"礼"看成人的善性的发端之一。

荀子把"礼"作为人生哲学思想的核心,把"礼"看成做人的根本目的和最高理想,"礼者,人道之极也"。他认为"礼"既是目标、理想,又是行为过程。"人无礼则不生,事无礼则不成,国无礼则不宁。"

管仲把"礼"看成人生的指导思想和维持国家的第一支柱,认为礼关系到国家的生死存亡。

4)强化时期:秦汉到清末(公元前 221—公元 1911 年)

在我国长达 2 000 多年的封建社会里,尽管在不同的朝代礼仪文化具有不同的社会政治、经济、文化特征,但却有一个共同点,就是一直为统治阶级所利用,礼仪是维护封建社会的等级秩序的工具。这一时期礼仪的重要特点是尊君抑臣、尊夫抑妇、尊父抑子、尊神抑人。在漫长的历史演变过程中,它逐渐成为妨碍人类个性自由发展、阻挠人类平等交往、窒息思想自由的精神枷锁。纵观封建社会的礼仪,内容大致涉及国家政治的礼制和家庭伦理两类。这一时期的礼仪构成中华传统礼仪的主体。

5）现代礼仪的发展

辛亥革命以后，受西方资产阶级"自由、平等、民主、博爱"等思想的影响，中国的传统礼仪规范、制度，受到强烈冲击。五四新文化运动对腐朽、落后的礼教进行了清算，符合时代要求的礼仪被继承、完善、流传，那些繁文缛节逐渐被抛弃，同时接受了一些国际上通用的礼仪形式。新的礼仪标准、价值观念得到推广和传播。中华人民共和国成立后，逐渐确立了以平等相处、友好往来、相互帮助、团结友爱为主要原则的具有中国特色的新型社会关系和人际关系。改革开放以来，随着中国与世界的交往日趋频繁，西方一些先进的礼仪、礼节陆续传入我国，同我国的传统礼仪一道融入社会生活的各个方面，构成了社会主义礼仪的基本框架。许多礼仪从内容到形式都在不断变革，现代礼仪的发展进入了全新的发展时期。大量的礼仪书籍相继出版；各行各业的礼仪规范纷纷出台；礼仪讲座、礼仪培训日趋红火；人们学习礼仪知识的热情空前高涨；讲文明、懂礼貌蔚然成风。今后，随着社会的进步、科技的发展和国际交往的增多，礼仪必将得到新的完善和发展。

（3）东、西方礼仪的差异

东方礼仪主要指以中国、日本、朝鲜、泰国、新加坡等为代表的亚洲国家所具有东方民族特点的礼仪文化。西方礼仪主要指流传于欧洲、北美各国的礼仪文化。

1）在对待血缘亲情方面

东方人非常重视家族和血缘关系，"血浓于水"的传统观念根深蒂固，人际关系中最稳定的是血缘关系。

西方人独立意识强，相比较而言，不是很重视家庭血缘关系，而更看重利益关系。他们将责任、义务分得很清楚，责任必须尽到，义务则完全取决于实际能力，绝不勉为其难。处处强调个人拥有的自由，追求个人利益。

2）在表达形式方面

西方礼仪强调实用，表达率直、坦诚。东方人以"让"为礼，凡事都要礼让三分，与西方人相比，常显得谦逊和含蓄。在面对他人夸奖所采取的态度方面，东、西方人各不相同。面对他人的夸奖，中国人常常会说"过奖了""惭愧""我还差得很远"等字眼，表示自己的谦虚；而西方人面对别人真诚的赞美或赞扬，往往会用"谢谢"来表示接受对方的美意。

3）在礼品馈赠方面

在中国，人际交往特别讲究礼数，重视礼尚往来，往往将礼作为人际交往的媒介和桥梁。东方人送礼的名目繁多，除了重要节日互相拜访需要送礼外，平时的婚、丧、嫁、娶、生子、生日、提职、加薪都可以作为送礼的理由。

西方礼仪强调交际务实，在讲究礼貌的基础上力求简洁便利，反对繁文缛节、过分客套造作。西方人一般不轻易送礼给别人，除非相互之间建立了较为稳固的人际关系。在送礼形式上也比东方人简单得多。一般情况下，他们既不送过于贵重的礼品，也不送廉价的物品，但却非常重视礼品的包装，特别讲究礼品的文化格调与艺术品位。

在送礼和接受礼品时，东、西方也存在着差异。西方人送礼时，总是向受礼人直截了当地说："这是我精心为你挑选的礼物，希望你喜欢，"或者说"这是最好的礼物"之类的话；西方人一般不推辞别人的礼物，接受礼物时先对送礼者表示感谢，接过礼物后总是当面拆看礼物,并对礼物赞扬一番。而东方人则不同,如中国人及日本人在送礼时也费尽心机、精心挑选,但在受礼人面前却总是谦虚而恭敬地说"微薄之礼不成敬意,请笑纳"之类的言语。东方人在受礼时,通常会客气地推辞一番,接过礼品后,一般不当面拆看礼物,唯恐对方因礼物过轻或不尽如人意而难堪,或显得自己重利轻义,有失礼貌。

4)在对待"老"的态度方面

东、西方礼仪在对待人的身份、地位和年龄上也有许多观念和表达上的差异。东方礼仪一般是老者、尊者优先,凡事讲究论资排辈。西方礼仪崇尚自由平等,在礼仪中,等级的强调没有东方礼仪那么突出,而且西方人独立意识强,不愿老、不服老,特别忌讳"老"。

5)在时间观念方面

西方人时间观念强,做事讲究效率。出门常带记事本,记录日程和安排,有约必须提前到达,至少要准时,且不应随意改动。西方人不仅惜时如金,而且常将交往方是否遵守时间当作判断其工作是否负责、是否值得与其合作的重要依据,在他们看来,这直接反映了一个人的形象和素质。遵守时间秩序,养成了西方人严谨的工作作风,办起事来井井有条。西方人工作时间和业余时间区别分明,休假时间不打电话谈论工作,甚至在休假期间断绝非生活范畴的交往。相对来讲,中国人使用时间比较随意,时间观念比较淡漠,包括改变原定的时间和先后顺序。中国人开会迟到,老师上课拖堂,开会作报告任意延长时间是经常的事。这在西方人看来是不可思议的,他们认为不尊重别人拥有的时间是最大的不敬。

6)在对待隐私权方面

西方礼仪处处强调个人拥有的自由(在不违反法律的前提下),将个人的尊严看得神圣不可侵犯。在西方,冒犯对方"私人的"所有权利,是非常失礼的行为。因为西方人尊重别人的隐私权,同样也要求别人尊重他们的隐私权。

东方人非常注重共性拥有,强调群体,强调人际关系的和谐。邻里间的相互关心、嘘寒问暖,是一种富于人情味的表现。

1.1.3　礼仪的特征

(1)普遍认同性

所谓认同性,是全社会的约定俗成,是全社会共同认可、普遍遵守的准则。一般来说,礼仪代表一个国家、一个民族、一个地区的文化习俗特征。但也有不少礼仪是全世界通用的,具有全人类的共同性。例如,问候、打招呼、礼貌用语、各种庆典仪式、签字仪式等,大体是世界通用的。这主要源于共同的经济生活和文化生活。经济的共同性必然导致礼仪的变化。比如现代经济社会的快节奏、高效率,使现代礼仪向简洁、务实方向发展。共同的文化涵育了共同的礼仪。社会礼仪的普遍认同性表明社会中的规范和准则,必须得到全社会的认同,才能在全社会中通用。

(2)规范性

规范性是指对具体的交际行为具有规范性和制约性。这种规范性本身所反映的实质是一种被广泛认同的社会价值取向和对他人的态度。无论是具体言行还是具体的姿态,均可反映出行为主体的包括思想、道德等内在品质和外在的行为标准。

（3）广泛性

广泛性是指礼仪在整个人类社会的发展过程中普遍存在，并被人们广泛认同。礼仪无处不在，礼仪无时不在。

（4）沿习性

沿习性是指礼仪形成本身是个动态发展过程，是在风俗和传统变化中形成的行为规范。在这种发展变化中，表现为一种继承和发展。礼仪一旦形成，就有一种相对独立性。今天的礼仪形式就是从昨天的历史中继承下来的，有不少优秀的还要继续传承下去，是质变—量变—质变的过程。而那些封建糟粕，则会逐渐被抛弃。所以交际礼仪的沿袭和继承是个不断扬弃的社会进步的过程。世界上任何事物都是发展变化的，礼仪虽然有较强的相对独立性和稳定性，但它也毫不例外地随着时代的发展而发生变化。随着社会交往的扩大，各国民族的礼仪文化都会互相渗透，尤其是西方礼仪文化引入中国，使中华礼仪在保持传统民族特色的基础上，发生了更文明、更简洁、更实用的变化。例如，送花、穿西服等交际礼仪和服装礼仪就是来自西方，还有圣诞节、情人节、母亲节等的礼仪也是来自西方。

1.1.4　礼仪的原则

（1）宽容

宽容，即人们在交际活动中运用礼仪时，既要严于律己，更要宽以待人。宽容就是要豁达大度、有气量、不计较和不追究。具体表现为一种胸襟，一种容纳意识和自控能力。"吃亏是福"，能吃亏者方能成就大事。

（2）敬人

敬人，即人们在社会交往中，要敬人之心常存，处处不可失敬于人，不可伤害他人的个人尊严，更不能侮辱对方的人格，也不要得罪小人。敬人就是尊敬他人，包括尊敬自己，维护个人乃至组织的形象。不可损人利己，这也是人的品格问题。

（3）自律

自律是礼仪的基础和出发点。学习、应用礼仪，最重要的就是要自我要求、自我约束、自我对照、自我反省、自我检查。自律就是自我约束，按照礼仪规范严格要求自己，知道自己该做什么，不该做什么。1976年1月8日，周恩来总理逝世时，设在美国纽约的联合国总部门前的联合国旗降了半旗。自1945年联合国成立以来，世界上有许多国家的元首先后去世，联合国还没有为谁下过半旗。一些国家感到不公平了，他们的外交官聚集在联合国大门前的广场上，言辞激烈地向联合国总部发出质问：我们的国家元首去世，联合国的大旗升得那么高，中国的总理去世，为什么要为他降半旗呢？当时的联合国秘书长瓦尔德海姆站出来，在联合国大厦门前的台阶上发表了一次极短的演讲，总共不过一分钟。他说："为了悼念周恩来，联合国降半旗，这是我决定的，原因有两条，一是中国是一个文明古国，它的金银财宝多得不计其数,它使用的人民币多得我们数不过来,可是它的周总理没有一分钱存款。二是中国有 10 亿人口,占世界人口的 1/4,可是它的周总理没有一个孩子。你们任何国家的元首,如果能做到其中一条,在他逝世之日,总部将照样为他降半旗。"说完,他转身就走,广场上的外交官们都哑口无言,随后响起了雷鸣般的掌声。瓦尔德海姆机敏而锐利的谈吐,不仅表现了他机智无比的外交才能,同时也反映了我们敬爱的周总理的高尚品格举世无双!联合国前秘书长哈马啥尔德于 1955 年在北京会见过周总理后说过一句广为流传的话:"与周恩来相比,我们简直就是野蛮人。"

(4)遵守

在交际应酬中,每一位参与者都必须自觉、自愿地遵守礼仪,用礼仪去规范自己在交往活动中的言行举止。遵守的原则就是对行为主体提出的基本要求,更是人格素质的基本体现。遵守礼仪规范,才能赢得他人的尊重,确保交际活动达到预期的目标。

(5)适度

应用礼仪时要注意把握分寸,认真得体。适度就是把握分寸。礼仪是一种程序规定,而程序自身就是一种"度"。礼仪无论是表示尊敬还是热情都有一个"度"的问题,没有"度",施礼就可能进入误区。

(6)真诚

运用礼仪时,务必诚信无欺,言行一致,表里如一。真诚就是在交际过程中做到诚实守信,不虚伪、不做作。交际活动作为人与人之间信息传递、情感交流、思想沟通的过程,如果缺乏真诚则不可能达到目的,更无法保证交际效果。

(7)从俗

由于国情、民族、文化背景的不同,必须坚持入乡随俗,与绝大多数人的习惯做法保持一致,切勿目中无人,自以为是。从俗就是指交往各方都应尊重相互之间的风俗、习惯,了解并尊重各自的禁忌,如果不注意禁忌,就会在交际中引起障碍和麻烦。

(8)平等

平等是礼仪的核心,即尊重交往对象,以礼相待,对任何交往对象都必须一视同仁,给予同等程度的礼遇。

礼仪是在平等的基础上形成的,是一种平等的、彼此之间的相互对待关系的体现,其核心问题是尊重以及满足相互之间获得尊重的需求。在交际活动中既要遵守平等的原则,同时也要善于理解具体条件下对方的一些行为,不应过多地挑剔对方的行为。

1.1.5 礼仪的作用

礼仪的作用概括地说,是表示人们不同地位的相互关系和调节、处理人们相互关系的手段。礼仪的作用表现在以下几个方面:

(1)尊重

尊重的作用即向对方表示尊敬、敬意,同时对方也还之以礼。礼尚往来,有礼仪的交往行为,蕴含着彼此的尊敬。

(2)约束

礼仪作为行为规范,对人们的社会行为具有很强的约束作用。礼仪一经形成和推行,久而久之,便成为社会的习俗和社会行为规范。任何一个生活在某种礼仪习俗和规范环境中的人,都自觉或不自觉地受到该礼仪的约束,自觉接受礼仪约束的人是"成熟的人"的标志,不接受礼仪约束的人,社会就会以道德和舆论的手段来对他加以约束,甚至以法律的手段来强迫。

(3)教化

礼仪具有教化作用,主要表现在两方面:一方面是礼仪的尊重和约束作用。礼仪作为一种道德习俗,它对全社会的每个人,都有教化作用,都在施行教化。另一方面,礼仪的形成、完备和凝固,会成为一定社会传统文化的重要组成部分,它以"传统"的力量不断地由老一辈传继给新一代,世代相继、世代相传。在社会进步中,礼仪的教化作用具有极为重大的意义。

(4)调节

礼仪具有调节人际关系的作用。一方面,礼仪作为一种规范、程序,作为一种文化传统,对人们之间相互关系模式起着规范、约束和及时调整的作用;另一方面,某些礼仪形式、礼仪活动可以化解矛盾、建立新关系模式。"相逢一笑泯恩仇""化干戈为玉帛"……可见礼仪在处理人际关系和发展健康良好人际关系中,是有其重要作用的。

任务 1.2　服　务

【任务书】 ……………………………………………………………………

　　1.系统掌握服务的基本内涵。
　　2.熟悉服务具备的特征。

【相关知识】 ……………………………………………………………………

1.2.1　服务的含义

服务是指为他人做事,并使他人从中受益的一种有偿或无偿的活动,不以或很少以实物形式而以提供劳动的形式满足他人某种特殊需要。

服务的提供可涉及:

①在顾客提供的有形产品(如维修的汽车)上所完成的活动。

②在顾客提供的无形产品(如为准备税款申报书所需的收益表)上所完成的活动。

③无形产品的交付(如知识传授方面的信息提供)。

④为顾客创造氛围(如在宾馆和饭店)。

图1.2.1为汽车销售服务人员。

图1.2.1　汽车销售服务人员

1.2.2　服务的特征

(1)无形性

服务是无形的。换言之,服务在购买之前,是看不见、摸不着、感觉不到、听不到、嗅不出来的。例如,一位女士前去整容,在购买之前她看不见整容结果;一位病人前往心理医师诊治,事先也不知道此服务的结局。在这样的情况下,服务的购买者必须对服务提供人具有信心。服务提供人可以采取某些措施来提高顾客的信心。第一,提供人可以设法促成服务的有形性。外科整形医师因此利用挂图,指出手术后的变化,让顾客可以看得见。第二,提供人可以强调服务产生的利益,而不仅是介绍服务的性质。因此一位大学的招生人员,便不宜只是介绍校园生活种种,而应多谈本校毕业校友有了何种成就。第三,提供人对于所提供的服务,可冠以一项品牌名称,以增强顾客的信心。第四,提供人还可以借用名人的命名,以增加服务的信心。

(2)不可分割性

一项服务常与其他提供服务的来源无法分割,无论来源为一位提供人,或为一项机器设备。但是一项实体产品,并无须伴随其来源而存在。以滚石合唱团的音乐会为例,其娱乐价值便无法与表演人分开。如果主持人宣布,滚石合唱团的歌星 Mick Jagger 身体不适不能前来,而另请奥斯蒙唐尼和玛丽兄妹(Donny and Marie Osmond)来代替,那就不是同样的服务了。这意思是,有多少观众能够购买这一项欣赏 Mick Jagger 亲身演唱的服务,全得看 Mick Jagger 是否有那么多时间来为那么多观众表演而定。但是这项限制,可以用某些策略来打破。服务提供人可以对人数较多的群体服务。例如,心理治疗医师原本是每次治疗一人,可以改为每次治疗一个小群体,还可以再改为租用一间大厅,同时对300人以上施行心理治疗。服务提供人还可以将服务工作的速度加快。例如,医师治疗病人,每次本需50 min,如果改为30 min,服务人数就可增多。此外,服务公司还可训练更多的服务提供人,以建立顾客的信心。

(3)可变性

同一项服务,可能有许多变化,不但因服务由何人提供而变化,而且也因服务于何时及何处提供而变化。服务性的公司常采用两项步骤,以控制服务的品质。第一步,制订一项良好的人员选用和训练方案。航空公司、银行和旅馆,均常耗费巨资于训练,以期能提供高品质的服务。例如,马利奥特大饭店(Marriott Hotel)的房客,对每人的服务同样周到。第二步,还应监视顾客满意度。例如,通过建议制度、抱怨申诉制度、顾客调查、比较购买等,促使检查及改正粗劣的服务品质。

(4)易消灭性

服务无法储存。为什么有些医师将顾客爽约所损失的收入仍算在其账上,因为服务的价值唯有在病患到来时才能实现。在市场需求稳定时服务的易消灭性不致形成问题,宜事先排定服务时程。但在市场需求起伏较大时,服务公司便将困难重重了。例如大众运输公司,倘若运输需求全天平稳,自然较方便;否则交通高峰时间使用的车辆便将远较平时更多。

任务 1.3　汽车服务人员应具备的职业道德

【任务书】

1. 掌握职业道德的含义。
2. 掌握职业道德的社会作用。

【相关知识】

职业与职业道德作为一种社会现象,两者均属于历史的范畴。它们的产生及其发展的根本原因和客观基础,是由于人类社会生产力发展而引发的社会大分工。

1.3.1　职业道德的内涵和特征

所谓职业道德,就是指从事一定职业劳动的人们,在特定的工作和劳动中以其内心信念和特殊社会手段来维系的,以善恶进行评价的心理意识、行为原则和行为规范的总和,它是人们在从事职业的过程中形成的一种内在的、非强制性的约束机制。

职业道德有 3 方面的特征：

①范围上的有限性。任何的职业道德适用范围都不是普遍的，而是特定的、有限的。

②内容上的稳定性和连续性。由于职业分工具有相对的稳定性，与其相适应的职业道德也就有较强的稳定性和连续性。

③形式上的多样性。职业道德的形式因行业而异。一般来说，有多少种不同的行业，就有多少种不同的职业道德。

1.3.2 职业道德的范畴

人们评价职业活动中的种种关系和现象，学习和培养职业道德规范，常常是从以下几个道德范畴的角度出发，即职业态度、职业义务、职业技能、职业纪律、职业良心、职业荣誉和职业作风。这是职业道德体系中的几个最基本的道德范畴。

①职业态度：是指劳动态度。

②职业义务：是指职业群体和从业者所应承担的职业责任。

③职业技能：是指从业者为完成职业责任应掌握的职业技术、本领。

④职业纪律：是指从业者在职业活动中应遵守的纪律、规定和要求。

⑤职业良心：是指从业者对职业责任的自觉意识，用以对职业行为进行自我检查、自我评价。

⑥职业荣誉：是指对职业行为的社会价值所作的客观评价，是职业义务和职业良心的价值尺度。

⑦职业作风：是指从业者在其职业实践和生活中所表现出来的一贯的职业态度和工作作风，职业作风对职业群体中成员往往具有潜移默化的影响和教育作用。

从职业态度到职业作风，这几个职业道德范畴的渐进发展，显示了从职业道德角度出发对职业行为道德评价的逐步深入，也显示了职业道德要求由外在向内在的逐步深化。

1.3.3 职业道德的社会作用

（1）职业道德是推动社会主义现代化事业的重要精神力量

社会主义现代化必须依靠全国各族人民的共同努力，依靠各行各业的分工协作。为了保证人们尽职尽力地工作，可以使用法律的、行政的、经济的手段，而这些手段（特别是法律手段）往往只要求人们"不许怎样"，而道德则告诉人们"应该怎样"。职业道德要求从事不同职业的人们，应该为社会主义现代化建设承担道德责任，维护职业荣誉，遵守职业纪律，等等。一个职业劳动者一旦树立了相应的职业道德观念，增强了职业义务感、良心感和荣誉感，就能努力提高个人素质，钻研业务，提高工作能力和工作效率，更大程度地发挥自己的积极性、主动性和创造性，为社会主义现代化事业贡献力量。

（2）职业道德是完善人际关系，改造社会风气的重要因素

社会主义新型人际关系要求人们在社会主义建设过程中团结一致、互爱互助、共同奋斗、共同前进。社会主义职业道德作为社会主义道德的具体化，始终体现着为集体、为社会

服务的思想和精神,也就是要为人民服务。建立和谐人际关系与职业道德要求是完全一致,相辅相成的。一般来说,任何工作总是与一定的职责和权利联系在一起。一个人既可以通过本职工作为社会作贡献,也存在利用职权和职责谋取个人私利的客观条件。如果树立了高度的职业道德观念,正确认识和行使自己的职业权利,履行自己的职业义务,并能以职业道德规范去待人、接物、处事,做到领导和群众、上级和下级、买者和卖者、服务者与被服务者、消费者与生产者之间相互理解、相互支持,那么就可以促进社会主义新型人际关系的建立、完善,促进良好社会风气的形成。反之,如果从业者缺乏或没有良好的职业道德观念,违背职业道德要求,利用职权拉关系,走后门,谋取个人私利,势必破坏社会主义新型人际关系,污染社会风气。

(3)职业道德是提高自身素质的重要途径

随着现代社会分工的发展和专业化程度的增强,市场竞争日趋激烈,整个社会对从业人员的职业观念、职业态度、职业技能、职业纪律和职业作风的要求越来越高。因此,通过倡导以爱岗敬业、诚实守信、办事公道、服务群众、奉献社会、礼貌待人为主要内容的职业道德,来提高自身的素质。

1.3.4 职业道德的评价

职业道德评价是社会道德评价活动中的重要组成部分。正确认识职业道德评价的含义和作用,深入理解职业道德评价的依据和标准,掌握正确进行职业道德评价的方式方法,对提高人们的职业道德水准有着重大的现实意义。

(1)职业道德的评价意义

职业道德是根据一定的职业道德标准,通过社会舆论、各种形式的教育、传统习惯和内心信念等形式,对他人或自己的职业道德行为进行善恶评价、表明褒贬态度的一种道德活动。职业道德评价主要具有如下3大意义:

1)对职业道德行为的善恶起裁决作用

职业道德评价的裁决作用,是指人们依据一定的职业道德标准,判明人们职业道德行为或思想的善恶价值。人们常常把职业道德评价比作"职业道德法庭"。在社会职业活动中,它通过社会舆论等形式,对职业道德行为进行评审,维护一定职业道德的原则与规范,保障职业道德具有权威性和有效性。如果没有职业道德评比,职业道德行为就缺乏必要的监督与考核,职业道德原则、职业道德规范就无法落实。

2)具有直接而深刻的教育作用

职业道德评价所表现出来的深刻教育作用,是指它能凭借社会舆论和内心信念的力量影响社会风尚,培养人们的职业道德、职业理想和职业行为。在社会生活中,学先进,树典型,通过榜样的力量来教育、影响人们的职业道德思想和职业道德行为,形成相互关心、"我为人人,人人为我"的良好的社会风气。对每个职业者来说,不仅能够从价值判断中,了解什么是善,什么是恶,而且能够使人们从职业道德评价中,更多、更好地去正确选择职业道德行为。

3）具有突出的调节作用

职业道德评价突出的调节作用，是指它能够凭借社会舆论、传统习惯和内心信念等形式，指导或纠正人们的职业道德行为，以调节人与人之间、个人与集体、个人与社会之间的关系。在社会职业活动中，职业道德评价通过社会和自我评价调节人们的职业道德行为。它以职业道德规范为尺度，不断调整社会和整体个人职业道德关系的目标，从而指导整个社会的职业道德活动。同时，职业道德评价是职业劳动者职业道德行为知行统一的调节器。通过职业道德评价，可以自觉地、不断地调整职业劳动者自身的职业道德行为的方向，将职业道德的原则、规范转化为职业劳动者的职业信念，职业理想，职业良心和职业义务等。

（2）职业道德评价的依据

职业道德的评价，主要依据职业劳动者在履行自己职责的行为过程中的动机、效果及其相互关系。职业活动的动机和职业活动的效果是指职业劳动者在承担社会责任、履行社会义务时，在同社会和他人的关系中，自觉追求一定目的的自觉愿望或意图。职业活动的效果，则是指职业劳动者在履行自己职业行为的活动给社会和他人所带来的实际后果。

动机和效果的辩证统一。职业活动的动机和职业活动的效果是构成职业劳动者职业行为的两个基本要素。动机发动人的行为，效果记录人的行为；动机产生于人的行为之前或之中，效果出现在行为之后；动机为效果作预测，效果为动机作证实。两者相互依存、相互联结、相互贯通、相互转化。

（3）职业道德评价的类型

职业道德评价活动可分为社会的（他人的）评价和自我评价两种类型。

1）社会的（他人的）职业道德评价

所谓社会的（他人的）职业道德评价，是指社会、集体或他人对行为当事人的职业道德行为进行善恶评判和表明倾向性态度。在职业评价过程中，评价主体和行为主体处于不同的两极，行为主体是职业劳动者，评价主体是职业劳动者的服务对象。这种职业道德评价是为帮助职业劳动者认识和调节自己的职业道德行为服务的。在这种职业评价活动中形成的价值信息（或善或恶）和准则性命令（应当怎样或不应当怎样），一般是通过社会舆论和传统习惯，从外部传递给职业劳动者的，是一种很重要的社会强制力量，它通过行为当事人产生共鸣而发生作用。

2）自我的职业道德评价

所谓自我的职业道德评价，是指职业劳动者对自己履行职业责任的行为，进行善恶判断或形成倾向性态度。在这种评价过程中，职业劳动者既是行为的主体又是评价的主体；或者说，职业劳动者既是评价的主体，又是被评价的客体。在自我职业道德评价中，价值信息是通过职业劳动者的个性心理活动而形成的，自我职业道德评价的道德信念、道德责任感和善恶判断能力，起着关键性的作用，对于所评价的行为发生作用的大小，完全取决于职业劳动者能不能像要求别人那样，或更甚于要求别人那样严格要求自己。

3）社会职业道德评价和自我职业道德评价的关系

社会的职业道德评价和自我的职业道德评价,虽然各具特点,但在实际的职业道德评价活动中,两者都可以相互补充、相互促进、相辅相成。就同一行为评价的本身来看,行为效果直接涉及社会、集体或他人的利益,其感受就更直接、更深刻。因此,在职业动机和职业效果不一致的情况下,社会的职业道德评价和自我的职业道德评价相结合,可以纠正偏颇,取长补短,相得益彰,从而使这一职业行为总体的善恶判断和褒贬态度,更趋准确和公正。社会评价只有和职业劳动者的自我评价相一致或大体相一致时,并在职业劳动者的心灵上引起了共鸣,才能产生作用。因此,我们要经常把这两种类型的评价有机地结合起来。

任务 1.4 汽车服务人员应具备的职业素养

【任务书】

1. 了解汽车服务人员应具备什么样的职业素养。
2. 掌握如何提高自己的职业素养。

【任务导入】

一个具有良好行为规范的汽车服务人员,会给顾客一个好的印象,使顾客心情愉快,双方之间产生亲切感和信任感,有利于促进交易的成功,有利于建立起企业的信誉,甚至会对企业产生意想不到的长远影响。反之,服务人员态度恶劣,行为粗暴,不仅会使顾客产生反感而影响买卖的成交,还会使汽车企业的信誉一落千丈,甚至因损害顾客的心理而给企业以后的经营造成严重的后果。为了使每一个服务人员都有良好的行为规范,我们必须重视汽车服务人员的基本职业素养的培养。

【相关知识】

1.4.1 汽车服务人员应具备的职业素养

（1）具有高尚的职业道德素质和良好的个人品行

职业道德素质是汽车服务人员个体心理素质的核心内容,其高低程度直接决定了其他素质的发展,决定了汽车企业满足消费者需要的程度。良好的职业道德素质主要包括注重信誉、文明经商和优质服务等内容。服务人员职业道德素质的形成与提高,具有深厚的心理学基础。在整个销售过程中,通过认知活动,可以使服务人员树立正确的思想观念和敬业精神;通过情感活动,可以使服务人员对本职工作和消费者产生深厚的情感及热情;通过意志活动,可以使服务人员发扬为实现企业目标,更好地为消费者服务而坚韧不拔、持之以恒的精神和斗志。专业汽车服务人员要具有"十六字"职业道德,即"实事求是、真诚可信、勤奋好学、精益求精";要做到对企业忠诚,对客户诚实,对竞争、竞标公平,具备敬业精神和高度的责任感、成就感。

专业汽车服务人员的单独业务活动较多,在工作中,要有良好的个人品行,不利用职业之便坑蒙拐骗顾客,不侵吞企业利益;要知法、懂法、守法,按照经济法等有关法律规范完成工作。一个专业的汽车服务人员应做到诚实、正直、自信。

(2)具有强烈的事业心和责任感

汽车服务人员的事业心主要表现在,作为一名汽车服务人员应该要有献身于事业的工作精神。不怕吃苦,任劳任怨,全心全意为用户和消费者服务,有取得事业成功的坚强信念,要有敬业精神。

汽车服务人员的责任感主要表现在,忠实于本企业,忠实于自己的顾客。每个汽车服务人员的一言一行,都代表着企业的形象,都必须为所在企业负责,为树立企业的良好信誉作贡献,绝不允许有损害企业利益的行为发生。同时,汽车服务人员要对顾客的利益负责,真心真意满足顾客的需要,帮助顾客解决困难和问题。

(3)具有正确的职业动机

每一个汽车服务人员选择从事汽车相关工作,都具备个性色彩的职业心理动机。我们把它归类,可分为以下几个类型:

1)经济型动机

具有经济型动机的汽车服务人员,把自身所从事的汽车相关职业,主要看成谋生的手段,以取得理想的经济报酬为主要目的和动力。所以,对金钱的追求和满足就成了他们从事工作的主要动力。只要经济报酬合适,这些人对待工作一般都能认真负责,对待顾客的态度也比较好,奖金增加一些,干得会更好一点。但这种类型的人雇佣思想浓,缺乏远大理想,只关心个人利益。"按酬付劳"就是他们人生观的主要表现。

2)个人奋斗型动机

这种类型动机的人,把自身所从事的职业,主要看成自我发展和成就的阶梯,以谋求个人的前途和社会地位。他们工作认真负责、积极热情、富于朝气,有比较强烈的上进心和事业心;对顾客主动热情;平时喜欢独立思考,爱学习,力求以个人的勤奋和聪明才智,掌握更多的文化知识和更高的专业技能,以赢得广大顾客的赞扬和领导的好感。但此类人由于是以个人奋斗为主要动力,事事计较个人荣誉地位的得失,自尊心和虚荣心都很强,不容易接受批评。当工作有成绩时会骄傲自大、目中无人;当工作受到挫折时则悲观消极,工作情绪不够稳定,波动较大,容易见异思迁。

3)兴趣型动机

具有兴趣型动机的人从事本职工作不为名、不为利,把工作看成是一种娱乐活动,以满足个人的兴趣为目的。他们生性活泼、性格开朗,对待工作认真热情,不管领导在场不在场,工作态度和行为都是一样主动,但由于思想上缺乏远大目标,所以不能将情趣与志趣结合起来,因而工作遇到困难时,往往不够耐心,情绪有时会有明显的波动。

服务人员良好的行为和态度,来自正确的职业心理动机,作为汽车服务人员要有正确的世界观、人生观,要有远大的理想,热爱本职工作,树立正确的职业动机。

(4)具有现代的服务观念

现代服务观念应成为汽车服务活动的重要指导思想。专业汽车服务人员要把这一思想贯彻到整个工作过程中去。善于把企业利益和顾客的利益协调一致,既当好企业的汽车服务人员,也当好顾客的服务员和参谋。当企业利益与顾客利益发生矛盾时,应做好协调工作,从顾客利益出发,调整企业的经营。

(5)具有良好的心理素质

生理学中所说的素质,是指人生而具有的、具有遗传特性的某些解剖生理特征,尤其是神经系统、感觉器官、运动器官等的解剖生理特点。心理素质是指人们心理活动的能力,是人们应付、承受和调节各种心理压力与进行正常心理活动的能力。它主要体现在人们的情绪调节和心理行为活动的稳定性方面。可见,心理因素不仅决定着一个人的个性、气质等方面的特性,还会对人处理各种问题、应付各类事件,以至于事业的成功与发展都会产生重要影响。

随着市场竞争日益激烈,汽车服务人员更应具备良好的心理素质。首先应具有自信的心理素质,自信的心理是服务人员建立在周密调查研究和全面了解情况的基础之上,而不是盲目的自信。自信的心理是汽车服务人员职业心理的最基本要求,是服务人员发展自己和成就事业的原动力。作为汽车服务人员,除了应具有自信的心理之外,还应具有热情的心理,这要求汽车服务人员必须对工作充满极大的热情,积极拓展工作渠道。成功的服务人员应具备以下心理素质:良好的人际关系;悟性与良知;体察自己的预感、直觉和潜意识提供的信息;充分的自信;富于冒险精神;良好的态度倾向;既是专家又是杂家;诚实坦白,光明正大;灵活、适应性强;执着、守信、付诸行动。

(6)稳定的情绪和坚强的意志

情绪是指与生理需要是否获得满足相联系的倾向,它是由意境所引起并随意境而变化的。在工作过程中,各种各样的情况都可能出现,如很顺利地完成工作任务,使人感到高兴;无端受到指责,使人感到委屈等。这些情况的出现,必会引起服务人员情绪的波动。服务人员情绪的波动会使消费者的情绪在不知不觉中受到感染。因此,服务活动要求服务人员必须保持稳定而乐观的情绪,切忌浮躁。

意志是确定目标并选择手段以克服困难、达到预定目标的心理过程。任何事业的成功都要付出艰辛的努力,都需要超强的意志。作为服务人员,要想不断地克服来自各种主客观原因造成的心理障碍,努力实现和消费者的沟通,完成工作任务,就要具备觉悟性、果断性、坚持性和毅力等意志品质。

（7）完美的气质和豁达的性格

气质是一个人生来就具有的心理活动的特征。气质能影响服务人员的情感和行动，以及影响商业经营活动的效率。就专业汽车企业服务人员而言，由于其职业的需要，有时需要对自己的先天气质进行自觉的摒弃与改造，发扬其积极的一面，抛弃其消极的一面，使自己的气质带上理智的色彩，形成一种完美的气质。性格是人对现实的稳定态度和与之相适应的习惯化的行为方式。专业汽车企业服务人员的性格是决定其行为倾向最重要的心理特征之一。优秀的服务人员一方面要具有谅解、诚恳、谦虚、热情等性格特征；另一方面要具有独立性、事业心、责任心等性格特征，以符合服务人员的角色行为和心理要求。

1.4.2 提升汽车服务人员素质的途径

要提高服务人员的职业素质水平，要从以下几个主要方面做好工作。

（1）制订科学的培训计划

根据企业的实际需要，具体确定企业专业汽车服务人员培养和训练的方法、内容、步骤等工作方案。制订的计划应以满足企业生产和经营发展需要为总目标。要把培训计划纳入企业总体计划统筹考虑，使培训计划与总体计划中的其他内容相互配合与协调。培训计划的制订，要坚持从实际出发、实事求是、量力而行；培训计划的实施要综合考虑人才需要、资金、培训力量和政策影响等多方面因素。

（2）建立健全的培训管理制度

为保证培训工作制度化、正规化、经常化，有必要建立一系列健全的管理制度。这些制度主要包括：人员培训责任制度、新职工上岗前的初培训制度、外培训制度、后续培训制度、人员培训考核制度等。

（3）制订完善的考核方法

考核是一种激励，企业应该为服务人员提供一种具有激励作用的薪酬制度。佣金制度对人们工作有激励作用。对专业汽车服务人员的考核应遵循以下原则：

①简单：考核的方法、过程要简单，易于操作。

②实用：考核的方法要实用，便于解决实际问题。

③鼓励：考核的目的是要调动员工的积极性，重在鼓励、表扬。

④宣传：考核要大力宣传企业部门、员工的优秀成果，树立典型，总结经验、找差距。

⑤三公：公平、公正、公开。

（4）建立正确的评价体系

对培训效果，要进行认真的评价，以利于提高培训工作质量。培训效果的评价，主要有以下两个方面：

①培训结束时的评价。其内容主要包括受训人员的学识有无增进及增进多少，受训人员技能有无增强及增强多少，工作情绪有无提高及提高多少等。

②培训结束回岗位工作后的评价。其主要内容包括工作态度有无改变，改变的程度如

何,维持时间有多久;工作效率有无提高,提高的程度如何;培训目标是否达到等。通过评价体系可以使服务人员自觉地掌握行为标准,形成一个自我控制体系,从而促进其是非观念和名誉心理的健康发展。

【情境小结】

汽车服务礼仪通常指的是礼仪在汽车服务行业中的具体应用。汽车服务礼仪主要泛指汽车服务人员在自己的工作岗位上应当严格遵守的行为规范。汽车服务礼仪的实际内涵是指汽车服务人员在自己的工作岗位上向服务对象提供服务的标准的、正确的做法。汽车服务礼仪主要以汽车服务人员的仪容规范、仪态规范、服饰规范、语言规范和岗位规范为基本内容。

【思考与训练】

1. 礼仪的功能有哪些?
2. 职业道德评价的类型有哪些?
3. 提升汽车服务人员素质的途径有哪些?

服务礼仪篇

学习情境

汽车服务人员形象礼仪

【学习目标】

> 1.掌握汽车服务人员仪容礼仪的标准。
> 2.掌握汽车服务人员仪表礼仪的规范。
> 3.掌握汽车服务人员仪态礼仪的规范。

【任务导入】

麦子的尴尬

麦子在一家品牌汽车4S店做汽车销售员已经有半年时间了,工作业绩却始终没有什么起色。

某天上午,麦子正如往常一样懒洋洋地趴在展台上发呆,一名中年男子走进展厅,一副打算购车的样子。麦子赶紧迎上去,热情地向这位客户大声问好:"欢迎光临!请问有什么可以帮助您?"这名男子在麦子全身上下扫了几眼,略微皱了一下眉头,说道:"哦……我只是随便看看……"随后草草逛了一圈,转身离开了展厅。看到客户似乎对她有所戒备,麦子疑惑地皱着眉头,却不知道发生了什么,这时销售主管微笑着走过来说:"没关系,你去办公室,我带了化妆品,你重新化个淡妆,把耳环摘了,指甲油洗了,换双鞋,再去熨一熨衣服。"麦子听了主管的话,这才注意到自己的形象:头发凌乱,面部妆容粗糙,口红和指甲油鲜艳耀眼,夸张的圆形耳环一直前后摇动,衣服上有很多褶皱,脚上穿着厚重的皮鞋……这个造型再加上从不离口的口香糖,麦子不敢再想下去。她羞得满面通红,迅速向办公室走去。

美国心理学家奥伯特·麦拉比安发现,一般情况下,人们对一个人的印象形成,55%取决于外表,38%取决于他的自我表现,只有7%才是他所讲的内容。重视个人外在形象,有助于树立个人的信心。

良好的外在形象是尊重他人的表现,是专业性、权威性的外在表现,不仅能够体现自身良好的修养和独到的品位,还能够更好地展示汽车品牌形象,有助于商务活动的成功。

任务2.1 汽车服务人员仪容礼仪

【任务书】

1. 掌握仪容之美的基本知识。
2. 能够运用所学知识正确处理仪容仪表。

【任务导入】

案例一

张小姐长着一头乌黑漂亮的秀发,她总是舍不得将它盘起,而是让头发垂于腰际,不时地用手去撩起头发,以免挡着自己的眼睛和面庞。所以她就不时地用手整理头发,以确保仪容整齐。许多人也会认为不时用手抚弄自己的头发会有一种说不出的风度和气质。

分析:在社交场合,手掌是很重要的部位,与人握手要靠它,拿刀叉、筷子吃饭用的也是它,摸过头发的手,会沾有头屑、头油、发油等。所以,当你在各种社交场合用梳理头发的手再去与别人握手,那是极不礼貌和不卫生的。

案例二

清威公司培训部的刘艳经理非常关爱自己的肌肤,40岁的人看起来像20多岁。她不仅脸部光洁,脖子上的皮肤也保养得很好。同事们都非常羡慕她,都向她取经。在一次聚会上,她介绍了一套很好的颈部保养方法。她说,因为脖子上的皮肤和脸部皮肤差不多,所以你不必去买专门的营养霜,你可以使用脸上的护肤品,包括爽肤水、乳液、营养霜,使用的方法和程序跟面部护理一样。不过,在春天,秋天和冬天,脖子上因为有衣服和围巾等东西的遮挡,护肤用品的使用次数不必太频繁,可以在每天早晨或晚上使用一次。夏天因为脖子皮肤裸露在外较多,外出太阳晒时,应与脸部皮肤一样,使用防晒霜,每天两次使用爽肤水和营养霜。

分析:脖子的护理应该说跟脸部一样重要,有人说通过它可以看出一个女人的真实年龄。所以假如你把你的脖子也护理得跟你的脸一样年轻,你的美丽也就完美了。

2.1.1　仪容规范

仪容指的是人的容貌长相,仪容美是指人的容貌美。为了维护自我形象,专业汽车服务人员有必要对自身仪容进行修饰美化。

(1)仪容修饰的原则

仪容修饰的原则是整洁、卫生、端庄,具体要求如下。

①要保持整齐、洁净、清爽,勤洗澡、勤换衣、勤洗脸,保持身体无异味,并注意经常去除眼角、口角及鼻孔的分泌物。男士要定期修面,注意不要留胡须,鼻毛不要外现。

②注意口腔卫生,早晚刷牙,饭后漱口,保持牙齿洁白,口腔无异味,在重要应酬之前忌食蒜、葱、韭菜、腐乳等食物。不过为了消除不良气味而当着客人面嚼口香糖也是不礼貌的。

③仪容既要修饰,又要保持简练、庄重、大方,给人以美感。比如,在4S店经营场合女士应注意不留长指甲、不使用醒目甲彩。

(2)个人仪容的基本要求

个人仪容的基本要求是"仪容美",包括3个层次的含义:自然美、修饰美和内在美。

①仪容自然美,指每个人与生俱来的、独一无二的先天条件。

②仪容修饰美,指依照规范与个人条件,对仪容进行必要的修饰。有条件的情况下,可以求教于专业人士(如形象顾问)。仪容修饰以美观、大方、整洁和方便生活与工作为原则,既要考虑到流行时尚和个人品位,还要和自己的工作性质、身份、气质、脸型、发型、体形和年龄相匹配。

③仪容内在美,即通过努力学习,不断提高个人的文化修养和思想道德水准,使自己的气质更高雅。

真正意义上的仪容美应当是上述3个方面的和谐统一。

2.1.2　面部修饰

面部是人际交往中被关注的焦点,专业汽车服务人员要使自己在交往中从容、自信,就应该注重面部修饰。由于性别的差异和人们认知的不同,使得男女在面容美化的方式方法和具体要求上有不同的特点。

(1)男士面部要求

许多男士认为,化妆是女士的事,与他们无关,甚至还认为,男人是办"大事"的,工作忙以致没有时间考虑容貌修饰,可以胡子拉碴、不修边幅。这种想法危害很大。男士由于生理和户外活动量大的原因,皮肤与女士相比较粗糙、质地较硬、毛孔较大,大量的汗液和油脂分泌,常会使灰尘和污垢积聚在皮肤表面而使毛孔堵塞,引起细菌感染、皮肤发炎。因此,男士更需要接受美容指导。在国外的许多场合参加商务活动,女士不化妆,男士不修面,就会被理解为对另一方的蔑视甚至是侮辱。因此,男士对于面容不可以掉以轻心。

男士修面,一般包括清洁面部,使用护肤品和无色唇膏,剃须和美发定型等几项内容。

1)清洁面部

清洁面部是要清除脸上的污垢,保持面部干净、清爽。为此,就要勤洗脸、勤修面。同时洗脸要完全彻底、面面俱到,不能三下两下就完事。

2)使用护肤品和无色唇膏

护肤就是保养皮肤,使之更细腻、滋润,常见的品种有冷霜、乳液、膏霜等,功能不一,各具特色,使用者可根据自己的皮肤情况和使用的时间来确定。护肤类化妆品在清洁面部后使用效果更佳。无色唇膏主要在冬季或干燥季节使用,滋润嘴唇,防止嘴唇干裂。

3)剃须

男士应养成每天修面、剃须的良好习惯。如确有必要留胡须的话,也要考虑工作是否允许,并且要经常修剪,保持卫生,不管是留络腮胡还是小胡子,整洁、大方是最重要的。未留胡须者,切忌胡子拉碴去参加各种社交活动,尤其是外事活动,因为这是对他人不敬的行为。

(2)女士面部要求

美丽的面容总会让人心情愉悦,在商务活动中也是对交往对象尊重的表示,因此女士宜化清新、素雅的淡妆。

1)化妆礼仪

现在,越来越多的工作要求员工淡妆上岗,以展示员工良好的精神风貌,体现对交往对象的尊重,但就化妆的一些礼仪问题,有必要引起化妆者的注意,否则会事与愿违。

①化妆的浓淡要考虑时间、场合的问题。女士的妆容应随着时间与场合的改变而改变。白天在自然光下,一般人略施粉黛即可,职业女性的工作妆也以淡雅、清新、自然为宜,工作中在脸上涂一层厚厚的粉底,嘴唇鲜红耀眼是不懂礼仪的表现;参加晚间娱乐活动时可以化浓妆,其实,夜色朦胧,无论浓妆还是淡抹都能为众人所接受。

②不能在公众场所化妆或补妆。有些女士对自己的形象过分在意,不论在什么场合,一有空闲,就会拿出化妆盒对镜子修饰一番,一副旁若无人的样子。在公共场所,众目睽睽之下修饰面容是没有教养的行为。如真有必要化妆或补妆,一定要到洗手间去完成,切莫当众表演。

③不要滥用化妆品,倡导科学美容。任何化妆品都含有一定量的化学物质,这些化学物质对皮肤多少都会有不良的刺激。化妆属消极美容,治标不治本,因此应提倡科学美容。要想使红颜不衰,正确的方法便是采取体内调和、正本清源的积极美容法,具体方法如下:首先,在日常生活中适度地参加户外体育活动,促进表皮细胞的繁殖;其次,保持良好的心境与充足的睡眠,这有助于面部皮肤的新陈代谢,使面容富有光泽;再次,饮食要合理,从内部调养。最后,坚持科学的面部护理与按摩,促进血液循环,以使面容红润。

④不要非议他人的妆容。每个人都有自己的审美观和化妆风格,切不可对他人的妆容

品头论足。

⑤不要借用他人的化妆品。每个人都有自己的化妆习惯,借用别人的化妆品给人不洁之感。所以,不要随便使用别人的化妆品,最好随身携带一套备用的。

2)皮肤类型及保养

①干性皮肤。

a. 干性皮肤的特征:毛孔细小,几乎看不见,皮肤表面不泛油光,呈现哑光状态。容易形成细碎的干纹,尤其以眼部及唇部四周最为明显。干性皮肤容易产生紧绷感(尤其在洁面之后),甚至有脱皮的现象。另外,居住在炎热或寒冷之低湿度气候中的人较多呈干性皮肤。

b. 干性皮肤的优点:干性皮肤由于毛孔细小,所以肤质细腻。出油少,也不易吸附污垢,不大会有不清洁的感觉,较少的堵塞毛孔,无黑头、粉刺的困扰。如果干性皮肤及早注重滋养,肤质看起来会细腻而干净。

c. 干性皮肤的困扰:干性皮肤容易产生紧绷感,皮肤缺乏光泽,容易脱皮。由于长时间缺水,干性皮肤还会比其他肤质更容易产生干纹细纹,更容易松弛老化。干性皮肤的角质层比较薄,所以容易受到刺激,易于敏感和产生色斑。

d. 干性皮肤的保养重点:干性皮肤,从洁面到保护每一步都要注意保湿、滋润。同时,干性皮肤娇嫩,要注意选择温和的护肤品。干性皮肤注意不要过多地去角质。同时,一年四季加强防晒,避免产生小斑点和光老化。

②油性皮肤。

a. 油性皮肤的特征:在脸部大部分区域毛孔粗大明显,容易满脸油光,肤质看上去有些粗糙。通常洗完脸不紧绷,而且 2 ~ 3 h 就又有油腻感了,容易有黑头、粉刺和痘印的困扰。油性皮肤的形成是因为皮脂腺过度亢奋,分泌过量油脂。通常青春期皮肤会偏油,熬夜以及压力也可能导致偏油。

b. 油性皮肤的优点:油性皮肤出油多,皮肤有这层天然保湿屏障,帮助上层的皮肤保留水分,免受环境中干燥因素的侵害,也就不容易有干纹细纹出现了,所以油性皮肤比其他肤质更饱满,不显老。

c. 油性皮肤的困扰:油性皮肤通常油光满面,有油腻不干净的感觉,多余的油分容易吸附死皮和污垢,造成毛孔堵塞,易产生黑头、粉刺、暗疮问题。另外随着年龄的增长,皮肤内部保湿因子流失,油性皮肤需要清爽地保湿。

d. 油性皮肤的保养重点:除了日常脸部彻底清洁外,不要忘记去角质及敷面的工作,同时面膜和爽肤水对于深层清洁、收敛毛孔也是非常重要的,不仅可清除油脂,还可抑制油脂,不只是一时的去油功夫哦,平时的保养也要注意有控油的同时需清爽地保湿。

③混合性皮肤。

a. 混合型皮肤的特征:这是最常见的肤质。因为青春期之后大多数人都是看起来很健康且质地光滑,唯在 T 字区(额头、鼻子至下巴的区域)有些油腻,而两颊不太油腻甚至紧绷的肤质,混合性肤质又有两类,通常会随着季节而转换。例如,在夏季会混合偏油,但在冬季又会混合偏干。混合性偏干是指中间 T 区较油,毛孔粗大,而两颊偏干,会有紧绷感,通常眼睛周围有干纹。混合性偏油是指中间T区较油,毛孔粗大,但两颊出油不多,也不紧绷,感觉比较舒适的肤质。

b. 混合型皮肤的优点:混合型皮肤既不太油也不太干。

c. 混合型皮肤的困扰:混合型皮肤T区和两颊的烦恼不一样,有时甚至是对立的两种需求,皮肤容易产生粉刺、暗疮问题。

d. 混合性皮肤的保养重点:需要平衡T区和两颊的保养需求,或者区别护理。混合性皮肤也要注意清洁毛孔,预防粉刺。春、夏混合性皮肤容易油腻,须保持皮肤清爽及收敛毛孔;秋、冬季节则多加强滋润、保湿。

注:T区——主要看额头、鼻梁和鼻子;

两颊——主要看内眼角下面,外眼角下面至嘴角,三点连起来的三角区域。

④中性皮肤。

a. 中性皮肤的特征:看起来毛孔细小,皮肤有通透感的光泽,皮肤很健康且质地光滑,有均衡的油分和水分,很少有黑头及痘痘,皮肤通常不油也不紧绷。

b. 中性皮肤的优点:中性皮肤是最理想的肤质,通常青春期以前的儿童拥有这种理想肤质,青春期之后的成人,少数仍然能幸运地保留中性肤质。

c. 中性皮肤的困扰:夏季T字部位略微油腻,冬季略微干。完美的状态很容易受到忽略,疏于保养,随着年龄的增长,很快转变为干性。

d. 中性皮肤的保养重点:给予皮肤基础的日常保养,注重保湿,再加强预防日晒就足够了。

⑤敏感性皮肤。

敏感性皮肤是一种问题性皮肤,任何肤质中都可能有敏感性皮肤,就如同各种肤质都有可能有老化肤质,痘痘肤质等。

a. 敏感性皮肤的特征:看上去皮肤较薄,容易看到红血丝(扩张的毛细血管)。皮肤容易泛红,一般温度变化,过冷或过热,皮肤都容易泛红、发热,是一种容易受环境因素、季节变化及面部保养品刺激的皮肤,通常有遗传因素,并可能伴有全身的皮肤敏感。

b. 敏感性皮肤的困扰:受外界刺激易出现泛红、发热、瘙痒、刺痛等,甚至严重会出现红肿和皮疹,还有肤色不匀的烦恼,炎症退去容易留下斑点或印痕。

c. 敏感性皮肤的保养重点:注重保湿等基本保养。增加皮肤含水量和加强皮肤的屏障功能,可以大大增强皮肤的抵抗力,减少外界物质对皮肤的刺激。

3)化妆步骤

①护肤。净面护肤即洗净脸上的污物,清洁皮肤后,拍爽肤水以收缩毛孔,再涂些护肤品(如保湿霜、养颜膏、美白乳液等),防止化妆品与皮肤直接接触,起到保护皮肤的作用。

②抹粉底。化妆时先抹粉底,以遮盖和弥补面部瑕疵,调整肤色和脸型,使皮肤具有平滑、细腻的质感。如方脸型涂粉底时,两侧颌骨(下巴)处勿涂抹,以产生蛋型脸庞的效果。并切忌涂在眉毛上面,因为黑眉毛涂上粉底后会呈现出"白霜",不美观也不自然,从而影响化妆效果。

③扑粉。扑散粉定妆,可防止化妆脱落,抑制过度的油光。但粉不可擦得过厚,皮肤黑

的人也不宜使用。

④涂眼影、画眼线。画眼线一般画在睫毛根部，上眼线以外眼角为起点，沿睫毛根部向中间画，长度为眼睛的2/3。下眼线方向同上眼线，长度较上眼线短些，至1/3处或1/2处即可，也可根据情况不画。

⑤描眉。画眉时，眉笔的颜色应与自身头发颜色相近，画眉时要顺着眉毛的生长方向一根一根地描画。修饰眉形要根据自己的脸型，如脸盘宽大的人，眉毛不宜修得过细；五官纤细的人，眉毛也不适合修得太浓密。眉毛描好后，用棉签或眉刷梳匀。

⑥上腮红。腮红的中心应由颧骨处向四周扫匀，越来越淡，直到与底色自然相接。腮红的颜色要与肤色相适应，白皮肤的人，可选用淡一些、明快一些的颜色；皮肤较黑的人，腮红可深一些、暗一些。

⑦涂口红。涂口红时应先用唇线笔勾出理想的唇形，然后用口红在轮廓内涂抹。注意唇边与唇内的颜色要略有区别，唇边可涂深一些，唇内则可浅一些。若嘴唇过大、过小，或太厚、太薄，应注意修饰。口红颜色的选择应注意和年龄、场合、职业、季节等协调。

⑧涂睫毛膏。用睫毛夹将睫毛卷曲，再涂上睫毛液，可使睫毛上翘，显得浓厚，增加眼睛的美感。

⑨检查妆面。化妆后要全面检查，看是否对称、均匀、和谐、自然，并与服装、发型整体协调。

2.1.3　头部修饰

（1）发型的选择

一般来说，发型要与自己的性别、脸型、肤色、体型相匹配，与自己的气质、职业、身份相吻合，才能显现出真正的美。

对于男士来讲，头发的具体长度，有着规定的上限与下限。所谓上限，是指头发最长的极限。按照常规，一般不允许男士在工作之时长发披肩，或者梳起发辫。不仅如此，在修饰头发时，还须使其既文明而又美观。一般要求男士在修饰头发时要做到：前发不覆额，侧发不掩耳，后发不触领。男士头发长度的下限是不允许剃光头发。

对于女士来讲，头发的具体长度，也有规定的上限与下限。女士在工作岗位上头发长度的上限是：不宜长于肩部，不宜挡住眼睛。提出这一要求，并不是强迫长发过肩者将其全部剪短，而是希望其采取一定的措施，在上岗之前，将超长的头发盘起来、束起来、编起来，不可以披头散发。女士在工作岗位上头发长度的下限，也是不允许剃光头发。女士在工作岗位上若是以光头接待服务对象，则必定会显得不伦不类，难以给对方好感。

一般来讲，在选择具体的发型时，必须有意识地使之简约、明快。若非从事发型设计或美发工作，通常不宜使自己的发型过分时髦，尤其是不要为了标新立异，而有意选择极端前卫的发型。在为自己选择具体的发型时，务必要牢记的是，必须使其与自己的身份相符。男士、女士发型示意图如图2.1.1所示。

图 2.1.1　男士、女士发型示意图

（2）头发的清洁

为了确保自己发部的清洁，维护本人的完美形象，必须自觉地对自己的头发进行清洗、修剪和梳理。

1）清洗头发

除了要注意采用正确的方式方法之外，更重要的是要坚持不懈地对头发定期清洗。一般认为，每周至少应当清洗头发两次。

2）修剪头发

与清洗头发一样，修剪头发同样需要定期进行。在正常情况下，应当每半个月左右修剪一次。至少也要确保每个月修剪头发一次。

3）梳理头发

梳理头发是每天必做之事，每个人皆应自觉梳理自己的头发。在梳理头发时，有3点应予注意：

①梳理头发不宜当众进行。

②梳理头发不宜直接用手，最好随身携带一把发梳，以便必要时梳理头发之用。

③断发、头屑不宜随手乱扔。梳理头发时，难免会产生少许断发、头屑等，信手乱扔，是缺乏修养的表现。

（3）发部的美化

为了维护自己的形象，通常应当采用适当的方法来美发。包括护发、染发、烫发、假发等几个环节。

1）护发

只有注意护发，才能使自己的头发真正完美无缺。要正确地护发，一是要长期坚持；二是要选择好的护发用品；三是要采用正确的护发方法。三者缺一不可。

2）染发

在染发前,首先要考虑的是染发有无必要。中国人历来以一头黑发为美。假定自己的头发不够油黑,特别是早生白发或长有一头杂色的头发,将其染黑,通常是有必要的。不过若是为了追求时尚,有意将自己的一头黑发染成其他的颜色,甚至将其染得五彩斑斓,则大多是不适合的。

3）烫发

在烫发时,要为自己选择端庄大方的发型。但是在选择具体造型时,应当切记,不要将头发烫得过于繁乱、华丽、美艳。

4）假发

佩戴假发时,应当明确:只有在出现掉发、秃发时,才适于佩戴假发,以弥补缺陷。出于妆饰方面的原因而佩戴假发,通常不提倡。

2.1.4　肢体修饰

在汽车服务工作中,除了头部、面部外,频繁暴露的还有手部,而且手也极易被他人所注意。在工作中,双手会经常展现在顾客面前,比如介绍产品时、签约时等。为了使手看起来修长、流畅,给客户以美感,因此,适时、适度地保护与美化手部是十分必要的。

（1）手的保养

日晒是皮肤老化的最主要原因,手部当然也不例外,因此,对手的养护首先要注意手部的防晒。为了减轻阳光对皮肤的伤害,可以从以下几方面来做:涂抹防晒乳液;骑自行车时,记住戴上手套,在夏天可以遮挡太阳,冬天可以挡寒风;如果必须经常接触清洁剂和水的话,就要戴上防水的橡皮手套;每日临睡前要记住擦上护手霜来保养双手;另外,还须用去角质霜、润泽霜或护手霜来进行每周一次的加强保养。

（2）指甲的修饰

指甲需要经常修剪,长度以不超过手指指尖为宜。在修指甲时,要同时剪去指甲沟附近的"暴皮"。现代生活中,很多人侧重于对指甲的美化,如涂抹指甲油,但商务人士要慎重选择指甲油的色彩,不可过于鲜艳,同时要注意美甲时的卫生,以免感染疾病。

需要特别提出的是,在公共场合修剪指甲是不文明、不雅观的,另外,汽车营销人员不能涂彩色指甲上岗工作。

（3）手臂、脚部及腋下的清洁

在穿着短袖衣服时,手臂便会暴露在外面,此时要注意清理汗毛,去除皮肤角质,让手臂光滑柔嫩,以给人带来清新的感觉。腋下很容易产生汗味,可在恰当的时候涂抹止汗香露,不但可以止汗还可以增加香味。女士的脚部在夏天穿丝袜时也会暴露无遗,应像对待手部一样进行清理与修饰。另外脚部气味也需特别注意,平时应垫防臭鞋垫并经常清洗。

（4）香水的使用

香水是有品位和个性的。选用香水,要注意自身年龄、性格、心情,以及使用场合、对象、季节、时辰、服饰等因素。要做到浓淡相宜,场合得体,从而使自己和他人都感到愉悦。

①参加严肃会议,千万不要用浓香水。

②在工作间,切忌个性强烈的香水。

③在宴会上,香水涂抹在腰部以下是基本的礼貌。过浓的香水会影响食物的味道。可能降低食欲。

④棉质、丝质很容易留下痕迹,千万不要喷在皮毛上,不但损害皮毛,颜色也会改变。

⑤若不小心沾污衣物,应尽早处理。可把干毛巾托在衣服下,用棉花蘸少许酒精,轻拍衣服上的斑点。由于香水不是水溶性,用清水肥皂是无济于事的。香水保存:一般质量比较好的香水可以存放3~5年。

⑥避免接触阳光,放在阴凉干燥的地方。

⑦可放进冰箱里保存,但只限于淡香水。香精则不可,过冷或者过热均会影响香味。

⑧如果剩余少许香水,颜色变浓浊,可加入一些乙醇稀释。

⑨探病或就诊,用淡香水比较好,以免影响医生和病人。

⑩香水可以喷在干净、刚洗完的头发上。若头发上有尘垢或者油脂会令香水变质。

⑪抹在裙摆的两边是不错的主意。此外可以在熨衣服的时候加一点香味。办法是在熨衣板上铺一条薄手帕,喷些香水,然后再放衣服在上面熨。但要注意余香不容易消失。

⑫香水喷在羊毛、尼龙的衣料不容易留下斑点。不过香味留在纯毛衣料上会较难消散。

任务2.2 汽车服务人员仪表礼仪

【任务书】

1. 掌握汽车服务人员的着装规范。
2. 掌握男士着装礼仪的要点。
3. 掌握女士着装礼仪的要点。
4. 掌握配饰使用礼仪。

【任务导入】

　　某大型上市公司的总经理张强,获悉有一家著名的美国企业的董事长约翰逊先生正在本市进行访问,并有寻求合作伙伴的意向。他于是想尽办法,请有关部门为双方牵线搭桥。让张总欣喜若狂的是,对方也有兴趣与他的企业进行合作,而且希望尽快与他见面。

　　到了双方会面的那一天,张总对自己的形象刻意地进行一番修饰,他根据自己对时尚的理解,上穿夹克衫,下穿牛仔裤,头戴棒球帽,足蹬旅游鞋。无疑,他希望自己能给对方留下精明强干、时尚新潮的印象。然而事与愿违,张总自我感觉良好的这一身时髦的"行头",却偏偏坏了他的大事。约翰逊先生在和张总简单闲聊不到半小时就借故离开。以后,张总多次尝试和约翰逊先生联系再次见面均被对方婉言谢绝。

　　分析:根据惯例,在涉外交往中,每个人都必须时时刻刻注意维护自己的形象,特别是要注意自己正式场合留给初次见面的外国友人的第一形象。张总与外方同行的第一次见面属国际交往中的正式场合,应穿西服或传统中山服,以示对外方的尊敬。但他没有这样做,给外方同行留下的印象是此人着装随意、过于前卫,个人形象不合常规,尚欠沉稳,与之合作之事当再作他议。

【相关知识】

2.2.1　汽车服务人员着装规范

(1)着装的 TPO 原则

　　当服饰与穿戴者的气质、个性、身份、年龄、职业以及穿戴的环境、时间协调一致时,就能真正达到美的境界。古希腊"和谐就是美"的美学观点在服饰美中得到了最充分的体现。服饰的美要达到和谐统一的整体视觉效果,人们就应恪守服饰穿戴的基本原则。

　　"TPO"原则是指人们的穿着打扮要兼顾时间(time)、地点(place)、场合(occasion),并与之相适应。

　　与时间相适应:在西方,男子白天不能穿小礼服(也称晚礼服或便礼服),夜晚不能穿晨礼服(也称常礼服);女子在日落前不应该穿过于裸露的服装。

　　与地点相适应:这是指要考虑不同国家、不同地区所处的地理位置、自然条件以及生活习俗,等等。例如:在气候较热的地方,上身的小礼服最好为白色;在寒冷地区,虽然室外寒冷,但室内如有暖气设备,女子穿短袖或无袖的晚会盛装也不足为奇。

　　与场合相适应:这主要是指上班、社交、休闲三大场合。上班着装要整洁、大方、高雅;社交着装要时髦、流行;休闲着装要舒适、得体。

(2)和谐统一原则

　　服饰的选择要与穿戴者的自身条件相协调。人们追求服饰美,就是要借服饰之美来装扮自身,即利用服饰的质地、色彩、图案、造型和工艺等因素的变化引起他人的各种美的感觉,从而美化自己。在了解服饰诸多因素的同时,人们必须充分了解自身的特点,只有这样,才能达到扬己之美避己之丑的目的。

　　选择服装首先应该与自己的年龄、身份、体形、肤色、性格相协调。年长者,身份地位高者,不宜选择太新潮的服装款式,款式宜简单而面料质地应讲究,这样才能与身份年龄相吻合。青少年着装应体现青春气息,以朴素、整洁为宜,清新、活泼最好,"青春自有三分俏",

若以过分的服饰破坏了青春朝气实在得不偿失。

形体条件对服装款式的选择也有很大影响。身材矮胖、颈粗脸圆者,宜穿深色低"V"字形领、大"U"形领套装,不适合浅色高领服装。而身材瘦长、颈细长、长脸形者宜穿浅色、高领或圆形领服装。方脸形者则宜穿小圆领或双翻领服装。身材匀称,形体条件好,肤色也好的人,着装范围则较广,可谓"浓妆淡抹总相宜"。

(3)着装的色彩搭配

色彩有暖色调、冷色调、中间色和过渡色之分,不同的色彩有着不同的象征意义:

①暖色调——暖色调有红色、黄色、橙色。其中红色象征热烈、活泼、兴奋、富有激情;黄色象征明快、鼓舞、希望、富有朝气;橙色象征开朗、欣喜、活跃。

②冷色调——冷色调有黑色和蓝色。其中,黑色象征沉稳、庄重、冷漠、富有神秘感;蓝色象征深远、沉静、安详、清爽、自信而幽远;紫色象征高傲、神秘。

③中间色——中间色有黄绿色、红紫色和紫色。其中黄绿色象征安详、活泼、幼嫩;红紫色象征明艳、夺目;紫色象征华丽、高贵。

④过渡色——过渡色有粉色、白色和淡绿色,其中粉色象征活泼、年轻、明丽而姣美;白色象征朴素、高雅、明亮、纯洁;淡绿色象征生命、鲜嫩、愉快和青春等。

服装的色彩是着装成功的重要因素。服装配色以"整体协调"为基本准则,全身颜色最好不超过3种,而且以一种颜色为主色调,否则会显得乱而无序,不协调。灰、黑、白3种颜色在服装配色中占有重要位置,几乎可以和任何颜色相配并且都很合适。

为了使着装配色和谐,可以从以下几方面着手:

一是上下装同色,即着套装并以饰物点缀。上下装同色较简单,这里重点说一下同色系配色。

二是同色系配色。即利用同色系中深浅、明暗度不同的颜色搭配,使同色系配色整体效果比较协调。对比色搭配(明亮度对比或相互排斥的颜色对比)如果运用得当,会有相映生辉、令人耳目一新的亮丽效果。年轻人着上深下浅的服装,显得活泼、飘逸、富有青春气息。中老年人采用上浅下深的搭配,给人以稳重、沉着的感觉。服装的色彩搭配考虑与季节的沟通、与大自然的对话也会收到不同凡响的效果。同一件外套,利用衬衣的样式与颜色的变化与之相衬托,会表现出不同的风格。能以简单的打扮发挥理想的效果是需要学习并逐渐修炼出来的,很多人却忽略了这一点,不能不说是打扮意识薄弱之处。利用衬衣与外套搭配应注意衬衣颜色不能与外套相同,明暗度、深浅程度应有明显的对比。

着装要注意颜色选择。肤色黑,不宜着颜色过深或过浅的颜色,最忌用色泽明亮的黄橙色或色调极暗的褐色、黑紫等;皮肤发黄的人,不宜选用半黄色、土黄色、灰色的服装,否则会显得精神不振和无精打采;脸色苍白不宜着绿色服装,否则会使脸色更显病态;肤色红润、粉白,穿绿色服装效果会很好;白色衣服与任何肤色搭配效果都不错,因为白色的反光会使人显得神采奕奕。

体形瘦小的人适合穿色彩明亮度高的浅色服装,这样显得丰满;而体形肥胖的人用明亮度低的深颜色则显得苗条。

大多数人体形、肤色属中间混合型,所以颜色搭配没有绝对性的原则,重要的是在着装实践中找到最适合自己的搭配颜色。

2.2.2 男士着装礼仪

一般来讲,男士都以西装作为职业装,这样既显得成熟、稳重,又可以给客户一种规范、值得信赖的感觉。西装,又称西服、洋服。它起源于欧洲,目前在全世界很流行。正装西装的造型典雅高贵,拥有开放适度的领部、宽阔舒展的肩部和略加收缩的腰部,使穿着者显得英武矫健、风度翩翩、魅力十足。男士要想突出西装的韵味,应该注意西装和其他衣饰的搭配,并遵守相关的礼仪规范,下面从西装、衬衫、领带及配饰几个方面谈谈男士的着装。

(1)西装

1)整体搭配

商务男士在西装穿着时应注意整体装扮,讲究搭配合理、色调和谐,强调整体美,以体现商务男士的优雅风范。

①遵循"三色原则"。"三色原则"要求男士着装浑身上下不能超过3种颜色,是因为从视觉上讲,服装色彩搭配,一旦超过3种色系,就会显得杂乱无章。

②遵守"三一定律"。男士公文包、鞋子与腰带保持一种颜色,如图2.2.1所示。黑色通常为首。腰带上不应挂任何物件。如果将手机、打火机、钥匙串等别在腰带上,穿上西服后腰部会显得鼓鼓囊囊、线条不美观。

图 2.2.1 "三一定律"

③三大禁忌。穿西装不要出洋相,第一个禁忌是商标必须要拆掉。第二个禁忌是袜子的色彩、质地问题,正式场合不穿尼龙丝袜,不穿白色的袜子,袜子的颜色要以与鞋子的颜色一致或其他深色的袜子为佳。第三个禁忌领带打法出现问题,主要是质地和颜色的要求。穿非职业装和短袖装不打领带,穿夹克不打领带,同类型的图案不相配。

2)西装的选择

选择时要注意正装西装和休闲西装的区别,具体表现在以下3个方面:

①从色彩的角度来讲,正装西装的基本特点是单色的,一般是蓝、灰、黑等,而黑色西装多被当作礼服穿着。休闲西装在色彩上的选择范围较广,可以是单色的,如宝蓝、灰蓝、浅蓝、咖啡色;也可以是艳色的,如粉色、绿色、紫色、黄色;还可以是多色的、格子或条纹的,比较随意。在一般情况下,蓝色、灰色的西装,应为商界男士所常备。

②面料。正装西装一般都是纯毛面料,或者是含毛比例较高的混纺面料。这些面料挺括、透气,外观比较高档、典雅,当然其价格也比较贵。商界男士选择正装西服时,应力求面料高档,做工精细。而休闲西装的面料品种繁多,有皮、麻、丝、棉等。

③款式是正装西装和休闲西装最大的区别。商务西服要成套穿着,即搭配同料西裤。而休闲西装则是单件,可搭配异色、异料裤。此外,休闲西装一般都配以明兜,明兜是没有盖的。而正装西装则配以暗兜,它是有盖的。

3）西装的穿着

西装的穿着要遵守以下常规。

①西装的上衣体现整体精神风貌。衣长宜与垂下臂时衣服下沿与手指的虎口处相齐,袖长应在距手腕处 1~2 cm 为宜;衣领不要过高,一般在伸直脖子时,衬衫领口以外露 2 cm 左右为宜;肩膀部分要适宜,因为西装的肩膀部分是整套西装的精神所在,当肩膀部分太紧时,西装的背后会出现横向的皱纹,而当肩膀部分太宽松时,整个人就显得没有精神;背后以恰好盖住臀部为佳,其前襟和后背下面不能吊起,应与地面平行。

在选择西装时,要充分考虑到自己的身高、体型,如身材较胖的人最好不要选择瘦型短西装;身材较矮者最好不要穿上衣较长、肩较宽的双排扣西装。西装上衣可以敞开着穿,但双排扣西装上衣最好不要敞开着穿。

②西装的裤与上衣相协调。必须要能在扣上扣子、拉上拉链、呼吸自然平顺的情况下,不松不紧地刚好容纳一只平伸手掌的厚度。

裤裆应随着小腹与胯下处自然垂缀,平整地与裤管连成一体;从背后看,西装裤也应顺着臀部的线条,松紧合宜地与裤管相连。

裤管的长度,从正面看,必须舒适地垂到鞋面上,裤管过长时,会在鞋面上隆起过多的皱褶,很容易破坏整体造型的利落感;从背面看,裤管的长度应落在鞋跟和鞋身的交界处,若想让腿部看起来更修长,则可将裤管的长度延至鞋后跟1/2处。

③西装口袋的装饰作用多于实用价值。不能让口袋显得鼓鼓囊囊,使西装整体不太一样。上衣左侧外胸袋除可以插入一块用以装饰的真丝手帕外,不应再放其他任何东西,尤其不应当别钢笔、挂眼镜。上衣内侧胸袋可用来别钢笔、放钱夹或名片,但不要放过大过厚的东西。上衣外侧下方的两只口袋原则上以不放任何东西为佳。

西装背心上的口袋多具装饰功能,除怀表外,不宜再放别的东西。

在西装的裤子上,两只侧面的口袋只能放纸巾、钥匙包,后侧的两只口袋不宜放任何东西。

④西装的纽扣是区分款式、板型的重要标志。能否正确地给西装系好纽扣,直接反映出着装者对西装着装礼仪的把握程度。扣子的具体扣法如下:单排二粒扣西装,扣子全部不扣表示随意、轻松;扣上面一粒,表示郑重;全扣表示无知。单排三粒扣西装,扣子全部不扣表示随意、轻松;只扣中间一扣表示正宗;扣上面两粒,表示郑重;全扣表示无知。双排扣西装可全部扣,也可只扣上面一粒,表示轻松、时髦,但不可不扣。起身站立时,西装上衣的

纽扣应当系上,以示郑重其事。就座之后,西装上衣的纽扣则要解开,以防其走样。如果穿三件套西装,则应扣好马甲上所有的扣子,外套的扣子不扣。

男士西服如图 2.2.2 所示。

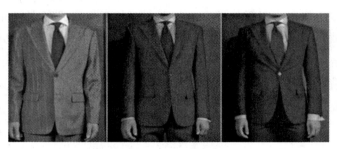

图 2.2.2　男士西服

（2）衬衫

男士着正装西装时的最佳搭配为衬衫,时下流行的高领毛衫搭配西装的做法,商务男士不可盲目跟从。

1）选择

正装衬衫主要以高支精纺的纯棉、纯毛制品为主,以棉、毛为主要成分的混纺衬衫,亦可酌情选择。不过不要选择以条绒布、水洗布、化纤布制作的衬衫,因为它们要么过于厚实,要么易于起皱,要么起球起毛,不宜搭配正装西装。

2）色彩

正装衬衫应为单一色彩。在正规的商务活动中,白色衬衫可谓商界男士的最佳选择。除此之外,蓝色、灰色、棕色、黑色也可加以考虑。但是,杂色衬衫,或者红色、粉色、紫色、绿色、黄色、橙色等穿起来有失庄重之感的衬衫,则是不宜选择的。

3）图案

正装衬衫以无任何图案为佳。印花衬衫、大格子衬衫,以及带有人物、动植物、文字、建筑物等图案的衬衫,均非正装衬衫。不过,较细的竖条衬衫在一般性的商务活动中也可以穿着,但应避免同时穿着竖条纹的西装。

4）领口

从衣领上讲,正装衬衫的领形多为方领、短领和长领。具体进行选择时,须兼脸形、脖长,以及将打的领带结的大小,千万不要使它们相互之间反差过大。扣领的衬衫有时也可选用。此外,翼领和异色领的衬衫,大都不适合与正装西装配套。从衣袖上讲,正装衬衫必须为长袖衬衫,短袖衬衫则具有休闲性质。

当正装衬衫和西装配套穿着时,应注意以下几点:

①穿西装的时候,衬衫的衣扣、领扣、袖扣要一一系好。只有在不打领带时,才可解开衬衫的领扣。

②穿长袖衬衫时,要把下摆均匀地掖到裤腰里面。不能让它在与裤腰的交界处皱皱巴

巴或上下错位、左右扭曲。

③大小合身。衬衫不要太短小、紧身,也不要过分宽松肥大、松松垮垮,一定要大小和胸围要松紧适度,下摆不能过短。

④袖长长短适度。正装衬衫的袖长长短要适度,穿西装时,衬衫的袖口应恰好露出来。

⑤内衣不外现。穿在衬衫之内的背心或内衣,其领形以"U"领或"V"领为宜。别穿高领的背心、内衣,不然在衬衫的领口之外很可能会露出一截有碍观瞻的"花絮"。此外,还需留心,别使内衣的袖管暴露在别人的视野之内。

(3)领带

仔细审视男士的服饰时,领带无疑是最抢眼的,它被称作"西装的灵魂"。领带往往能左右周围人对你的身份、修养、个性、能力等方面的评价。穿着西装的男士,只要经常更换不同的领带,往往也能给人以耳目一新的感觉。因此,男士的领带不嫌多,一套西装至少应配备3条领带。

1)选择

最好的领带,应当是用真丝或羊毛制作而成的。以涤纶制成的领带售价较低,正式高档的场合尽量不要选用。除此之外,用棉、麻、绒、皮、革、塑料、珍珠等物制成的领带,在商务活动中均不宜佩戴。

2)色彩

从色彩方面来看,领带有单色与多色之分。在商务活动中,蓝色、灰色、黑色、紫红色等单色领带都是十分理想的选择。商界男士在正式场合中,切勿使自己佩戴的领带颜色多于3种。同时,也尽量少打浅色或艳色领带,它们仅适用于社交或休闲活动。

商务活动中主要佩戴单色无图案的领带,或者是以条纹、圆点、方格等规则形状为主要图案的领带。以人物、动物、植物、景观、徽记、文字或计算机绘画为主要图案的领带,则主要适用于社交或休闲活动。

3)款式

款式往往受到时尚的左右。在这个问题上,商界人士主要应注意以下几点:一是领带有箭头与平头之分。一般认为,下端为箭头的领带,显得比较传统、正规;下端为平头的领带,则显得时髦、随意一些。二是领带有着宽窄之别。除了要尽量与流行保持同步以外,根据常规,领带的宽窄最好与本人胸围与西装上衣的衣领成正比。三是简易式的领带,如"一拉得"领带不适合在正式的商务活动中使用。

4)系法

现在普遍使用也是最基本的打领带方法有4种,分别为平结(Plain Knot)、半温莎结(The Half-Windsor Knot)、温莎结(The Windsor Knot)、亚伯特王子结(The Prince Albert Knot)。前三种是最传统的领带打法,人们已使用了很久,普瑞特结则是一个较为近期的系领带方法,它在1989年以后始为公众所熟悉。

①平结。平结是男士们选用最多的领带打法之一。几乎适用于各种材质的领带。完

成后领带打法呈斜三角形,适合窄领衬衫,如图2.2.3所示。

要诀:图中宽边在左手边,也可换右手边打;在选择"男人的酒窝"(形成凹凸)情况下,尽量让两边均匀且对称。

图2.2.3　平结(Plain Knot)

②半温莎结(十字结)。最适合搭配在浪漫的尖领及标准式领口系列衬衣。半温莎结是一个形状对称的领带结,它比普瑞特结略大而比温莎结小。看似很多步骤,做起来却不难,系好后的领结通常位置很正,如图2.2.4所示。

要诀:使用细款领带较容易上手,适合不经常打领带的人。

图2.2.4　半温莎结(The Half-Windsor Knot)

③温莎结。温莎结是因温莎公爵而得名的领带结,是最正统的领带打法。打出的结成正三角形,饱满有力,适合搭配宽领衬衫。该集结应多往横向发展。应避免材质过厚的领带,集结也勿打得过大,如图2.2.5所示。

要诀:宽边先预留较长的空间,绕带时的松、紧会影响领带结的大小。

图2.2.5　温莎结(The Windsor Knot)

④亚伯特王子结。亚伯特王子结适用于浪漫扣领及尖领系列衬衫,搭配浪漫质料柔软的细款领带。"国人的酒窝"两边略微翘起,如图2.2.6所示。

要诀:宽边先预留较长的空间,并在绕第二圈时尽量贴合在一起,即可完成此一完美结型。

图2.2.6　亚伯特王子结(The Prince Albert Knot)

5）领带的佩饰

领带没有必要使用任何佩饰。有的时候，或为了减少领带在行动时任意飘动带来的不便，或为了不使其妨碍本人工作、行动，可酌情使用领带佩饰。领带佩饰的基本作用是固定领带，其次才是装饰。常见的领带佩饰有领带夹、领带针和领带棒。它们分别用于不同的位置，但不能同时使用，一次只能选用其中的一种。选择领带佩饰，应多考虑金属质地制品，并以素色为佳，形状与图案要雅致、简洁。

领带的佩饰有以下3种：

①领带夹，主要用于将领带固定于衬衫上。使用领带夹的正确位置，介于衬衫从上朝下数的第四粒、第五粒纽扣之间。确保系上西装上衣扣子之后，领带夹不外露。若其夹得过分往上，甚至被夹在鸡心领羊毛衫或西装背心领子开口处，是非常土气的。

②领带针，主要用于将领带别在衬衫上，并发挥一定的装饰作用。其一端为图案，应处于领带之外；另一端为细链，应免于外露。使用它时，应将其别在衬衫从上往下数第三粒纽扣处的领带正中央。其有图案的一面，宜为外人所见。

③领带棒，主要用于穿着扣领衬衫时，穿过领带，并将其固定于衬衫领口处。使用领带棒，如果得法，会使领带在正式场合显得既飘逸，又减少麻烦。

（4）皮鞋、袜子与腰带

皮鞋与袜子在正式场合也被视作"足部的正装"，商界男士应遵守相关的礼仪规范，令自己"足下生光"。"远看头近看脚不远不近看中腰"，腰带在整个西装穿着中也起到一定的修饰作用。

1）皮鞋

商界男士所穿皮鞋的款式，理当庄重而正统，以皮鞋为佳，而布鞋、球鞋、旅游鞋、凉鞋或拖鞋，显然都是与西装"互相抵触"的。一般来说，牛皮鞋与西装最为般配。磨砂皮鞋、翻皮皮鞋大都属于休闲皮鞋，也不太适合与正装西装相配套，系带皮鞋是最佳之选。而尖头皮鞋、拉锁皮鞋、厚底皮鞋、高跟皮鞋、坡跟皮鞋或高帮皮鞋等，都不符合这一要求。与西装配套的皮鞋，按照惯例应为深色、单色。人们通常认为，最适合与西装套装配套的皮鞋为黑色。就连棕色皮鞋，往往也不太容易搭配。而白色皮鞋、米色皮鞋、红色皮鞋、"香槟皮鞋"、拼色皮鞋等，都不宜在穿西装时选择。

男士所穿的皮鞋要求鞋内无味、鞋面无尘、鞋底无泥。对皮鞋要爱护，勤换、勤晾，上油上光，反复擦拭。尤其在雨天、雪天拜访他人时，还要在进门前再次检查一下鞋底是否"拖泥带水"，并采取适当的措施及时将其去除。

2）袜子

穿西装、皮鞋时所穿的袜子，最好别选择尼龙袜和丝袜，这种材料不吸汗，容易使脚产生异味。以单色为宜，没有任何图案的袜子，更为合适。不要穿过分"扎眼"的彩袜、花袜，或者其他浅色的袜子。在正式商务场合，男士穿发光、发亮的袜子会显得不伦不类。

商界男士在穿袜子时，要求干净、完整，务必要做到洗涤干净，避免有破洞、跳丝。一般而言,袜子的长度,不宜低于自己的踝骨。注意使西裤、皮鞋和袜子三者的颜色相同或接近,使腿和脚成为完整的一体。例如,穿藏蓝西装和黑皮鞋,袜子应该选深蓝或黑色的。常见的一个错误是一位男士坐着的时候,从西裤的裤腿和西装皮鞋之间露出来一截雪白的棉袜,这是不和谐的。白色和浅色的纯棉袜是属于便装一类的,是用来配休闲风格的衣裤和便鞋的。

3)腰带

①腰带的选择。在腰带的选择上,请保持黑色、栗色或棕色的皮带,配以钢质、金质或银质的皮带扣,既适合各种衣物和场合,又可很好地表现职业气质。正式场合不要轻易使用式样新奇的和配以巨大皮带扣的皮带。

②腰带的使用。第一,在皮带上携挂钥匙、手机等,这样会非常影响皮带的装饰性,看上去既不简洁也不干练。第二,皮带在系好后尾端应该介于第一和第二个裤袢之间,既不要太短也不要太长。第三,皮带太窄会使男人失去阳刚之气,太宽的皮带只适合于休闲、牛仔风格。一般皮带宽窄应该保持在 3 cm 左右。第四,在系皮带的时候不要使皮带扣与拉链不在一条线上,否则可就要闹笑话了。

2.2.3 女士着装礼仪

女士在日常工作中也须穿正装。相对偏于稳重的男士着装,商务女士的着装则靓丽丰富得多。得体的穿着,不仅可以使女性显得更加美丽,还可以体现出商务女性良好的修养和独特的品位。女士在较为宽松的职业环境中,可选择造型感稳定、线条感明快、富有质感和挺感的服饰,以较好地表现女性的婉约美。而在商务场合中,女性应选正式的职业套裙,显示端庄、持重的气质和风度。

(1)套裙

套裙,是西装套裙的简称。其上身为一件女式西装,下身是一条半截式的裙子,显得与众不同且能够恰如其分地展示她认真的工作态度与温婉的女性美。因此,在所有适合商务女士在正式场所穿着的裙式服装之中,套裙是名列首位的选择。平时,商务女士所穿着的套裙,大致上可以分成两种基本类型:一种是用女式西装上衣同一条裙子所进行的自由搭配与组合,它被称为"随意型";另外一种女式西装上衣是和与之同时穿着的裙子成套设计、制作而成的,被称为"成套型"或"标准型"。

1)套裙的选择

①面料与颜色。正式的西服套裙,首先应注重面料,最佳面料是高品质的毛纺和亚麻,挺括、贴身,可用较少的饰物和花边进行点缀。女士选择套裙时较为普遍的色彩是黑色、灰色、棕色、米色、宝蓝等单一色彩,以体现着装者的典雅、端庄和稳重。

②款式。无论什么季节,正式的商务套装必须是长袖的。套裙的上衣最短可以齐腰,上衣的袖长要盖住手腕。衣袖如果过长,甚至在垂手而立时挡住大半个手掌,往往会使着装者看上去矮小而无神;衣袖如果过短,动不动就使着装者"捉襟见肘",甚至将其手腕完全

暴露,则显得滑稽而随便。

裙子要以窄裙为主,并且裙长要到膝或过膝。裙子最长可以达到小腿中部。如果裙子穿上后离膝盖的长度超过 10 cm,就表示这条裙子过短或过窄。商务女士切勿穿黑色皮裙,在国际社会里,此乃"风尘女子"之标志。

2) 套裙的穿着

要让套裙烘托出职业女性的庄重、优雅,穿着时要注意以下几点。

①穿着到位。商务女士在正式场合穿套裙时,上衣的领子要完全翻好,衣袋的盖子要拉出来盖住衣袋;不允许将上衣披在身上,或者搭在身上;上衣的衣扣只能一律全部系上。不允许将其部分或全部解开,更不允许当着别人的面随便将上衣脱下来。裙子要穿得端端正正,上下对齐之处务必好好对齐。商务女士在正式场合露面之前,一定要抽出一点时间仔细地检查一下自己所穿的衣裙的纽扣是否系好、拉锁是否拉好。在大庭广众之下,如果上衣的衣扣系得有所遗漏,或者裙子的拉锁忘记拉上、稍稍滑开一些,都会令着装者无地自容。

②协调妆饰。高层次的穿着打扮,讲究的是着装、化妆与佩饰风格统一,相辅相成。因此,穿着套裙时,商界女士必须具有全局意识,将其与化妆、佩饰一道通盘考虑。商务女士在工作岗位化妆的色彩应与套裙色彩协调。在穿套裙时,佩饰要少而精致,不允许佩戴有可能过度张扬"女人味"的首饰。

③兼顾举止。套裙最能够体现女性的柔美曲线,这就要求商务女士举止优雅、注意个人的仪态等。当穿上套裙后,要站得又稳又正,不可以双腿叉开或东倒西歪。就座以后,务必注意姿态,不要双腿分开过大,或是跷起一条腿来,抖动脚尖;更不可以脚尖挑鞋直晃,甚至当众脱下鞋来。走路时,不要大步地奔跑,步子要轻而稳。

(2)衬衫

在严谨、格式化的套装限制下,衬衣自然成了白领丽人体现个性和展示女人味的最佳选择。

1) 衬衣的选择

与职业套裙搭配的衬衣从面料上讲,主要要求轻薄而柔软,因此真丝、芒纱二府绸、花瑶、涤棉等,都可用作其面料。颜色要雅致而端庄,不妩媚。除了作"基本型"的白色之外,其他各种色彩,包括流行色在内,只要不是过于鲜艳,并且与同时所穿的套裙的色彩不相互排斥,均可用作衬衫的色彩。图案可以有一些简单的线条、细格或是圆点。要注意,应使衬衫的色彩与同时所穿的套裙的色彩互相般配,可以外深内浅或外浅内深,形成两者之间的深浅对比。与套裙配套穿的衬衫不必过于精美,领形等细节上也不宜十分新奇、夸张。衬衫的款式要裁剪简洁,不要有过多的花边和皱褶。

2) 衬衣的穿着

衬衫下摆必须掖入裙腰之内,不得任其悬垂于外,或是将其在腰间打结。纽扣要一一系好,除最上端一粒纽扣按惯例允许不系外,其他纽扣均不得随意解开,以免在他人面前显示不雅之态。专门搭配套裙的衬衫在公共场合不宜直接外穿,尤其是身穿紧身而透明的衬衫时,特别须牢记这一点。

(3)皮鞋与袜子

皮鞋与袜子被称为商务女士的"腿部景致",鞋、袜是检验一个人的成就、社会背景、教养等方面的标准之一。一般认为,鞋、袜穿着得体与否,还与穿鞋者的可信度成正比。因此,每一位爱惜自身形象的女士切不可对其马虎大意。

1)皮鞋

①皮鞋的选择。商务女士所穿的用以与套裙配套的鞋子,宜为皮鞋,并且以牛皮鞋、羊皮鞋为上品,应该是高跟、半高跟的船式皮鞋。系带式皮鞋、丁字式皮鞋、皮靴、皮凉鞋等,都不宜在正式场合搭配套裙,露出脚趾和脚后跟的凉鞋及皮拖鞋更不适合商务场合。黑色的高跟或半高跟船鞋是职场女性必备的基本款式,几乎可以搭配任何颜色和款式的套装。鞋子的颜色与手袋保持一致,与衣服的颜色相协调。鞋子的图案与装饰均不宜过多,免得"喧宾夺主"。加网眼、镂空、拼皮、珠饰、吊带、链扣、流苏、花穗的鞋子,或印有时尚图案的鞋子,只能给人肤浅的感觉。越是正式场合,鞋子的款式越要简洁和传统。

②皮鞋的穿着。鞋子应当大小相宜、完好无损。鞋子如果开线、裂缝、掉漆、破残,应立即更换。皮鞋要上油擦亮,不留灰尘和污迹。鞋子不可当众脱下,有些女士喜欢有空便脱下鞋子,或是处于半脱鞋状态,这是极其有失身份的。

2)袜子

①袜子的选择。袜口,即袜子的上端,不可暴露在外。将其暴露在外,是一种公认的既缺乏服饰品位,又失礼的表现。商界女士穿套裙、开衩裙时,都要避免这种情形发生。穿开衩裙时还要注意,即使在走动之时,也不应当让袜口偶尔现于裙衩之处。因此,高统袜、连裤袜和套裙是标准搭配,而中统袜、低统袜不宜与套裙同时穿着。穿套裙时所穿的袜子、丝袜最适用的颜色是透明的素色。素色的好处在于低调,且品位上乘,易于与服饰颜色搭配,可有肉色、黑色、浅灰、浅棕等几种常规选择。多色袜、彩色袜以及白色、红色、蓝色、绿色、紫色等色彩的袜子,都是不适宜的。

图2.2.7 女士鞋袜

穿套裙时,需有意识地注意鞋、袜、裙三者之间的色彩是否协调。鞋、裙的色彩必须深于或接近袜子的色彩,如图2.2.7所示。若是一位女士在穿白色套裙、白色皮鞋时穿上一双黑袜子,就会给人以长着一双"乌鸦腿"的感觉。

②袜子的穿着。丝袜容易划破,如有破洞、跳丝,要立即更换,不要打了补丁还穿。可以在办公室或手袋里预备好一两双袜子,以备替换。袜子不可随意乱穿,不能把健美裤、羊毛裤当成长统袜来穿。

2.2.4 饰物礼仪

饰物,又称饰品,是指与服装搭配、对服装起修饰作用的其他物品。在全身的穿戴中,饰物往往是面积最少,但却是最有个性、最引人注意的物品。别致、新颖、富有内涵的饰物往往能丰富服装的表达能力,提高服装的品质,也体现着商务人士的审美品位与搭配水平。

(1)饰物佩戴的类型

饰物用在人体不同的部位,有特定的装饰和对整体美的强调与协调作用。饰物的用法,总体上说有两种类型。

1)以服装为主、饰品为辅

以服装的款式、质地、图案和色彩为主体,配以相应的饰品,饰品的角色为"辅助"与"配合"。在这种搭配方式中,不宜突出饰品,以免"喧宾夺主",而应掌握"宁缺毋滥""宁少毋多"的基本原理。

2)以饰品为主,服装为辅

这种搭配是"画龙点睛"式。以精美、内涵、别致、新颖的饰品为主体,服饰的色彩和款式力求简洁、单一,服饰起到基础和衬托的作用。这种搭配方式以胸部和腰部的饰品表现力最为强烈,如胸饰、挂件、腰带、项链,而且还应以一件饰品为核心,不宜分散主题。大多数有经验的知识人士更乐于选择和运用这种搭配方式,以点代面,更能表达智慧、情趣、鉴赏力与创造力。

(2)饰物佩戴的原则

1)场合

一般来说,在较为隆重、正规的场合,应选用档次较高的饰品;在公共场合,则不应过于鲜艳、新潮,应精致而传统,以显示信誉;在商务场合,色彩鲜艳亮丽、造型新潮夸张的饰物,容易让人产生不信任感,而保守传统、做工精细的高档饰物,会给人稳重的印象。

2)材质

商务人士佩戴的首饰,尽量保持同一材质,如商务人士佩戴铂金项链,应配铂金戒指。商务人士在自身经济状况许可的范围内,选择质地上乘、做工精良、精致细巧的首饰,可增添气度、提高品位。切忌佩戴粗制滥造的假首饰及造型夸张、奇异的首饰。

3)数量

商务人士佩戴的首饰,应符合身份,数量以少为佳,一般全身不超过3种,每种不超过一件。有的女士一次佩戴太多的首饰,如项链、耳坠、戒指、手链,甚至再加上一枚胸针,整个人看起来既累赘又缺乏品位,也会分散对方的注意力。

4)色彩

商务人士佩戴饰品时,应力求同色,若同时佩戴两件或两件以上饰品,应色彩一致或与主色调一致,千万不要打扮得色彩斑斓,像棵"圣诞树"。商务人士佩戴的眼镜、戒指若为银色,手表也应选银色,皮包的金属标志最好也选银色。

5)性别

饰物对于男士,象征着权贵,要少而精,佩戴一枚戒指和一块手表即可;饰物对于女士,则是点缀,是审美品位和生活质量的聚集点。

6）体形

脖子粗短者，不宜戴多串式项链，而应戴长项链；相反，脖子较瘦细者，宜戴多串式项链，以缩短脖子长度。宽脸、圆脸形和戴眼镜的女士，不要戴大耳环和圆形耳环。

7）季节

首饰也有自己的季节走向，例如，春、夏季可戴轻巧精致的，以配衣裙和缤纷的季节；秋、冬季可戴庄重典雅的，以衬毛绒衣物的温暖与精致。若一条项链戴过春、夏、秋、冬，会显得单调和缺乏韵律。再如，女性的手提包夏天适合选择色彩淡雅的，而冬天适合选择深色的。

8）协调

佩戴饰品的关键是将其与整体服饰搭配统一，佩戴饰品的风格与服装的风格相协调。如，一般领口较低的袒肩服饰必须配项链，而竖领上装可以不戴项链。再如，穿着套裙，宜佩戴珍珠项链，不宜佩戴木质挂件、石头坠饰。

（3）饰物的具体佩戴

饰物包括首饰、提包、配饰等。饰物在着装中起着画龙点睛的作用，增强一个人外在的节奏感和层次感。饰物的选择、佩戴不可随心所欲，以免弄巧成拙。商务人士对饰物礼仪不可一无所知，要遵循规范，以下就商务人士常用的饰物予以介绍。

1）首饰

①项链。首先，项链是视觉中装饰效果最强的佩件，是受女性青睐的主要首饰之一。商务男士应尽量不戴项链，若非戴不可，注意不要外露，以免被他人误解为暴发户。项链佩戴的位置抢眼，会将人们的视线引到脸部或胸部，因此项链的选择要考虑脸形因素和颈部特征。例如，长脸形宜选短粗的项链，可以有意识地使脸形"缩短"，不宜选长项链；圆脸形宜选链节式带挂件的项链，可以适当使脸"拉长"，不选卡脖式项链，以免使圆脸更显夸张。再如，脖子长的人宜选择粗而短的项链，使其在脖子上占据一定的位置，在视觉上能减少脖子的长度；脖子短的人，宜选细而长的项链等。

其次，项链佩戴应和年龄相仿。例如，年轻的女士佩戴仿丝链，更显青春姣美；年龄较大的女士佩戴马鞭链，更显成熟韵味。

最后，项链佩戴应和服装相应。例如，穿柔软、飘逸的丝绸衣衫裙时，宜佩戴精致、细巧的项链，显得妩媚动人；穿单色或素色服装时，宜佩戴色泽鲜明的项链，这样，在首饰的点缀下，服装色彩显得丰富、活跃。

②耳饰。耳饰有耳环、耳链、耳钉、耳坠等款式，一般仅限女性使用。耳饰讲究成对使用，即每只耳朵上均佩戴。工作场合，严禁在一只耳朵上戴多只耳环。职业女性希望表现她们的聪明才智、能力和经验，所以宜佩戴简单耳环，不宜佩戴夸张、奇异、摇摆晃动发出声音的耳环，耳饰中的耳钉小巧而含蓄，体现女性形象、展现女性风采。

③手镯、手链。手镯主要用来强调手腕和手臂的美丽，一般只戴一只，通常应戴在左手，如戴两只手镯，一手戴一只，手镯必须成对。佩戴手链，宜单不宜双，应戴在左手。手链不能与手镯同时佩戴，戴手链或手镯时，也不宜戴手表，以免显得不伦不类。

商务人士佩戴戒指一般是戴在左手，而且最好仅戴一枚。若手上戴几个戒指，有炫耀财富之嫌。戒指的佩戴往往暗示佩戴者的婚姻和择偶状况,商务人士需了解戒指不同戴法的不同含义。如果把戒指戴在食指上,表示无偶或求婚;戴在中指上,表示已有意中人,正处在恋爱中;戴在无名指上,表示已订婚或结婚;戴在小手指上,则暗示自己是一位独身者。

④脚链。脚链可以吸引别人对佩戴者腿部和步态的注意,是当前比较流行的一种饰物,多受年轻女士的青睐。佩戴脚链,一般只戴一条。如果戴脚链时穿丝袜,就要把脚链戴在袜子外面,使脚链醒目。脚链主要适合非正式场合,工作中的商务女性则不宜佩戴。

2)提包

①公文包。公文包被称为商务男士的"移动式办公桌"。对穿西装的商务男士而言,外出办事时手中若少了一只公文包,其神采和风度会大打折扣,其身份往往也会令人怀疑。商务男士所选的公文包,有许多特定的讲究。面料以真皮为宜,牛皮、羊皮制品为最佳。一般来说,棉、麻、丝、毛、革以及塑料、尼龙制作的公文包,难登大雅之堂。色彩以深色、单色为好,浅色、多色甚至艳色的公文包,均不适用于商务男士。在常规情况下,黑色、棕色的公文包,是最正统的选择。除商标之外,商务男士所用的公文包在外表上不宜带有任何图案、文字,否则有失身份。最标准的公文包,是手提式的长方形公文包。箱式、夹式、挎式、背式等其他类型的皮包,均不可充当公文包。

②手提包。手提包是女性最实用的饰品,也是个性和审美情趣最富有张力的表现语言。职业女性选择轮廓分明的方形或长形、款式简洁大方、质量上乘、做工精致的手提包,以强化职业女性的严谨和端庄,不宜选择体积过于庞大或装饰图案过于花哨的手提包。社交手袋应突出女性或华丽高贵,或妖媚多情,或恬淡飘逸,或成熟风韵的不同风采。女性手提包颜色选择范围较大,与服装搭配时可根据以下3点进行选择:

a.手提包与服装呈对比色,这样两者都醒目,如穿白衣,配黑包。

b.若服装为多色彩,手提包应与服装的主色调相同。

c.手提包与服饰中的某一种使用同一色彩,做到上下呼应,增加整体和谐,如装饰腰带为褐色,手提包也为褐色。

商务人员用包之前,须拆去所附的真皮标志,以免在他人面前显示自己用包的名贵高档;外出之前,物品尽量放在包里的既定之处;进入室内,公文包应放在就座附近的地板上,或主人指定之处,切勿将其乱放在桌、椅之上。

③配饰。

a.眼镜。商务人士佩戴眼镜除保护视力所需,还能显得儒雅、文静,提高自身权威感。在正式的商务场合,镜框的造型避免怪异,镜框颜色尽量与手表或首饰协调。同时,选择眼镜时应考虑脸形,增加美感。例如,圆脸形不宜戴宽边圆形眼镜,宜选择水平距离宽、垂直距离窄的方框眼镜。

b.墨镜。墨镜也称太阳镜,已成为装饰五官的一种饰品。戴上墨镜,平添几分神秘和魅力,给人以严肃、神气、深沉之感,商务人士戴墨镜时,要注意以下要点:

• 参加室内活动与人交谈,不应戴墨镜。

• 在室外,参加隆重的礼仪活动,也不应戴墨镜。

• 若有眼疾需要戴时,要向对方表示歉意。

c.胸针。胸针通常是女性礼仪性饰品。胸针应戴在左侧第一、第二粒纽扣之间的平行位置上，给整体形象赋予光芒四射、交相辉映的视觉效果。

胸针是对品质要求最高的一种饰品，它的质地各异，有珠宝、金银、金属、绢丝等。选择时，需和服饰品质、社会阶层、年龄、出席的场合相匹配。华丽的晚礼服应配以较夸张而精美，或质小而华贵的胸针；正统和严谨的套裙应配以简洁明快、轮廓清晰分明的胸针；多情浪漫的服装应配以柔和别致的胸针。应注意的是，胸针不宜用在图案和款式过于复杂的服饰上，这与其装饰的特性产生冲突，遮掩其本应醒目的装饰特点。

d.领针。领针用来别在西式上装左侧领上，男女都可用。佩戴领针时，戴一只即可，且不要与胸针、纪念章、奖章、企业徽记等同时使用。在正式场合，仪态礼仪不要佩戴有广告作用的领针，不宜将领针别在右侧衣领、帽子、围巾、腰带等不恰当的位置。

e.手表。商务人士佩戴手表，通常意味着时间观念强、作风严谨。在正式场合，手表的价值除了实用外，还体现身份、地位。对平时只有戒指一种首饰可戴的男士来说，尤其受重视。正式场合所戴的手表，在造型方面应当庄重、保守。除数字、商标、厂名、品牌外，手表上没有必要出现其他的图案。倘若手表上图案稀奇古怪、多种多样，不仅不利于使用，反而会有失佩戴者的身份。应注意的是，女性穿华丽的晚宴装，最好不要戴手表。此外，要注意行为举止，若在正式场合他人发言时，佩戴手表者给手表上弦或频频看表，就会显得对他人不尊重。

任务2.3　汽车服务人员仪态礼仪

【任务书】

1.掌握汽车服务人员仪态的基本要求。
2.掌握汽车服务人员的手势礼仪。
3.能够恰当使用表情礼仪。

【任务导入】

有位客户来到某品牌4S店，想要购买一款SUV车型。销售人员热情接待，开始都很顺利，在交款时客户外商突然拒绝与在此4S店购买。原来，这家4S店销售人员在陪同客户试驾过程时，向窗外吐了口痰。而他这个不文明举动恰巧被客户看到了。

客户认为，一个如此不讲文明的销售人员，综合素质太低，这样的公司也好不到哪里去，于是便改变了原来的决定。瞧！一口痰使到手的生意泡汤了。

【相关知识】 ·································

2.3.1　汽车服务人员仪态基本要求

仪态是指一个人的姿态，泛指人的身体所呈现出来的样子，包括人的表情与举止。汽车商务人员的仪态应该体现出自然大方、稳重端庄及亲切诚恳。

（1）仪态要自然

自然是仪态礼仪的第一要求。仪态语的设计必须符合感情的脉搏，服从情绪的支配，所有动作都应随着说话者的情感起伏自然而然地做出，切不可故作姿态、装模作样。有的人说话时动作生硬，像是在"背台词"；有的人则搔首弄姿，刻意表演，这都会使人觉得虚伪、缺乏诚意。

（2）仪态要优雅

培根说过："相貌的美高于色泽的美，而优雅合适的动作的美又高于相貌的美。"这主要是因为仪态比相貌更能展现人的精神气质。因而无论何时何地，或站或坐，一颦一笑，都要注意造型优美，举止优雅。一般来说，男尚阳刚，女尚温柔。在设计体态动作的时候，一定要注意体现出性别特征和个性特征。男人要有男人的气质和风度：刚劲、强健、粗犷、潇洒；女人要有女人的柔情和风姿：温柔、细腻、娴静、典雅。

（3）仪态要适宜

仪态作为体姿语言，是口语表达的辅助手段。在表现上，首先，要适度，不可"喧宾夺主"。如果每讲一句话都用上一个表情或动作，挤眉弄眼，手舞足蹈，反而会弄巧成拙，令人反感。其次，要切合场景，符合身份。不同场合应用不同的体态。喜庆的场合要兴高采烈，甚至可以翩翩起舞，但在严肃、庄重的场合就不能高声说笑、手舞足蹈。一般来说，中老年人要稳重老成，不能有轻浮的动作表情，青少年则要活泼大方，不要故作老成。

（4）仪态要修炼

一个人优雅、得体、自然的举止，不是为了某种场合硬装出来的，而应是日常生活中修养的自然流露，是一种长久熏陶、顺乎自然的结果。要想达到仪态美，需内外兼修：内修品格，外练礼仪。有了优秀的品格，才会有宜人的风度。风度和礼仪总是相伴相随的，商务人士应明确礼仪的重要、掌握礼仪的技巧、遵守礼仪的规范，日积月累定能展现潇洒风度。

2.3.2　站　姿

站姿是人的静态造型动作，是训练其他优美体态的基础，是表现不同姿态美的起始点。优美的站姿能显示个人的自信，并给他人留下美好而隽永的印象。常言说："站如松"，就是说，站立应像松树那样端正挺拔。

（1）规范的站姿

①头正：两眼平视前方，嘴微闭，收颌梗颈，表情自然，稍带微笑。

②肩平:两肩平正。

③臂垂:两肩平整。

④躯挺:胸部挺起。

⑤腿并:两腿立直、贴紧,脚跟靠拢,两脚夹角成60°。

这种规范的礼仪站姿同军人的立正是有区别的。礼仪的站姿较立正多了些自然、亲近和柔美。

⑥微笑:心情愉快。

当达到标准站姿时,肌肉会形成3种相对抗的力量相互制约:从正面看,头正、肩平、身直;从侧面看,轮廓线为收颌、挺胸、收腹、直腿。

（2）男女站姿的区别

男士站立时,双脚可分开与肩同宽,双手可在腹部处交叉搭放,也可在后腰处交叉搭放,也可一只手自然下垂,以体现男性的阳刚之气。

女士站立时最优美的姿态为身体微侧,呈自然的45°,斜对前方,面部朝向正前方。脚呈丁字步,即右(左)脚位于左(右)脚的中后部,人体重心落于双脚间。这样的站姿可使女性看上去体态修长、苗条,同时也能显出女子的阴柔之美。

无论男女,站立时要防止身体东倒西歪,重心不稳,更不得倚墙靠壁,一副无精打采的样子。另外,双手不可叉在腰间或环抱在胸前,貌似盛气凌人,令人难以接受。

男士、女士站姿如图2.3.1所示。

图2.3.1 男士、女士站姿

（3）站姿训练

1）靠墙

脚后跟、小腿肚、臀部、双肩、头部的后下部位和掌心靠墙。

2）顶物

可以把书本放在头顶中心,头、躯干自然保持平衡,以身体的8个方位来进行训练,可以纠正低头、仰脸、头歪、头晃及左顾右盼的毛病。

3）照镜

面对镜子,检查自己的站姿及整体形态,看是否歪头、斜肩、含胸及驼背等。按照站姿的要领及标准,发现问题可及时加以调整。

站姿的训练每次应控制在 20～30 min,训练时最好配上轻松的音乐。用以调整心境,减轻疲劳。

2.3.3　坐　姿

坐是一种静态造型,是非常重要的仪态。在日常工作和生活中,离不开这种举止。对男性而言,更有"坐如钟"一说。端庄优美的坐姿,会给人文雅、稳重、大方的美感。

入座后,上身的姿势与站姿相似,下肢及手臂的摆放应多加注意。

(1)下肢的摆放

1)"正襟危坐"式

此种坐姿适用于最正规的场合。要求:上身和大腿、大腿和小腿,都应当形成直角,小腿垂直于地面。双膝、双脚包括两脚的跟部,都要完全并拢,如图 2.3.2 所示。

图 2.3.2　男士正襟危坐

2)垂腿开膝式

此种姿势多为男性所用,也比较正规。要求:上身和大腿、大腿和小腿都成直角,小腿垂直于地面。双膝允许分开,分的幅度不要超过肩宽,如图 2.3.3 所示。

图 2.3.3　男士垂腿开膝式坐姿

3）前伸后屈式

这是适用于女性的一种坐姿。要求：大腿并紧后，向前伸出一条腿，并将另一条腿屈后，两脚脚掌着地，双脚前后要保持在一条直线上。

4）双脚内收式

它适合在一般场合采用，男女都适合。要求：两条大腿首先并拢，双膝可以略为打开，两条小腿可以在稍许分开后向内侧屈回，双脚脚掌着地。

5）双腿叠放式

这适合穿短裙的女士采用（见图2.3.4）。要求：将双腿一上一下交叠在一起，交叠后的两腿间没有任何缝隙，犹如一条直线。双脚斜放在左右一侧。斜放后的腿部与地面成45°，叠放在上的脚的脚尖垂向地面。

6）双腿斜放式

它适合于穿裙子的女士在较低的位置就座时采用（见图2.3.4）。要求：双腿首先并拢，然后双脚向左或向右侧斜放，力求使斜放后的腿部与地面成45°。

图2.3.4　女士坐姿

7）双脚交叉式

它适用于各种场合，男女都可选用。双膝先要并拢，然后双脚在踝部交叉。需要注意的是，交叉后的双脚可以内收，也可以斜放，但不要向前方远远地直伸出去。

（2）手臂的摆放

1）放在两条大腿上

双手各自扶在一条大腿上，也可以双手叠放后放在两条大腿上，或者双手相握后放在两条大腿上（见图2.3.5）。

2）放在一条大腿上

侧身和人交谈时，通常要将双手叠放或相握地放在自己所侧一方的那条大腿上。

3）放在皮包文件上

当穿短裙的女士面对男士而坐，身前又没有屏障时，为避免"走光"，可以把自己随身的皮包或文件放在并拢的大腿上。随后，就可以把双手或扶、或叠、或握着放在上面。

4）放在身前桌子上

把双手平扶在桌子边沿，或是双手相握置于桌上，都是可行的。有时，也可以把双手叠放在桌上。

5）放在椅子扶手上

当正身而坐，要把双手分扶在两侧扶手上。当侧身而坐，要把双手叠放或相握后，放在侧身一侧的扶手上。

（3）坐姿注意事项

①正式场合，一般不应坐满座位，通常是坐椅子2/3的位置。

②入座时要稳要轻，不可猛坐猛起使椅子发出声响。女士着裙装入座时，应用双手拢平裙摆再坐下，一般应从座位的左边入座。

③入座后上体自然挺直，男士可将双手放在两条大腿上或座位两边的扶手上，女士只扶一边显得较为优雅，绝不可把手夹在两腿间或双手抱在腿上。正式场合，双手不应放在身前的桌面上。

④一般从椅子的左边入座，离座时也要从椅子左边离开。

⑤背后有依靠时，也不能随意地把头向后仰靠，显出很懒散的样子。就座以后，不能两腿摇晃。

⑥切勿做小动作：玩弄衣带、发辫、香烟盒、笔、纸片及手帕等分散注意力的物品；玩手指、抠指甲、抓头发、挠头皮、抠鼻孔、用脚敲踏地面、双手托下巴、说话时用手掩着口等。

（4）坐姿的训练

①面对镜子，按坐姿基本要领，着重脚、腿、腹、胸、头、手部位的训练，体会不同坐姿，纠正不良习惯，尤其注意起座、落座练习。

②女性穿半高跟鞋进行训练，以强化训练效果。

③利用器械训练，增强腰部、肩部力量和灵活性，进行舒肩展背动作练习。

④坐姿的训练每次控制在 20 min，训练时最好配上轻松的音乐。用以调整心境，减轻疲劳。

2.3.4　走　姿

如果说站姿和坐姿是人体的静态造型的话，那么，步态就是人体的动态造型。步态，即行走的姿势，产生的是运动之美。想走出风度、走出优雅、走出美来，要靠平时的练习与注意。

汽车服务工作绝大部分是在站立或行走中进行的，这就要求行走姿态的正确性和规范性。行走时双眼平视前方，收腹挺胸，两臂自然摆动，摆动幅度为30°左右，双脚在一条直线上行走，步态轻稳，弹足有力。两人同行擦肩而过应保持 10 cm 的距离，防止相互碰撞，失礼失态。行走是人生活中的主要动作，走姿是一种动态的美。"行如风"就是用风行水上来形容轻快自然的步态。正确的走姿：轻而稳，胸要挺，头要抬，肩放松，两眼平视，面带微笑，自然摆臂。

（1）规范的走姿

①头正：双目平视，收颔，表情自然平和。

②肩平:两肩平稳,防止上下前后摇摆。双臂前后自然摆动,前后摆幅在 30°～40°,两手自然弯曲,在摆动中离开双腿不超过一拳的距离。

③躯挺:上身挺直,收腹立腰,重心稍前倾。

④步位直:两脚尖略开,脚跟先着地,两脚内侧落地,走出的轨迹要在一条直线上。

⑤步幅适当:行走中两脚落地的距离大约为一只脚长,即前脚的脚跟和后脚的脚尖相距一只脚的长度为宜,不过不同的性别,不同的身高,不同的着装,都会有些差异。

⑥步速平稳:行进的速度应当保持均匀、平稳,不要忽快忽慢,在正常情况下,步速应自然舒缓,显得成熟、自信。行走时要防止八字步、低头驼背,不要摇晃肩膀、双臂大甩手,不要扭腰摆臀、左顾右盼,脚不要擦地面。

具体走姿如图 2.3.5 所示。

图 2.3.5　走　姿

（2）变向走姿

变向走姿是指在行走中,需转身改变方向时,采用合理的方法,体现出规范和优美的步态。

1）后退步

与人告别时,应当先后退两三步,再转身离去,退步时脚轻擦地面,步幅要小,先转身后转头。

2）引导步

引导步是用于走在前边给宾客带路的步态。引导时要尽可能走在左侧前方,整个身体半转向宾客方向,保持两步的距离,遇到上下楼梯、拐弯、进门时,要伸出左手示意,并提示请客人上楼、进门等。

3）前行转身步

在前行中要拐弯时,要在距所转方向远侧的一脚落地后,立即以该脚掌为轴,转过全身,然后迈出另一脚。向左拐,要右脚在前时转身,向右拐,要左脚在前时转身。

（3）穿不同鞋子的走姿

1）穿平底鞋的走姿

穿平底鞋走路比较自然、随便,要脚跟先落地,前行力度要均匀,走起路显得轻松、大方。由于穿平底鞋不受拘束,往往容易过分随意,步幅时大时小,速度时快时慢,还容易因随意而给人以松懈的印象。

2)穿高跟鞋的走姿

由于穿上高跟鞋后,脚跟提高了,身体重心就自然地前移,为了保持身体平衡,膝关节要绷直,胸部自然挺起,并且收腹、提臀、直腰,使走姿更显挺拔,平添几分魅力。

穿高跟鞋走路,步幅要小,脚跟先着地,两脚落地脚跟要落在一条直线上,像一枝柳条上的柳叶一样,这就是所谓的"柳叶步"。有人穿高跟鞋走路时,用屈膝的方法来保持平衡,结果走姿不但不挺拔,反而因屈膝、撅臀显得非常粗俗不雅。有这种不雅习惯的人,要训练自己,注意在行进时一定要保持踝、膝、髋关节的挺直,保持挺胸、收腹、向上的姿态。

(4)走姿的训练

①双肩双臂摆动训练:身体直立,以身体为柱,双臂前后自然摆动,注意摆幅适度。

②步位、步幅训练:在地上画一条直线,行走时检查自己的步位和步幅是否正确,纠正"外八""内八"及脚步过大、过小的不雅习惯。

③顶书训练:将书本置于头顶,保持行走头正、颈直、目不斜视,纠正走路摇头晃脑、东张西望的不雅习惯。

④步态综合训练:训练行走时各种动作的协调,注意掌握好走路时的速度、节拍,保持身体平衡,双臂摆动对称,动作协调。

2.3.5　蹲　姿

蹲姿不像站姿、走姿、坐姿那样使用频繁,因而往往被人所忽视。一件东西掉在地上,一般人都会很随便弯下腰,把东西捡起来。但这种姿势会使臀部后撅,上身前倒,显得非常不雅。讲究举止的人,就应当讲究蹲姿。这里介绍一种优美的蹲姿。

左脚在前右脚在后向下蹲去,左小腿垂直于地面,全脚掌着地,大腿靠紧,右脚跟提起,前脚掌着地,左膝高于右膝,臀部向下,上身稍向前倾。以左脚为支撑身体的主要支点,如图2.3.6所示。

男子也可以这样做,不过两腿不需要紧靠,可以存在一定的距离。

图2.3.6　蹲　姿

2.3.6　鞠躬礼

鞠躬礼是一种人们用来表示对别人的恭敬而普遍使用的致意礼节。

(1)行使鞠躬礼的场合

鞠躬礼既可以应用在庄严肃穆或喜庆欢乐的仪式中,也可以应用于一般的社交场合;既可应用于社会,也可应用于家庭。如下级向上级,学生向老师,晚辈向长辈行鞠躬礼表示敬意;上台演讲、演员谢幕等。另外,各大商业大厦、饭店和宾馆也应用鞠躬礼向宾客表示欢迎和敬意。

(2)鞠躬礼的方式

一鞠躬礼:适用于社交场合、演讲、谢幕等。行礼时身体上部向前倾斜15°~20°,随即恢复原态,只做一次。

三鞠躬礼:又称最敬礼。行礼时身体上部向前下弯约90°,然后恢复原样,如此连续3次。

(3)鞠躬礼的正确姿势

行礼者和受礼者互相注目,不得斜视和环视;行礼时不可戴帽,如需脱帽,脱帽所用之手应与行礼之边相反,即向左边的人行礼时应用右手脱帽,向右边的人行礼时应用左手脱帽;行礼者在距受礼者2 m左右进行;行礼时,以腰部为轴,头、肩、上身顺势向前倾20°~90°,具体的前倾幅度还可视行礼者对受礼者的尊重程度而定;双手应在上身前倾时自然下垂放两侧,也可两手交叉相握放在体前,面带微笑,目光下垂,嘴里还可附带问候语,如"你好""早上好"等。施完礼后恢复立正姿势。

通常,受礼者应以与行礼者的上身前倾幅度大致相同的鞠躬还礼,但是,上级或长者还礼时,可以欠身点头或在欠身点头的同时伸出右手答之,不必以鞠躬还礼。

(4)鞠躬时应注意的问题

一般情况下,鞠躬要脱帽,戴帽子鞠躬是不礼貌的。

鞠躬时,目光应该向下看,表示一种谦恭的态度。不可以一面鞠躬一面翻起眼看对方,这样做姿态既不雅观,也不礼貌。

鞠躬礼毕起身时,双目还应该有礼貌地注视对方。如果视线转移到别处,即使行了鞠躬礼,也不会让人感到是诚心诚意。

鞠躬时,嘴里不能吃东西或叼着香烟,

上台领奖时,要先向授奖者鞠躬,以示谢意,再接奖品,然后转身面向全体与会者鞠躬行礼,以示敬意。

鞠躬礼仪示意如图2.3.7所示。

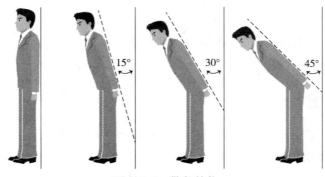

图2.3.7 鞠躬礼仪

2.3.7 服务手势

手势是人们利用手来表示各种含义时所使用的各种姿势,是人们交际时不可缺少的体态语言。手势美是动态美,能恰当地运用手势来表达真情实意,就会在交际中表现出良好的形象。

(1)手势的种类

一般而言,得体的手势要看具体的场合和对象。对于不同的交往对象和场合要求手势有不同的速度、范围和空间的轨迹。在人际交往中,常使用的基本手势有以下7种:

①垂放。做法:一是双手自然下垂,掌心向内,叠放或相握于腹前;二是双手伸直下垂,掌心向内,分别贴放于大腿内侧。

②背手。多见于站立、行走时。做法:双臂伸到身后,双手相握,同时昂首挺胸。

③持物。即用手拿东西。做法:可用一只手,也可用双手,拿东西时动作要自然,五指并拢,用力均匀,不要翘起无名指与小指,以避免有作态之嫌。

④鼓掌。表示欢迎、祝贺、支持的一种手姿。做法:右手掌心向下,有节奏地拍击掌心向上的左掌。必要时,应起身站立。

⑤夸奖。主要用以表扬他人。做法:伸出右手,翘起拇指,指尖向上,指腹面向被夸奖的人。若将右手拇指竖起来反向指向别人,就意味着自大或藐视;若将拇指指向自己的鼻尖,就意味着自高自大、不可一世。

⑥指示。用以引导来宾指示方向的手姿。做法:以右手或左手抬至一定高度,五指并拢,掌心向上,以肘部为轴,向指定方向伸出手臂。

⑦递物。递给对方物品时,注意双手奉送、正面朝上、尖头朝内,以方便对方拿取。

(2)常用引导手势

1)横摆式

在表示"请进""请"时常用横摆式。做法:五指并拢,手掌自然伸直,手心向上,肘微弯曲,腕低于肘。开始做手势应从腹部之前抬起,以肘为轴轻缓地向一旁摆出,到腰部并与身体正面成45°时停止。头部和上身微向伸出手的一侧倾斜,另一手下垂或背在背后,目视宾客,面带微笑,表现出对宾客的尊重、欢迎,如图2.3.8所示。

图2.3.8 引导手势

2）前摆式

如果右手拿着东西或扶着门时，这时要向宾客做向右"请"的手势时，可以用前摆式。五指并拢，手掌伸直，由身体一侧由下向上抬起，以肩关节为轴，手臂稍曲，到腰的高度再由身前右方摆去，摆到距身体15 cm，并不超过躯干的位置时停止。目视来宾，面带笑容，也可双手前摆。

3）双臂横摆式

当来宾较多时，表示"请"可以动作大一些，采用双臂横摆式。两臂从身体两侧向前上方抬起，两肘微曲，向两侧摆出。指向前进方向一侧的臂应抬高一些，伸直一些，另一手稍低一些，弯曲一些，也可以双臂向一个方向摆出。

4）斜摆式

请客人落座时，手势应摆向座位的地方。手要先从身体的一侧抬起，到高于腰部后，再向下摆去，使大小臂成一斜线。

5）直臂式

需要给宾客指方向时，采用直臂式，手指并拢，掌伸直，屈肘从身前抬起，向抬到的方向摆去，摆到肩的高度时停止，肘关节基本伸直。注意指引方向时，不可用一只手指，这样显得不礼貌。

（3）交际中应避免出现的手势

交际场合不可当众搔头皮、掏耳朵、抠鼻屎眼屎、搓泥垢、修指甲、揉衣角、用手指在桌上乱画、玩手中的笔或其他工具，切忌做手势或指指点点。

（4）手势的训练

①调整体态，保持良好的站姿。

②对镜子练习常用手势，包括：请、招呼他人、挥手道别、指引方向、递接物品（剪子、文件）、鼓掌、展示物品等。

2.3.8　表情礼仪

美国心理学家艾伯特通过实验把人的感情表达效果总结了一个公式：传递信息的总效果（即感情的表达）=7%的语言+38%的声音+55%的表情。这说明表情在人际感情沟通中占有相当重要的位置。

汽车服务人员的表情运用讲究自然、亲切、和蔼、友善。在丰富的表情之中，眼神和微笑的运用最具礼仪功能。

（1）眼神

著名心理学家弗洛伊德说过："即使你不说话，你的眼睛也会多嘴多舌。"在日常交往中眼神具有很强的表达作用。商务交往过程中，人的眼神应当是友善和自信的。商务人员的眼神在运用时应主要把握以下两个要点：

1）协调好注视时间

商务人员在与他人交谈时，为使对方感到舒适，与对方目光相接触的时间要有度。若向对方表示友好,则注视对方的时间应占全部谈话时间的 1/3 左右;若向对方表示关注,或者是表示兴趣时,则注视对方的时间应占全部谈话时间的 2/3 左右;若注视对方的时间不到全部谈话时间的 1/3,则表示瞧不起对方或对对方没有兴趣,超过 2/3 以上,则表示可能对对方怀有敌意或寻衅滋事。

2)掌控好注视区域

商务人员在与他人交谈时,目光落在对方身体的部位要有所区别和调整。通常应使自己的目光局限于上至对方的额头、下至对方衬衣的第二粒纽扣以上、左右以两肩为准的方框中。在这个方框中,分为以下 3 种注视方式:

①公务注视。人们在洽谈业务、磋商交易、商务谈判时所使用的一种凝视行为,注视的区域在对方的双眼与额头之间。公务凝视会使你显得严肃认真、有诚意,这种凝视会使你把握谈话的主动权和控制权,具有权威感。

②社交注视。人们在社交场所使用的一种凝视行为,注视的区域在对方的双眼到唇心之间,其中包括双眉、双眼、鼻子和嘴之间,但不直视瞳孔。在鸡尾酒会、舞会、交谊会上,使用这种凝视很容易形成一种良好的社交气氛。

③亲密注视。这是男性之间、女性之间或者亲人、恋人等亲近人员之间使用的一种凝视行为,注视的区域在对方的双眼到胸部之间。

在不同的商务交往场合,眼神的运用还应注意以下细节:

①与人对面而行时,在 2.5 m 之外可以仔细端详。近于此距离目光要旁移,以示尊重别人的独处空间。

②听人讲话时,眼睛要看着对方,一方面表示礼貌;另一方面也容易理解对方话语的意思;自己讲话时,则要常常用眼光与听话人交流。

③与多人同时交谈时,要用眼神关注在座的每一个人,可以讲一句看看这个,再看看那个,也可以讲话时,眼光环视每一个人,让谈话对象感觉受到重视,没有被冷落。

④有人离开你身边时,目送一段距离是礼节的表示。目送人至看不见为止表示尊重,如果只是暂时离开,则用目光关注一瞬间就可以。

⑤商务谈判时,目光要平视、直视,眼神中还应适当融入精明强干、不卑不亢以及充分的自信和果敢。

3)眼神的训练

依以下方法坚持天天训练,不要间断,必使目光明亮有神:

①睁大眼睛训练:有意识地练习睁大眼睛的次数,增强眼部周围肌肉的力量。

②转动眼球训练:头部保持稳定,眼球尽最大努力向四周做顺时针与逆时针 360°转动,增强眼球的灵活性。

③视点集中训练:点上一支蜡烛,视点集中在蜡烛火苗上,并随其摆动,坚持训练可使目光集中、有神,眼球转动灵活。

④目光集中训练:眼睛盯住 3 m 左右的某一物体,先看外形,逐步缩小范围到物体的某一部分,再到某一点,再到局部,再到整体。这样可以提高眼睛明亮度,使眼睛十分有神。

⑤影视观察训练:观看录像资料,注意观察和体会优秀影视剧中的演员是如何通过眼神表达内心情感的。

(2)微笑

微笑既是一门学问,也是一门艺术。微笑是世界上通用的沟通手段,它能体现出乐观向上、愉快热情的情绪,也可以较快地消除彼此间的陌生感,打破交际障碍,创造友好的交际氛围。所以,商务人员在工作过程中,不要吝啬自己的微笑。

1)微笑的魅力

①微笑展现个人素质。微笑是礼貌的表现,是自信的象征,一个有教养的人总是以微笑待客。职场人士应该让微笑之花常开在脸上,将微笑当作礼物,慷慨、温和地奉献,使人们感到享受、愉快,这是绝大多数社交活动和公关工作的需要,也是一个人自身素质和修养的体现。

②微笑点燃社交绿灯。人际交往中,尤其在一些重要的交际场合,人们往往存在戒备心理,生怕出言不慎而带来麻烦,有的人尽量少说话,有的人甚至一言不发,这样,沟通就出现了障碍,很多交际场合出现了僵局。此时,微笑可以作为主动交往的敲门砖,拆去对方的心理防线,使之对自己产生信任和好感,随之进入交往状态。微笑可以缩短双方的心理距离,增进感情、促进交流、缓解气氛。它以真诚、宽容、信任、礼貌、友好、亲切等为能量,为人们的社会交往点燃绿灯。

③微笑奠定成功基石。一个人如果学会了时常微笑,他就有可能排除一切艰难险阻,赢得更多的机遇和财富。微笑是很多企业的制胜法宝。仅用 5 000 美元起家的希尔顿集团创始人唐纳·希尔顿,在其旅馆经营中始终坚持微笑是简单、可行、不花钱又行之有效的法宝,他要求企业的员工,不论什么情况下,都必须对顾客保持微笑。凭借持之以恒的微笑服务,希尔顿迅速成为全球最大规模的连锁旅馆。希尔顿总裁在位的 50 多年里,不断地到他设在世界各国的希尔顿饭店视察,视察中他经常问到的一句话:"你今天对客人微笑了吗?"可见,"微笑"作为不见金钱的资本,所产生的巨大吸引力确实是生意兴隆的法宝。

2)微笑的基本要求

微笑应是发自内心的笑,要真诚、适度、适宜,符合礼仪规范。

①微笑要真诚。微笑要亲切、自然、诚恳,发自内心,切不可故作笑颜,假意奉承。发自内心、自然坦诚的微笑才是最美丽、最动人的。它能温暖人心,化除冷漠,获得理解和支持。发自内心的真诚微笑应是笑到、口到、眼到、心到、意到、神到、情到。

②微笑要适度。微笑的美在于文雅、适度,不随心所欲、不加节制。微笑的基本特征是不出声、不露齿、嘴角两端略提起,既不故意掩盖笑意、压抑内心的喜悦,也不咧着嘴哈哈大笑。只有笑得得体、笑得适度,才能充分表达友善、真诚、和蔼、融洽等美好的情感。

③微笑要适宜。微笑应注意场合、对象,当笑则笑,不该笑时就别笑,这是发挥微笑功能的关键。比如,打破沉默之前,先露出笑容,马上拥有一个良好的氛围,要想等对方笑后才露出笑容,就为时已晚,因为没有哪一种沟通是不先付出就会成功的。但在严肃场合不能笑时千万别笑。

3）微笑的训练

练习微笑之前要忘掉自我和一切的烦恼,让心中充满爱意。可以配上优美的音乐,放松心情,减轻单调、疲劳之感。

情绪记忆法,即将自己生活中最高兴的事情的情绪储存在记忆中,当需要微笑时,可以想起那件最使你兴奋的事情,脸上会流露出笑容。注意练习微笑时,要使双颊肌肉用力向上抬,嘴里念"一"音,用力抬高口角两端,注意下唇不要过分用力。普通话中的"茄子""田七""前"等的发音(见图2.3.9)也可以辅助微笑口型的训练。

对着镜子,练习微笑。调整自己的嘴形,注意与面部其他部位和眼神的协调,做自己最满意的微笑表情,到离开镜子时也不要改变它。

图2.3.9 微 笑

【情境小结】

礼仪形象是个体形象的外在表现形式之一,礼仪形象的高低往往反映出一个人教养、素质的高低。维系人们正常交往的纽带首先就是礼仪形象。在人际交往中,其外在的形态、容貌、着装、举止等始终是一种信息,在不知不觉中已经传给了对方,这些信息无疑会或好或坏地影响交际活动的全过程。行为心理学家曾做过一个实验,证明了人们接触的前4 min是形成人们知觉的至关重要的时间区域。这4 min的知觉如何,会影响到以后交往的一段相当长的时间,甚至影响交往的全过程。这种知觉效应,心理学上称为"晕轮效应"。应该说,在高度开放的信息时代,在瞬息万变的市场经济条件下,注意你给人的第一印象是相当重要的。也许你正在谋求一份工作,也许你正代表公司与对方谈一笔生意,总之,这其中的第一印象都会成为或成功或失败的一个潜在因素。

当然,由于人们的印象形成过程始于通过感官察觉对方,受主观认识能力和客观复杂性的限制,主客观不可能总是完全一致的,这样就会出现大量不准确的,甚至虚假、错误的印象。这就要求人们自觉地加强修养,有效地运用礼仪规范,准确地表现自我。整洁大方的个人仪表,得体的言谈,高雅的举止,良好的气质风度,必定会给对方留下深刻而又美好的印象,从而引导对方对个人的尊重,或对自己所代表的组织的尊重与信任,最终达到社交的目的。

【思考与训练】 ....

1. 商务礼仪对个人仪容的基本要求有哪些？
2. 着装的 TPO 原则是什么？
3. 西装的穿着应遵守哪些规范？
4. 饰物佩戴的原则有哪些？

【实训】 ....

实训 2.1　商务仪容礼仪

2.1.1　仪容自查

按商务场合要求，填写仪容自查表，见实训表 2.1。

实训表 2.1　仪容检查用表

项目	检查要点	是	否	具体情况
头发	是否很脏			
	是否剪得整齐，发型是否有精神			
	头发是否遮住耳朵、前额、衣领			
	是否烫、染过且较有个性			
脸	胡子是否剃得干净			
	鼻毛是否长出鼻外			
	是否做过基本护理			
	是否化上淡妆			
牙	牙是否刷得干净			
	食物残渣是否沾在牙上			
嘴	有无口臭			
脖子	是否天天清洗、护理			
手	是否很干净			
	是否擦过护手霜			
指甲	指甲是否剪得很短			
脚	是否有脚臭			
腿	是否有汗毛露出			

2.1.2　女性面部化妆

任务目标:掌握化妆的基本操作规程。

任务准备:化妆盒、棉球、粉底霜、胭脂、眼影、眉笔、唇彩、香水等,课前先进行简单的化妆。

训练方法:组内评价各同学的化妆效果,每组推荐一位同学上台讲解化妆技巧,针对若干化妆好的学员进行分析(见实训表2.2)。

实训表2.2　化妆效果评价表

项　目	评　价
护肤	
打底	
定妆	
眼影	
眼线	
睫毛	
眉毛	
腮红	
口红	

2.1.3　男士皮肤护理

任务目标:掌握皮肤护理的操作要领。

训练方法:分小组进行皮肤护理的讨论,每组推荐一位同学上台讲解护理要点。

_____

_____

_____

2.1.4　女士盘发

任务目标:学会至少一种职场盘发方法。

训练方法:分小组进行盘发练习,每组推荐一位同学上台讲解盘发要点。

_____

_____

_____

实训 2.2　商务仪表礼仪

2.2.1　仪表自查

按商务场合要求着装,并填写仪表自查表,见实训表2.3。

实训表2.3　仪表检查用表

项　目	检查要点	是	否	具体情况
上衣	有无脏与破的地方			
	领子与袖口是否干净			
	是否有较明显的褶皱			
	口袋、拉链、扣子是否系好			
	衣服的大小、松紧是否合身			
	衣领是否太低			
裤	是否干净、清爽			
	是否褶皱较多,不挺直			
裙	裙子是否太短或太紧			
腰带	有无破损			
	是否与衣服匹配			
衬衫	经常洗吗			
	领子与袖口是否干净			
	是否把扣子扣好			
丝巾	丝巾系得是否漂亮			
领带	领带质地的好坏			
	打结的地方有无变形			
	是否干净			
	是否有皱的地方			
鞋	与工作服是否相配			
	是否很干净			
	鞋后跟是否磨掉很多			
袜子	袜子有无破损			
饰品	是否戴了很大很贵重的饰物			
	是否戴了3件以上			

2.2.2　男士领带系法练习

任务目标:学会系温莎结领带。

任务准备:一条丝质领带。

训练方法:组内自行练习,每组推荐一位同学上台演示。

___

2.2.3　女士丝巾系法练习

任务目标:学会系各种丝巾。

任务准备:一条长丝巾,一条大方丝巾,两条小方丝巾。

训练方法:组内自行练习,每组推荐一位同学上台演示。

___

实训 2.3　商务仪态礼仪

2.3.1　站　姿

任务目标:掌握站姿的基本要领和几种不同的站姿,纠正不良站姿。

训练方法:组内自行练习,拍照记录各种规范的站姿,并列出不良站姿。

___

2.3.2　坐　姿

任务目标:掌握坐姿的基本要领和几种不同的坐姿,纠正不良坐姿。

训练方法:组内自行练习,拍照记录各种规范的坐姿,并列出不良坐姿。

___

2.3.3　走　姿

任务目标:掌握走姿的基本要领,纠正不良走姿。

训练方法:组内自行练习,拍照记录各种规范的走姿,并列出不良走姿。

___

2.3.4　手　势

任务目标：掌握不同场合手势的基本要领，纠正不良手势。

训练方法：组内自行练习，拍照记录各种规范的手势，并列出不良手势。

2.3.5　表　情

任务目标：训练出商务场合最令人舒适的微笑、眼神。

训练方法：组内自行练习，拍照记录，并列出不合适的表情。

学习情境

～汽车服务人员沟通礼仪～

【学习目标】

1. 掌握汽车服务过程中的基本语言礼仪。
2. 掌握汽车服务沟通技巧。
3. 掌握电话礼仪的规范。
4. 掌握相关文书的写作礼仪。

【任务导入】

买 报

某人早晨路过一个报摊，想买一份报纸却找不到零钱。他在报摊上拿起一份报纸，扔下一张拾元钞票，漫不经心地说："找钱吧！"卖报的老人很生气地说："我可没工夫给你找钱。"并从他手中拿回了报纸。这时另一位顾客也遇到类似的情况，只见他和颜悦色地走到报摊前对老人笑着说："您好！您看，我遇到难题了，能不能帮帮我？我这儿只有一张拾元钞票，可我真想买您的报纸，怎么办呢？"老人笑了，拿过刚才那份报纸塞到他手里："拿去吧，什么时候有了零钱再给我。"

第二位顾客之所以能成功，是因为他注意到由于自己没带零钱会给售报的老人带来找零钱的额外麻烦，他特别为这一点向老人道歉，并且表情和善、态度真诚、语气恳切。因为他尊重别人并礼貌待人，所以打动了人心，不但使气氛变得十分友好，协商也非常顺利地完成了。

语言交谈能最有效地传递信息，沟通感情，改善关系，达成协议，促进工作，是人类最重要的交际工具。我国古代便有"三寸之舌，强于百万之师"的说法。而在现代商务活动中，能否运用精湛的语言艺术，迅速与交谈对象进行交流沟通，往往会影响到事业的成败。可见，掌握交谈的礼仪规范，对汽车商务人员来讲，有着十分重要的意义。

任务 3.1　汽车服务人员基本语言礼仪

1. 学会语言的艺术。
2. 能够使用礼貌用语。
3. 学会倾听。
4. 学会有技巧地提问。

【相关知识】

语言作为人类最重要的交际工具，是人类所特有的用来表达意思、交流思想的工具。在人际交往中，恰当运用交谈礼仪，将会形成良好的氛围，使你的个人形象锦上添花。所谓"酒逢知己千杯少，话不投机半句多""良言一句三冬暖，恶语伤人六月寒""舌为利害本，口为祸福门"等名言警句，大家莫不耳熟能详。

哈佛大学前校长伊立特曾说："在造就一个有修养的人的教育中，有一种训练必不可少，那就是优美、高雅的谈吐。"交谈是交流思想和表达感情最直接、最快捷的方式。在人际交往中，因为不注意交谈的礼仪规范，或多说了一句话，或用错了一个词，或不注意词语的色彩，或选错话题等而导致人际关系破裂或交往失败的事情，时有发生。所以，在交谈中必须遵从一定的礼仪规范，才能达到双方交流信息、沟通思想的目的。

3.1.1　讲究语言艺术

交谈的语言艺术包括以下几个方面。

（1）语言要准确流畅

在交谈时如果词不达意，很容易被人误解，达不到交际的目的。因此，在表达思想感情时，首先应做到吐字清晰、口音标准，说出的语句应符合规范，避免使用似是而非的语言；其次语句停顿要准确，思路要清晰，谈话要缓急有度，从而使交流活动畅通无阻；最后应去掉过多的口头语，以免语句隔断。

语言准确流畅还表现在能让人听懂，因此言谈时尽量不用书面语或专业术语，因为这样的谈吐让人感到拘谨或是理解困难。古时有一个笑话说的是，一位书生突然被蝎子蜇了，便对妻子喊道："贤妻，速燃银烛，你夫为虫所袭！"他的妻子没有听明白，书生更着急了："身如琵琶，尾似钢锥，叫声贤妻，打个亮来，看看是什么东西！"其妻仍然没有领会他的意思,书生疼痛难熬,不得不大声吼道:"还不快点灯,我被蝎子蜇了!"

（2）语言要委婉表达

交谈是一种复杂的心理交往过程,人的自尊心和微妙心理往往在其中起着重要的控制作用,触及它,就有可能不愉快。因此,对一些只可意会而不可言传的事情、可能引起对方不愉快的事情、人们回避忌讳的事情,不能直接陈述,只能用委婉、含蓄的方法去说。因此,要避免使用主观武断、口气强硬的词语,如"只有""唯一""一定""就要"等,而应尽量采用与人商量的口气。要学会先肯定后否定,把批评的话语放在表扬之后,就显得委婉一些。

（3）语言要掌握分寸

与他人交谈要注意有放、有抑、有收,把握好"度"。谈话是双方共同参与的事情,故不可唱"独角戏"而不给别人说话的机会。说话时还要察言观色,注意对方情绪,对方不爱听的话少讲,一时接受不了的话勿急于讲。谈话时开玩笑则要看对象、性格、心情和场合。一般来讲,不与性格内向、多疑、敏感的人开玩笑;不随便开女性、长辈、领导的玩笑;当对方情绪低落、不高兴时不开玩笑;在严肃、正式的场合、用餐时不开玩笑。

（4）语言要幽默风趣

交谈本身就是一个寻求一致的过程,在这个过程中经常会因不和谐的因素而引发争论或分歧,这就需要交谈者随机应变,凭借机智抛开或消除障碍。运用幽默通常可以增强语言的感染力或化解尴尬局面,它建立在说话者高尚的情趣、乐观的心境、较深的涵养、丰富的想象、对自我智慧和能力自信的基础上。有一次,梁实秋的幼女文蔷自美返台探望父亲,他们便邀请了几位亲友,到某地"鱼家庄"饭店欢宴。酒菜齐全,唯独白米饭久等不来,经一催二催之后,仍不见白米饭踪影。梁实秋无奈,在服务小姐入室上菜时,戏问:"怎么饭还不来,是不是稻子还没收割?"服务小姐眼都没眨一下,答道:"还没插秧呢!"本是一个不愉快的场面,经服务小姐这一妙答,举座大笑。

3.1.2　使用礼貌用语

礼貌用语是人类文明的标志。在我国,文明礼貌用语的基本内容为10个字:"请""谢谢""对不起""您好""再见"。在实际的社会交往中,日常礼貌用语远远不止这10个字。归结起来,主要可划分为如下几个大类。

（1）问候语

人们在社会交际中,根据交际对象、时间等的不同,常采用不同的问候语。比如在中国,人们见面的问候语通常是"您吃了吗?"即使到现在,这句问候语在中国的部分地区仍然比较普遍,而经济比较发达的城镇,人们见面时用得比较多的问候语是"您好""您早"等。在英美国家,人们见面的问候语根据见面的时间、次数、场合等不同而有所区别。如双方是第一次见面,可以说"How do you do（您好）";如双方第二次见面,可以说"How are you（您好）";如在早上见面可以说"Good morning（早上好）",中午可以说"Good noon（中午好、午安）",下午可以说"Good afternoon（下午好）",晚上可以说"Good evening（晚上好）"或"Good night（晚安）"等。在美国,非正式场合人们见面时,常用"Hi""Hello"等表示问候。在信奉佛教的国家，人们见面时常用的问候语是"菩萨保佑"或"阿弥陀佛"；在信仰伊斯兰教的国家，人们见面时常用的问候语是"真主保佑"。

（2）欢迎语

交际双方一般在问候之后会向对方表示欢迎。世界各国的欢迎语大都相同，如"再次见到您很愉快（Nice to meet you again）""欢迎您（Welcome you）""见到您很高兴（Nice to meet you）"。

（3）回敬语

在社会交往中，人们常常在接受对方的鼓励、祝贺或问候、欢迎之后，使用回敬语以表示感谢。因此，回敬语又可称为致谢语。回敬语的使用频率较高，使用范围较广。俗话说礼多人不怪，受到了对方的热情帮助、赏识、鼓励、关心、服务等都可使用回敬语。在我国使用频率最高的回敬语是"谢谢""非常感谢""多谢""麻烦您了""让您费心了"等。

（4）致歉语

在社会交往过程中，常常会出现由于组织的原因或是个人的失误，给交际对象带来麻烦、损失，或是未能满足对方的要求和需求的情况，此时应使用致歉语。常用的致歉语有"抱歉"或"对不起（Sorry）""真抱歉，让您久等了（So sorry to keep you waiting so long）""请原谅（Pardon）""打扰您了，先生（Sorry to have bothered you，sir）"等。真诚的道歉不仅能使交际双方彼此谅解、信任，而且有时还能化干戈为玉帛。同时，道歉也讲求艺术，有些人放不下架子或碍于面子，不愿直接道歉，可使用较为委婉的方法。比如，今天的交际对象是以前曾经有过误解的人，那么可以说："真是不打不相识，俗话说得好，不是冤家不聚头，让我们从头开始吧！"及时得体的道歉也充分反映出一个人的宽广胸襟、真诚情感和敢于承担责任的勇气。

（5）祝贺语

在社会交际过程中，如果想与交际对象建立友好的关系，就应该时刻关注交际对象，并与他们保持经常性的联系。比如，当交际对象过生日、晋升、加薪、结婚、生子、寿诞，或是客户开业庆典、周年纪念、获得大奖时，可以通过各种方式表示祝贺，共同分享快乐。

祝贺用语很多，可根据实际情况进行选择。如生日祝贺语"祝您生日快乐（Happy birthday）"，节日祝贺语"祝您节日愉快（Happy the festival）""祝您圣诞快乐（Merry Christmas to you）"等。当得知交际对象在事业上取得成就或有喜庆的事情时，可直接向他表示祝贺，如"祝贺您（Congratulation）"。常用的祝贺语还有"祝您成功""祝您健康""祝您好运""祝您万事如意""祝您福如东海，寿比南山"。

（6）道别语

交际双方交谈过后，在分手时，常常使用道别语。最常用的道别语是"再见（Goodbye）"，若是根据事先约好的时间可说"明天见（See you tomorrow）""回头见（See you later）"。中国人道别时的用语很多，如"走好""再来""慢走""保重""您慢点走"等。欧美等国家的道别语比较委婉，有祝贺的性质，如"祝您做个好梦""晚安"等。

（7）请托语

在日常用语中，人们出于礼貌，还会用到请托语，以示对交际对象的尊重。最常用的请托语是"请"。另外，人们还常常使用"拜托""借光""劳驾"等。在欧美等国家，人们在使用请托语时，大多带有征询的口气。比如，英语中最常用的"Will you please…（请您）""What can I do for you（能为您做点什么）"以及在打扰对方时常使用"Excuse me"。日本常用的请托语是"请多关照"。

【知识链接】 ··

多说几句"客套话"

问候要得体、恰当。对中国人可说"一路辛苦了""路上愉快吗"等，对外国人则应当说"见到你真高兴""欢迎你到来"等，问候寒暄之后，应主动帮助客人提取、装卸行李。取行李时，最好不要主动去拿客人的公文包或手提包，因为里面一般是贵重物品或隐私物件。回程途中，应主动向客人介绍当地风俗、民情、气候、特产、物价等方面的情况，并可询问客人在此逗留期间有无私人活动需要代为安排。将客送往住宿处后，不宜久留，以便让客人尽快洗漱、休息，但别忘记告诉客人与你联系的方式及下次见面的时间。

如果是长者、贵宾家访，应让全家人到门口微笑迎接。在家里接待客人时，不得赤脚或只穿内衣、短裤或睡衣。如事先来不及更换，则应向客人致歉，并请客人稍候，以便及时更衣再开门迎接。迎接客人时应说一些诸如"欢迎，欢迎""稀客，稀客""一路辛苦了""请进""这么热的天，难为您了""自从上次分别后，我们一直期待您再次光临"等欢迎语和问候语，使客人受到礼遇，获得尊重。如果客人有随身携带的物品，应主动接下并放到适当的地方。

3.1.3 有效选择话题

所谓话题，是指人们在交谈中涉及的题目范围和谈话内容。在社会交往中，学会选择话题，就能使谈话有个良好的开端。

宜选的话题如下：

1）选择既定的话题

既定的话题即交谈双方业已约定，或者一方事先准备好的话题，如征求意见、传递信息或研究工作等。

2）选择内容文明、格调高雅的话题

文学、哲学、艺术、地理、历史和建筑等话题，因其内容文明、格调高雅，故适合作为各类交谈的话题，但忌不懂装懂。

3）选择轻松的话题

轻松的话题主要包括文艺演出、流行时装、美容美发、体育比赛、电影电视、休闲娱乐、旅游观光、风土人情、名胜古迹、烹饪小吃、名人逸事和天气状况等。这类话题令人比较放松,适用于非正式交谈,允许各抒己见,任意发挥。

4)选择时尚的话题

选择时尚的话题即以此时此刻正在流行的事物作为谈论的中心,但这类话题变化较快,不太好把握。

5)选择擅长的话题

选择擅长的话题尤其是交谈对象有研究、有兴趣的话题,对整个交谈过程较有益处。比如,青年人对于体育运动、流行歌曲、影视明星的话题关注较多,而老年人对于健身运动、饮食文化之类的话题较为熟悉;普通市民则关注家庭生活、个人收入等,而公职人员关注的多是时事政治、国家大事;男人多关心事业、个人的专业,而女士对家庭、孩子、物价、化妆和服饰等更容易津津乐道。

6)扩大话题储备

由于人们的经历、兴趣、职业、学习状况不同,每个人所熟悉的话题也各不相同,要想与别人有更多的话题,必须尽量扩大话题储备。一个人如果有理想、有追求,而且刻苦学习,事事留心,把看到、听到的事物有意识地加以记忆和累积,就会逐渐变得学识渊博。由于视野开阔,知识面广,与人沟通时自然就有话题了。

7)避谈的话题

①避谈政治、宗教等可能有异议的话题。有些人虽基于礼貌不会当场与你争论,但内心一定十分不舒服,你可能无意中得罪了人而不自知,这自然也失去了社交的意义了。

②避谈国家秘密及行业秘密。我国国家安全法、国家保密法有规定,违法及泄密的内容是不能谈论的。此外,各个行业、各个企业也都有各自的商业秘密,在商务谈话中不应涉及这些内容,以免造成不必要的损失。

③避谈格调不高的话题。这包括家长里短、小道消息、男女关系、黄色段子等。这些东西说出来会使对方觉得你素质不高,有失教养。更不能在外人面前议论领导、同行同事的不足,这会让别人怀疑你的人格和信誉,也会令别人对你的公司、企业的团结合作及信用产生怀疑。

④避谈个人隐私。与外人交谈时,尤其是与外国人交谈时,更应回避个人隐私。具体包括下列"五不问":不问收入;不问年龄;不问婚否;不问健康;不问个人经历。

3.1.4　学做最佳听众

"人为什么长两只耳朵一张嘴?那是因为上帝造人的时候就要求我们少说多听"。尽管这样解释显得滑稽,但它说明了在与人交流沟通时聆听的重要性。我国古代就有"愚者善说,智者善听"的说法。聆听,是一门艺术,通过聆听可以从谈话的一方获得必要的信息,领会谈话者的真实意图。聆听本身还是尊重他人的表现。因此,应充分重视听的功能,讲究听的方式,追求听的艺术。

(1)聆听要耐心

在对方阐述自己的观点时,应该认真地听完,并真正领会其意图。有人在听的过程中,听到与自己意见不一致的观点或自己不感兴趣的话题,或者因为产生了强烈的共鸣就禁不住打断对方或做出其他举动,致使他人思路中断,这是不礼貌的表现。当别人正在讲话时,不宜插话,如必须打断,应适时示意并致歉后插话,插话结束时,还要立即告诉对方"请您继续讲下去"。聆听中还应注意自己的仪表,不应该从自己的举止或姿态中流露出不耐烦、心不在焉或是疲劳,因为这样会伤害对方的自尊心。

(2)聆听要专心

在听对方说话时,应该目视对方,以示专心。因为语言只传达了部分信息,所以还应注意说话者的神态、姿势、表情以及声调、语气等的变化,以便全面、准确地了解对方的思想感情。同时,以有礼而专注的目光表示认真聆听,对说话者来说也是一种尊重和鼓励。

(3)聆听要热心

在交谈中,强调在与对方谈话时目视对方、认真专心地去听,并不是说聆听者完全被动地、安静地听。经验告诉人们,在说话时,如果对方面无表情、目不转睛地盯着自己看,便会使谈话者怀疑自己的仪表或讲话有什么不妥之处而深感不安。因此,聆听者在听取信息后,可以根据情境,或微笑,或点头,或发出同意的应答声,甚至可以适时地插入一两点提问,例如,"真的吗?""哦,原来是这样,那后来呢?"等。这样就能够实现谈话者与聆听者之间不断地交流,形成心理上的某种默契,使谈话气氛更融洽。

3.1.5　注意提问方式

在一定的社交场合,商务从业人员总是为了解决某个问题才去与人交谈的,而解决问题的前提就是提出问题。提问在商务活动中起着双重作用:一方面获得自己所需要的信息,为自己或组织谋利益;另一方面也让对方了解自己的需要和追求,从而促成人与人之间的交流和合作以及事业的成功。

(1)提问要切境

切境,就是要求语言运用与所处的特定环境相切合、相适应。构成语言环境的因素包括社会环境、自然环境、交际的场合、交际的对象、交际双方的各种相关因素,如身份、职业、经历、思想、性格、处境、心绪等。针对不同的交际场合,不同的交往目的,不同的交际对象,使用的提问语言也应不同。

1)与人初次见面,提问要巧找话题

从交际心理看,人们初次见面,彼此都有一种要了解对方的愿望和渴望得到尊重的心理。然而在交往中,往往是一阵寒暄之后,就无话可说了,于是出现冷场,使交谈陷于困境。在这种情况下,可以向对方发问,目的是引发自我介绍,从中找到继续交谈的话题。如互问姓氏、职业,然后就可以借题发挥,加深彼此的了解。如果双方已经互问了姓名、职业,但因"隔行如隔山"的原因而无法深谈,则可借双方熟知的人进行提问,也可借双方均知晓的事加以提问,还可直接问询业余爱好,以达到相互了解的目的。

2)熟人见面交谈,提问要突出关怀和友谊

现代较快的生活节奏,往往使同住一市一区的朋友许久不得见面,因此他们见面后第一件事就是彼此沟通信息,询问中必然带有浓厚的感情色彩:"好久不见了,真想你。听说你最近在做某某事,是吗?"这句提问语言的感情暗示是我经常向别人问你的情况,我很关心你的事情。

"王师傅,您从家回来了? 家里老人身体可好?"这句提问语言给对方的感受是你没有忽略他的行踪去向,而且对他的家庭、长辈给以深切的关注。如果你同几位朋友彼此都很要好,当见了其中一位时,别忘记打听其他人的情况:"你见到某某了吗? 他最近情况怎样? 我很想他呢。"这种提问语言,会使对方感受到你对朋友的真挚,在交流的过程中,使朋友之间的情感增进了许多。

当商务人士面对老客户时,提问更需强调感情关系。只有把顾客当成老朋友,使顾客心理上的亲和需求得到满足,能更方便地开展推销工作。如:"您上次在本店买的东西好用吗?""您今天希望吃点什么?","上次"和"今天"传递出一种信息:您是老顾客,我们记得您,我们希望每次服务都能让您满意。此时,顾客心里热乎乎的,成交的愿望会强烈得多。

(2)提问的方法

提问语既可以是内心疑问的表达,也可以是对对方话语的引导。为了得到想要的回答,达到一定的目的,就必须掌握提问语言的几种形式,并把握其中的规律,这样才能在交谈中发挥积极作用。

1)正问

正问即开门见山,把想了解的问题直接提出来。此提问方式常用于上级对下级工作的询问,同志间信息交流,或亲密朋友间的沟通。应该注意的是,使用这种方式所提的问题,必须是没有深厚背景,三言两语就能说清楚,以不会引起不快的后果为前提。

2)反问

反问是指从相反的方向提出问题,使对方不得不回答。很多人都有不爱主动选择的心理特征,为了当面得到肯定的提问效果,就从否定的角度来提问。这种提问方式多用于向公众征询意见的公开场合。例如,老师问学生:"有谁同意这个活动计划?"结果响应者寥寥无几,他换用反问的形式:"有不同意这个活动计划的吗?"结果没有一个人提出反对,计划就通过了。

3)开放式提问

开放式提问就是不限制客户回答问题的答案,完全让客户根据自己的喜好,围绕谈话主题自由发挥。进行开放式提问既可以令客户畅所欲言,又有助于销售员根据客户谈话了解更有效的客户信息。而且在客户畅所欲言之后,他们通常会感到放松和愉快,这有助于双方的进一步沟通与合作。通常开放式问题包括以下疑问词或典型问法:"……怎么样""如何……""为什么……""什么……""哪些……"等。

4)封闭式提问

封闭式提问,也称引导式提问,它只是让对方有"是"或"不是"两种答案选择。如果面对犹豫不定的提问对象,通过封闭式提问,并将希望得到的答案放在后头,可以引导谈话的方向。例如一位老练的售货员,在顾客买东西后,总要问一句:"送到府上去,还是自己带回去?"几乎所有顾客都会说:"好,我带回去。"把开放式提问和封闭式提问有机结合起来,非常有利于掌控交谈的整个局面。

任务 3.2　汽车销售沟通技巧

【任务书】

1. 掌握汽车服务人员沟通的基本规范。
2. 掌握沟通的技巧。

【相关知识】

汽车销售人员与客户的交流,是客户进行品牌体验的关键环节,也是消费者情感体验的一部分。客户需要深层次了解产品的情况,作为决策的依据;而汽车销售人员对产品的具体讲解和态度,对客户的决策有很大影响。汽车销售人员的行为举止将影响客户对企业和品牌的认知,是产品销售和品牌展示的关键。

在销售过程中,那些有能力、有素质,能把自己的业务做得炉火纯青的销售人员,往往会受到客户的欢迎和喜欢。相反,只会死板地说教,没有任何特长的销售人员,很难让客户对其推销的产品产生兴趣,也不会取得好的销售业绩。因此,汽车销售人员要提升自己的沟通能力,掌握全面的沟通技巧,以便更有效地与客户沟通。

3.2.1　汽车服务人员沟通规范

（1）与客户沟通的基本交谈技巧

在汽车销售的过程中,汽车销售人员应掌握以下基本的交谈技巧。

1）语气委婉,手势恰当

汽车服务人员与客户谈话时要做到表情自然、语言亲切、表达得体。用简练的语言与客户交谈,应注意说话声音平稳轻柔、速度适中和层次清晰。尽量使用表示疑问或商讨的语气,这样可以更好地满足客户的自尊心,从而营造出一种和谐愉悦的谈话气氛,既不使客户尴尬,也不使自己窘迫。出言不逊、恶语中伤、斥责和讥讽对方,都是汽车服务人员应该杜绝的。常言道:"利刀割体痕易合,恶语伤人恨难消"适当赞美客户会使客户有春风拂面的感觉。赞美客户时,措辞应得当。说话时手势要适当,动作幅度不要过大,更不要手舞足蹈,谈话时切忌唾沫四溅。

2）谦逊幽默,以情动人

谦虚也是一种礼貌。在与客户初次见面时,汽车销售人员的自我介绍要适度,不可锋芒毕露,否则会给你的客户夸夸其谈、华而不实的感觉。为了表示谦虚和恭敬而自我贬低也是不可取的。要想给客户留下诚恳坦率、可以信赖的印象,就必须做到实事求是,恰如其分。

幽默,这种机智和聪慧的产物可以用奇巧的方式来表达感受。但是,毫无意义的插科打诨并不代表幽默。幽默既是一种素质,又是一种修养;既是一门艺术,又是一门学问。汽车销售人员如果能够巧妙地运用幽默的语言会使自己的工作收到意想不到的效果。

汽车服务人员切忌用生硬、冷冰冰的语言来接待客户。在汽车销售过程中,不可忽视情感效应,它能起到不可估量的作用。僵硬的语言会挫伤客户的购买信心,而充满关心的话语则往往可以留住客户。

3)话题高雅,激起共鸣

汽车服务人员交谈的话题和方式应尽量符合客户的特点,应准确地把握客户的性格、心理、年龄、身份、知识面、习惯等。汽车销售人员在说话前应考虑好话题,对谈话涉及的内容和背景、客户的特点、交谈的时间和场景等因素,都应给予重视。

汽车销售人员应让话题感人,以激起客户共鸣。要先让自己为话题感动,如果再好的话题,汽车销售人员自己都不为所动,则必然无法感染客户。就地取材的话题比较容易引起共鸣,观念性话题更易于与客户交流沟通,独创、新颖、幽默的话题较受欢迎。

交谈时不应涉及疾病、死亡等话题,不应谈荒诞离奇、耸人听闻和黄色淫秽的话题,更不要随便议论宗教问题。不要询问女性客户的年龄、婚姻等状况,不应谈论对方长得胖瘦、身体壮弱、保养得好坏等。不直接询问对方的学历、收入、家庭财产、服饰价格等。谈话不批评长辈、身份高的人,不讥笑、讽刺他人。

4)彬彬有礼,宽容大度

汽车服务人员参与谈话应先打招呼,如果别人正单独谈话,不要凑前旁听。如果有事需要和某人说话,应等别人说完。对第三者参与谈话,应以握手、点头或微笑表示欢迎。谈话中,遇有急事需要处理或离开,应向谈话对象打招呼,表示歉意。在客户多的地方,不可以只和某一位客户交谈,而冷落旁人。

汽车服务人员应控制好自己的情绪和举止。在交谈中,如果客户有"无礼"的表现,要以宽容的态度对待。如果客户心不在焉,或者显示出焦急、烦躁的神情,汽车服务人员应考虑暂时中断交谈。

(2)与客户沟通的语言规范

在汽车服务人员接待客户的过程中,还应注意语言规范,语言能显示出汽车服务人员的素质和水平。对汽车销售人员来说,文明礼貌的用语是十分重要的。汽车服务人员在为客户服务时应注意以下几点。

1)客户接待用语

顾客接待用语包括"欢迎光临""您好"等。

有客户来店时,销售人员必须竭诚相待、主动问候、站立、鞠躬,然后微笑着亲切地说"欢迎光临!"如果预先知道客户来店,要把写有"欢迎××先生"的欢迎牌放在展示厅的进口处。

2）友好询问用语

友好询问用语包括：

"请问您怎么称呼？我能帮您做些什么？"

"请问您是第一次来吗？是随便看看还是想买车？"

"您是自己用吗？如果是的话，您不妨看看这辆车。"

"请问您现在保有什么样的车呢？是如何使用这部车的呢？"

"我们刚推出一款新车型，您不妨看看。不耽误您时间的话，我给您介绍一下好吗？"

"好的，没问题，我想听听您的意见，行吗？"

3）车辆介绍用语

请客户自由参观时，销售人员要微笑着对客户说："请您自由地参观汽车，如有需要，请您不要客气，随时叫我。"然后精神饱满地站在自己的岗位上，等待客户的召唤，不要在展厅内乱走动。

"请喝茶，请您看看我们的资料。"

"关于这款车的性能和价格，有什么不明白的，您请讲。"

看到客户想询问事情或是想与你说话时，要主动回应；同时想方设法地将客户带至会客区，端上饮料，尽可能努力延长客户的逗留时间，并采用以下说话方式：

"您还满意吗？""您觉得××车怎么样？""我们已经为您准备好了饮料，如果方便的话，请您到桌子那边，请教您一些事情可以吗？"

4）请教联系方式用语

请教联系方式用语包括"如果""如果方便的话""是否可以"等。

顾客的联系方式，包括以下必要信息项目：对方的姓名、工作单位、住址、联络方式、现在的使用车、使用目的和用途。

5）询问用语

询问用语包括：

"如果您有名片，能给我一张吗？"（没有名片的时候，记在记事便条上。）

"请问您贵姓？"

"请问您在哪里工作？"

"如果方便的话，我想拜访贵公司，是否可以告诉我贵公司的地址和电话号码呢？"

6）道歉用语

道歉用语包括：

"对不起，这种型号的车刚卖完了，不过等货一到，我马上通知您。"

"不好意思，您的话我还没有听明白""请您稍等""麻烦您了""打扰您了""有什么意见，请您多多指教""介绍得不好，请多原谅"。

7）恭维赞扬用语

恭维赞扬用语包括：

"像您这样的成功人士，选择这款车是最合适的。"

"先生（小姐）很有眼光，居然有如此高见，令我汗颜。"

"您是我见过的对汽车最熟悉的客户了。"

"真是快人快语,您给人的第一印象就是干脆利落""先生(小姐)真是满腹经纶""您话不多,可真正算得上是字字珠玑啊""您太太(先生)这么漂亮(英俊潇洒),好让人羡慕啊。"

8)送客道别用语

送客道别用语包括:

"再见!"

"请您慢走,多谢惠顾,欢迎下次再来!"

"有什么不明白的地方,请您随时给我打电话。"

"买不买车没有关系,能认识您我很高兴。"

3.2.2　汽车销售沟通基本功

对汽车销售人员来说,说话的目的性要明确,就是在与具体的一个人进行面对面对话时,达到自己目的的同时,也理解并满足对方的目的。因此,这种说话的基本功体现在如下3个层面:

①听懂对方的话语、意图,特别是一些没有说出来的意思。

②牢记自己的目的,与别人沟通不是闲聊天,也不是给别人解闷,是要满足对方对信息的需求。

③管理说话的内容。管理的意思是选择说话的内容,然后对若干内容进行排序,最后才是选择语调、语气、语速、语音来传达。

这就是销售沟通的基本功。这3个基本功体现在以下4个具体的实战沟通技巧上。

(1)主导

在与其他人的对话交谈中,不知不觉地控制谈话的主题内容以及谈话的发展趋势和方向,这种谈话套路称为主导。

在交谈的过程中,不断地抛出全新的话题,而其他人仅仅是跟随着;总是试问别人一些事情,等大家都七嘴八舌说了好多以后,还都特别想听你怎么看这个事情。这是一种可以训练的说话套路、说话模板。按照这个模板讲,逐渐就掌握了主动权,而不会被别人牵着鼻子走。

【案例】

主导汽车销售沟通

一位客户走进展厅,指着眼前展厅内的车就问,这辆车有 ABS 吗?

销售顾问:如今 ABS 这个东西都普及了,是台车就有,三四万元的车也有。其实,您问的这个 ABS,是看车、挑车、权衡车值不值得买的3个重要方面中的一个——车辆安全性装备这个方面。

客户聚精会神,还要听呢。

他要听什么呀?

（2）迎合

迎合是承接对方话语的语意，形成顺应的语言背景，赢得宽容的交谈氛围。中国历史上高超的迎合大师就是清朝乾隆年间的和珅，他对皇帝极尽奉承、迎合之能事。即使皇帝知道他曲意逢迎，仍然不得不对他委以重任。迎合就是说话中的一个至关重要的技巧。迎合是有规律的，按照一定的套路说话就可以了。达到高超的境界时，对方完全听不出来你是故意迎合还是说出发自内心的观点。

【案例】

学会迎合客户的观点

潜在客户甲：你说的这辆车就是贵了点。

销售顾问：您说得对。在 1.2～1.6 L 这个排量范围内来看，这辆车的价格较高。比这个范围内价格最低的 8.9 万元贵了整整 4 万元，不过，这个范围内最贵的可是 14.8 万元呢。这辆车的价格主要由 3 个关键因素决定，分别是车辆的安全性能、车辆外形的大小与发动机排量，最后一个因素就是制造商的品牌。不同价位的车相对应的安全配置、动力配置以及基本舒适方面的配置都是不同的，要看您更加在意的方面是不是包括在内了。您最在意的是什么方面的配置呢？

在上述案例中，销售顾问在回应对方的第一句话时，首先顺应对方的语意。其实，对方表达的是个人在某个特定情境下的一种特定的看法，是以对事物下结论的形式表现出来的。该销售顾问肯定了对方的这个结论，又不仅仅是认同结论，还给出了详细的客观事实来引证对方的结论的确有合理的地方，帮助对方扩大了思考的范围。从心理接受程度上来说，没有听到对抗，而是像一条战线的，是自己人的感觉。于是就更加容易让客户接受销售顾问后面试图灌输进去的内容。巧妙的是运用了主导，将对方的思路控制到讨论具体的配置以及对配置的设想上，对方感受到了什么呢？

（3）垫子

垫子是在回答客户的问题时，有效应用对问题的评价来延缓其对问题的关注。我们平时坐在沙发上，如果没有垫子，坐着就不舒服。垫子就是在双方说话一来一往之间添加的隔层，隔层的目的是创造舒服的说话环境和氛围。尤其在对方有备而来要问到事物的本质、核心的时候，垫子就发挥了巨大的作用。消除对抗，获得理解，握手言和，垫子让你彻底提高说话的表现水平，应该让说话中的垫子成为你终身的习惯。

【案例】

汽车销售沟通中的"垫子"（一）

潜在客户甲：我听说汽车的动力性好坏不完全看排量，还要看发动机的压缩比。这辆车的压缩比是多少呀？

销售顾问：您问的这个问题真是太专业了！发动机压缩比还是3年前我学习发动机工作原理时第一次接触的概念。从事汽车销售这3年多，没有一位客户问到这个专业词汇。我都觉得当初老师讲的真没有用，幸亏您今天问到了。决定汽车动力性能的压缩比是3个关键指标中的一个，还有一个就是发动机汽缸的行程和汽缸的直径，最后才是转速和扭矩。这辆车的压缩比是10.5∶1，在同类1.6 L排量的发动机中是最高的，比别克3.0 L发动机的压缩比都高。

汽车销售沟通中的"垫子"（二）

潜在客户甲：你看我也来了三四次了吧，咱们都谈这么多了，这个价格最后你还可以让我多少？

销售顾问：不瞒您说，客户买车前，很多人都会问这个问题的，而且要是问了这个问题，也就是几乎决定要交订金了，您是不是也是一样呢？如果您今天就可以决定，而且也不用再与别人商量，订金也够，我就替您去请示经理。以往经理会根据这个月的销售情况决定让多少，我知道一个月销售量好的时候，经理几乎是一点都不让的，最多送一套脚垫。如果销售量不好，可能会让一点，最多的一次，送一个一年的全保。您看您今天就能定吗？

（4）制约

制约是预测客户后面的话，并主动说出方法，制约客户的思路。平时听别人说话，能够发现有人居然可以让别人哑口无言，可以将别人要讲的话先讲出来。制约就是在互动式的说话氛围内，提前知道别人要表达的事情，而这个事情不一定对自己有利；于是变换一种形式，先发制人，结果别人反而无法发作，从而让发起制约的人获得了谈话的优势地位。

制约的技巧比前三个基本功的要求都高，不仅需要口齿伶俐，而且需要思维的力度和深度。话是不是说得好，并不是如相声演员那样耍嘴皮子，而是通过不断地构思，深刻把握人们说话的内在心理活动，并在心理活动层面获得控制权，有效地管理说话的内容、内容表现出来的次序以及表达时候的效果。

【案例】

汽车销售沟通中的"制约"

潜在客户甲走进展厅后，看着展厅中的一辆展示车，对走过来的和蔼可亲的销售顾问说：这辆车多少钱呀？

销售顾问：您还真问着了，这车可不便宜，而且这车是咱们西南地区销量最大的车。

甲：那到底多少钱呢？

销售顾问：这么说吧，每千克100元。

甲一愣,问:那这辆车多少千克呀?

销售顾问:这车呢,前面两个轮子承重是890 kg,后面两个轮子的承重是610 kg,前驱车嘛,肯定是前面重。不过,这车不拆着卖,总重是1 500 kg。刚才说,每千克100元,所以呢,这车15万元。(稍候片刻)从这车的重量还真能够看出车的安全钢板厚呀,这辆车的钢板厚度为1.2 mm。您知道吗,国家对防盗门的安全标准要求就是1.2 mm,盼盼防盗门就是首先达标的。您想呀,这辆车整个就是由防盗门构成的,那能不安全吗?不像有的车,钢板厚度才0.6 mm,那是拿命在换省油。0.6 mm,那就是可乐罐头,捏一下就瘪,这在高速路上飘还不说,还不能碰,稍微碰一下,就瘪了。要是防盗门,那没有问题,但要是可乐罐呢?所以到别的展厅看车一定要先问车多重,再问价,便宜那是有原因的。

在这个案例中,制约的关键体现在准确地推测对方这句话以后的话会向什么主题发展。显然,如果直接告知了价格,对方就只能与自己心目中的预算比较,那么无论是多少钱,客户的感受都是贵,销售顾问已经没有空间来强调产品的价值了。制约就是在发现了这个趋势后,直接进行干预和控制,把对方将要表达的话说出来,由销售顾问直接告知,这可不便宜,而且还是当地最流行的款式。

3.2.3 汽车服务中的沟通技巧

在汽车销售过程中,汽车销售人员与客户的沟通主要体现在:会说,即"能否说到点子上,让客户获得愉快的情绪体验";会听,即"理解客户心声,把握客户需求";会看,即"从细节观察客户需求,准确地把握成交时机"。沟通不是一种本能,而是一种能力。也就是说,沟通不是天生具备的,而是在工作实践中培养和训练出来的。随着业务竞争的不断加剧和业务交往的日益频繁,沟通能力在现代社会中变得越来越重要,那种"君子敏于行而讷于言"的时代已经一去不复返了。

(1)会说

1)良好的开场白

一段精彩的开场白,不但能引起客户对自己的重视,而且还能引起客户与你接下去谈话的兴趣。因此,很多时候,一个与众不同,吸引人心的开场白,就已经使销售活动成功了一半。

初次见到客户时,你的开场白是什么?这很重要。"您好,很高兴见到您!"说实在的,这样千篇一律的开场白早就失去吸引力了。从现在开始,要想让你的销售工作有声有色起来,你该试着这样说:"您的皮肤真好,有没有什么特别的保养方法?"或者"您的皮包好漂亮,是限量版吧!"等。

心理学家指出:在与陌生人打交道时,3 min就能决定你的成败,而最初的45 s尤为重要。也就是说,一段精彩的开场白决定销售的成败,而开场白的第一句话,则是点睛之笔。

2)有效地介绍产品

介绍产品的技巧有很多。一个好的介绍方法无疑是这个产品的"活广告",要想一下子就吸引住客户,你就必须运用艺术化的语言将你的产品说"活"。

要知道,即使你的产品质量和性能再好,如果你的介绍不能引起客户的兴趣,最终也无法达成交易。这时,用什么样的方法、什么样的语言介绍你的产品,就显得尤为重要。很多时候,客户购买产品不在于你的产品本身好,而在于你的精彩介绍,甚至在于客户与你沟通过程中所产生的快乐感觉。这是因为客户在获得产品的同时,也想获得愉快的情绪体验。由此可见,让客户产生美好的情绪体验是重要的,而这来自销售人员的沟通能力和介绍技巧。

在销售过程中,销售人员应该用明确而有条理的语言向客户详尽介绍产品的性能和特点。如果能让客户参与到产品展示中亲身体验产品,可以使产品展示的效果加倍。介绍产品时要因人而异,在了解产品的效用之后,重点介绍能给客户带来他所关心的利益,即要说中客户的心。

【案例】

如果汽车销售人员发现客户的特殊需求是经常开车到各地洽谈业务,有时需要在车上过夜或较长时间的休息。那么汽车销售人员就可以这么告诉客户:"前排座椅可以进行12种方式的电动调节,可以调节座椅的扶手、靠背和头枕角度及方向,并有记忆功能。"这是汽车销售人员在向购车客户介绍汽车的特性。

这时,客户未必会动心,接下来,汽车销售人员可以这样告诉客户:"车子的座椅可以成180°平放,方便休息。"客户一听顿时来了精神:"是真的吗?"汽车销售人员这样说,客户就知道了产品的优点,他已经隐约感觉到这款车对他的好处了。

这时,汽车销售人员应该趁热打铁,继续介绍:"您看,这个座椅能成180°平放,当您长途驾驶感到疲劳想要休息片刻时,您能很舒适地躺下,美美地睡上一觉,或者在车里小憩片刻,让您迅速解除疲劳,精神百倍。"这时,汽车销售人员就成功地把汽车的优势转化成了客户的利益。

3)充分运用赞美的力量

在这个世界上,人人都喜欢赞美。无论是谁,听到赞美之词都会开心,而说出赞美之词的人,也会变得人见人爱。就销售这样一个与陌生人打交道的工作来说,要想成为客户喜欢的人,就要学会赞美的技巧。

赞美是销售人员与客户之间进行有效沟通的武器之一。每个人都希望得到别人的赞美,就像"爱美之心人皆有之"一样,喜欢听赞美之词,也是人皆有之。在与客户沟通的过程中,销售人员发自真心的赞誉之词,往往会产生意想不到的效果。但是,赞美也要适度。如果你东拼西凑,胡说一通,客户非但不会被你的赞美所打动,反而会增添对你的不信任。所以,赞美要真诚和自然,要向对方表达出一种肯定、理解、欣赏和羡慕,赞美不同于阿谀奉承,需要真情实感。

通常情况下,汽车销售人员可从以下3个方面对客户进行赞美:

①客户的个人情况。"令爱长得真像您太太,以后肯定是个大美人""您购车的眼光的

确与众不同""您是在微软工作吗？能进入那么大的公司,您一定非常棒""一直听别人说您是书画家,没想到您的摄影作品也如此专业"等。

②客户的境界品位。"我很早就听说您是这家公司的'开国功臣',今天能见到您真是三生有幸""这是您自己挑选的领带吗？一直以为您对做生意非常在行,没想到您的审美素养也这么高""您的眼光真不错""大家都说您是未来的比尔·盖茨"等。

③客户的工作环境。"人们都说贵公司的竞争实力太强了,让他们无法抗衡""总听说您的部门是效率最高、人际关系最和谐的,看来名不虚传""能跟贵公司合作,我感到非常荣幸"等。

（2）会听

在与客户的沟通过程中,汽车销售人员要尽力向他们全面介绍汽车的优点,这固然是必不可少的,但是,倾听对销售人员来说具有同样重要的作用。汽车销售人员不但要促使客户说话,而且在客户开口说话时,还要学会倾听,这时就不要再多说话了。有的汽车销售人员,由于性格内向,不爱说话,面对客户,只好默默倾听,可是他们的业务并不像你想象中的那样无法开展,恰恰相反,他们的业绩还不错。这就是因为他们能够倾听客户的话,客户也愿意同这样的人打交道。由此可知,对汽车销售人员来说,沟通的技巧包括说和听,其中听比说更重要。

倾听是一项值得开发的技巧。善于倾听的人,在社交场合和事业上都会占优势。有关专家调查表明,在20种销售经理人的能力中,排在前两位的是倾听和沟通能力。在销售过程中,销售人员将其70%~80%的时间用于做沟通工作,而其中的主要工作就是倾听。因此,倾听是汽车销售人员应该具备的重要素质,一个善于倾听的人,一定会成为一名优秀的汽车销售人员。

【案例】 ··

经朋友介绍,重型汽车销售人员乔治去拜访一位曾经买过他们公司汽车的商人。见面时,乔治照例先递上自己的名片并说:"您好,我是重型汽车公司的销售员,我叫……"才说了不到几个字,该客户就以十分不友好的口气打断了乔治的话,并开始抱怨当初买车时的种种不快,例如服务态度不好、报价不实、内装及配备不实、交接车的时间过久等。

客户在喋喋不休地数落着乔治的公司及当初提供汽车的销售人员时,乔治只好静静地站在一旁,认真地倾听,一句话也不敢说。终于,那位客户把以前所有的怨气都一股脑儿地吐光了。当他稍微休息一下时,才发现眼前的这个销售人员好像很陌生。于是,他便有点儿不好意思地对乔治说:"小伙子,贵姓呀,现在有没有一些好一点的车型,拿一份目录给我看看,给我介绍介绍吧。"

当乔治离开时,已经兴奋得几乎跳起来,因为他手上拿着两台重型汽车的订单。从乔治拿出商品目录到那位客户决定购买的整个过程中,乔治说的话加起来都不超过十句。成交的关键是什么？最后那位客户说:"我看到你非常实在,有诚意又很尊重我,所以我才向你买车的。"

从以上案例可以发现,客户的心理是非常复杂的。如一位汽车销售人员所言:"当客户想要购买一部车子时,他也许会告诉你,为了上班方便,但实际理由也许是隔壁邻居买了一部为了追女朋友方便的车。"掌握客户内心真正的想法,不是一件容易的事,最好在与客户交谈时,问下列的问题——客户说的是什么?它代表什么意思?他说的是一个事实,还是一个意见?他为什么要这样说?他这样说的目的是什么?从他的谈话中,我能知道他的需求是什么吗?从他的谈话中,我能知道他希望的购买条件吗?若能随时注意上述几点,相信你必会成为一名优秀的汽车销售人员。

(3)会看

汽车销售人员的特殊工作性质,更要求他们必须是察言观色的高手,见微知著,一见"清"心是汽车销售人员必备的销售技能。只有在较短的时间内,对客户的基本情况了然于胸,才能更加从容地应对客户,满足客户的需求,赢得客户的青睐,达到双赢的目的。这一切了解都要建立在汽车销售人员对客户的观察基础之上,而且,汽车销售人员在观察客户的时候要有一定的技巧,不能让客户觉得不舒服,更不能让客户觉得你在监视他,这样不仅不能达到目的,还会迫使客户匆匆离开,失去成交的机会。

1)了解客户需求

当客户进入汽车专营店的时候,汽车销售人员就要注意观察不同进店客户的意图,从而探知他们的需求。

主动提出购买要求的客户,进店后一般目光集中,脚步轻快,直奔某款产品,其购买心理是"求速"。因此,汽车销售人员应在他临近的瞬间马上接近,动作要迅速准确,以求迅速成交。

选择无目的但确实想买车的客户,进店后一般步子不快,神情自如,随便环视,不急于提出购买要求。对这类客户,汽车销售人员应让其在轻松自由的气氛下随意观赏,只是在他对某款车型发生兴趣、表露出中意的神情时才进行接触。注意:不能用眼睛老盯着客户,以免使客户产生紧张戒备心理,也不能过早地接触客户,以免惊扰客户。在适当情况下,可主动热情地介绍和推荐。

来参观浏览或看热闹的客户,这类客户进店只是为了随便看看,但也不排除他们具有冲动性购买行为或为以后购买而观看。这类客户进店后有的行走缓慢,谈笑风生,东瞧西看;有的犹犹豫豫,徘徊观看。对这类客户,应随时注意其动向,当他到柜台查看产品时,就热情接待。能否使这类客户不至于离开,是检验汽车销售人员服务水平高低的重要一环。

【案例】

场景1

客户只是随便看看。汽车销售人员可以这样开始:"这是××品牌的店,新上市了某款新产品。"或者"我们现在进行的是某某活动"。

场景2

客户已经在看某一型号的汽车。汽车销售人员应该介绍这款汽车的具体情况:它具有什么样的功能,有什么样的作用或有什么区别于其他产品和品牌的优势,要用尽量少的语言介绍出产品的作用或独特的地方。

场景3

客户的目光在汽车上来回扫过。销售人员应及时捕捉客户的眼神,并与之进行眼神交流,然后向客户介绍:这里是某品牌专卖店,你现在看到的是哪一规格类型的产品,具有什么样的功能,有什么样的特点或有别于其他产品的优势。

场景4

几位客户同时在看产品。汽车销售人员介绍:"这是刚上市的新车。"然后边介绍边向几位客户派发汽车的宣传资料。结合以上场景2、场景3的情况灵活介绍产品,有必要向几位客户多介绍几款车型,以满足不同客户的需要。

从以上几个场景的案例中可以发现:客户注视的某种产品通常多少已经引起了他的兴趣,所以销售人员应该对客户正在看的产品给予相关的说明。说明后多半会引出客户的一些问题和判断,这往往就是汽车销售人员需要获取的关于客户需求的信息。

2)把握签约时机

从开始接触客户到最后成交,与客户的沟通可分为两类:一类是宏观的介绍,包括外围的认识、大致的印象、笼统的感知等;一类是具体、细致、微观的认识。一般在接触初期以宏观为主,接触后期以微观为主。而购买信号经常出现在对细节的关注上,如:

"定金收多少呢?"

"下定金后多长时间可以提车?"

"你们负责协助上牌吗?"

"这个座椅可以直接调整好吗?"

"保险一共有多少项呢?"

"你可以送我什么东西呢?"

"保养的周期是多长?"

"免费项目有哪些?"

"多少千米故障责任免除?"

"主要机械故障的保修时间有多长?"

这些问题都是购买信号。对这类问题的处理要讲求技巧和分寸,要适度和恰当,如:

"如果我是您,我也会关心这个问题的。"

"您的这个问题还真是有代表性,许多客户签约前都问过我呢。"

"真正决定采购前,肯定要关注这个问题的。"

这些都是必需的垫子。然后就是实事求是地解决客户的疑惑,让客户放心。语速不能快,要沉住气,稳重地根据具体的情况来回答客户的问题。关注客户的签约信号,并给予足够的重视,在与客户平稳沟通的基础上,完成最终签约。

任务 3.3　汽车服务人员电话礼仪

【任务书】

1. 掌握接打电话的礼仪。
2. 掌握电话礼仪的注意事项。
3. 能够运用所学知识在汽车服务中正确地接打电话。

【任务导入】

学生："在接电话时,能使用电话免提功能能吗? 能先问对方是谁吗? 如果对方问你是谁,应怎样回答? 如果对方打错电话,应怎样处理? 如电话突然中断,应如何处理? 如对方向你要你同事的私人联系方式,你怎样做?"

答案:

最好不要用,以免嘈杂的环境影响服务效果。

先说"您好,这里是××公司,请问有什么业务/有什么可以帮您/有什么需要咨询的……然后再问称呼——您贵姓,全名呢?"问你是谁的话"我是××公司×××"。

礼貌地告诉他打错了,告诉他这里是××公司,请查证后再拨。

若有回拨权限,回拨;若没有回拨权限,做记录,视情况而定,重要电话上报。

"抱歉,为保证工作人员的个人隐私,私人联系方式未经本人同意是保密的,您可以通过工作电话联系他,请您见谅"。

【相关知识】

电话礼仪是汽车服务人员需要掌握的重点之一。对汽车服务人员来说,电话不仅仅是传递信息、获取信息、保持联系的一种工具,而且也是所在单位或个人形象载体,为通话者所在单位、为其本人绘制一幅给人以深刻印象的电话形象。

3.3.1　接听电话礼仪

（1）接听电话的基本技巧

为了使通话更准确地传递信息,更好地赢得对方的好感和信赖,做到人未见、心已通,汽车商务人员需要注意并遵从一定的电话礼仪和技巧。

1）重要的第一声

当我们打电话给某单位时，若一接通，就能听到对方亲切、优美的声音，说："您好，这里是××公司。"这样心里一定会很愉快，不仅能使双方对话顺利展开，而且也对该单位有较好的印象。所以说，在电话中只要稍微注意一下自己的语言就会给对方留下完全不同的印象。

2）要有喜悦的心情

打电话时要有喜悦的心情，这样即使对方看不见你，但是从欢快的语调中也会被你感染，给对方留下极佳的印象。

3）恭敬认真的举止

打电话过程中绝对不能吸烟、喝茶、吃零食，即使是懒散的姿势对方也能够"听"得出来。打电话的时候，若躺在椅子上，对方听你的声音就是懒散、无精打采的，若坐姿端正，对方听你的声音也会亲切悦耳、充满活力。因此打电话时，即使看不见对方，也要当作对方就在眼前，尽可能注意自己的姿势。

4）迅速准确地接听

听到电话铃声，应准确迅速地拿起听筒，最好在三声之内接听。电话铃响一声大约3 s，若长时间无人接听是很不礼貌的，对方在等待时心里会十分急躁，你的单位也会给他留下不好的印象。即便电话离自己很远，听到电话铃响，附近没有人，我们也应该用最快的速度接听，这样的态度是每个办公室工作人员都应该养成的。若电话铃响了五声才接听，应该先向对方道歉，若电话铃响了许久，接起电话只是"喂"了一声，对方会十分不满，会给对方留下恶劣的印象。

5）认真清楚地记录

随时牢记5W1H技巧，所谓5W1H是指电话记录既要简洁又要完备，包括When（何时）、Who（何人）、Where（何地）、What（何事）、Why（为什么）、How（如何）进行。在工作中这些资料都是十分重要的，无论是打电话，还是接电话都具有相同的重要性。

6）了解来电的目的

公司的每个电话都十分重要，不可敷衍，即使对方要找的人不在，切忌只说"不在"就把电话挂了。我们首先应了解对方来电的目的，如自己无法处理，也应认真记录下来，委婉地探求对方来电的目的，就可不误事而且赢得对方的好感。

7）挂电话前的礼貌

要结束电话交谈时，一般应当由打电话的一方提出，然后彼此客气地道别，说一声"再见"，再挂电话，不可自己讲完就挂断电话。

（2）接听电话的步骤

接听电话的步骤见表3.3.1。

表 3.3.1　接听电话的步骤

顺　序	基本用语	注意事项
1.拿起电话听筒,并告知自己的姓名	"您好,××丰田××部×××"(外线)"您好××部×××"(内线);如上午10点以前可使用"早上好";电话铃响三声以上接听时可说"让您久等了,我是××部×××"	电话铃响三声之内接听;在电话机旁准备好记录用的纸和笔;接电话时,不使用"喂";回答音量适度,不要过高;告知对方自己的姓名
2.确认对方	"××先生,您好!""感谢您的关照"等	必须对对方进行确认;如是客户要表达感谢之意
3.听取对方来电用意	"是""好的""清楚""明白"等回答	必要时应进行记录;谈话时不要离题
4.进行确认	"请您再重复一遍""那么明天在××,9点钟见"等	确认时间、地点、对象和事由;如是传言必须记录下电话、时间和留言人
5.结束语	"清楚了""请放心""我一定转达""谢谢""再见"等	
6.放回电话听筒		等对方放下电话后再将听筒轻轻放回电话机上

【案例】 ···

销售人员:您好,××公司,请问有什么可以帮助您?

客户:我想咨询一下你们的产品。

销售人员:请问怎么称呼您?

客户:我姓刘。

销售人员:刘女士您好,请问您要咨询哪一类产品?

客户:是关于电话销售系统方面的产品。

销售人员:请问您是想了解单机版的,还是多机版的?

客户:单机版。

销售人员:好的,单机版的现在正在搞促销,价格是500元。您需要马上装吗?

客户:怎么装呢?

销售人员:刘女士,请别着急,程序非常简单,我们会有专业人员给您指导的。要不然,我10 min之后叫他给您回一个电话好吗?

客户:好的。

销售人员:非常感谢您的来电,同时也非常感谢您对我工作的支持。谢谢!

3.3.2　拨打电话礼仪

(1)拨打电话的基本原则

1)选择对方方便的时间

公务电话应尽量打到对方单位,最好避免临近下班时打,因为此时对方急于下班,很可能得不到满意的答复。除有重要事情必须立即通告外,不要在他人休息、用餐时间打电话,最佳通话时间为09:00—11:00,14:00—17:00。谈公事不要占用他人的私人时间,尤其是节假日时间,而社交电话最好不要在工作时间打,以免影响他人工作。给海外人士打电话,应先了解一下对方的时差。

【案例】 ....

罗经理是个喜欢晚睡且工作全无章法的人,经常在22:00—23:00点跟助手商量工作或给部下安排任务。而助手或部下大多都是刚刚结婚或生育不久的年轻人,此时,都刚刚睡下或正准备就寝,经常被罗经理的电话吵醒。时间长了,大家无法忍受,只好在睡觉前关闭所有电话以防罗经理的干扰。

2)斟酌通话内容

重要通话前,最好把对方的姓名、电话号码、通话要点等内容列一张清单,这样可以避免讲话缺少条理。电话内容应简明扼要,发话人应当自觉地、有意识地将每次通话时间,限定在3 min之内,切忌长时间占用电话聊天。要讲的话已说完,就应果断地终止通话。按照电话礼仪,一般应由通话双方中地位较高者终止通话,如果双方地位平等,则由主叫方先挂。

3)控制通话过程

电话接通后,要使用礼貌语言,除首先问候对方外,别忘记自报单位、职务、姓名。必要时,应询问对方是否方便,在对方方便的情况下再开始交谈。开口就打听自己需要了解的事情,咄咄逼人的态度是令人反感的。请人转接电话,要向对方致谢。讲电话时,如果发生掉线、中断等情况,应由打电话方重新拨打。在对方节假日、用餐、睡觉时,万不得已打电话影响了别人,不仅要讲清楚原因,而且别忘了说一声"对不起!打扰您了。"通话完毕应道"再见",然后轻轻放下电话。

(2)拨打电话的步骤

拨打电话的步骤见表3.3.2。

表3.3.2　拨打电话的步骤

顺　序	基本用语	注意事项
1.准备,拨出电话		确认通话对象的姓名、电话号码; 准备好要讲的内容、说话的顺序和所需要的资料、文件等; 明确通话所要达到的目的
2.问候、告知自己的姓名	"您好!我是中国××丰田公司××部的×××。"	一定要报出自己的姓名;讲话时要有礼貌
3.确认通话对象	"请问是××部的××先生在吗?" "麻烦您,我要找××先生。""您好!我是××丰田××部的×××。"	必须要确认通话对象; 如与要找的人接通电话后,应重新问候

续表

顺　序	基本用语	注意事项
4.说明来电事项,再次汇总确认	"今天打电话是想向您咨询一下关于××事……"	应先将想要说的结果告诉对方;如是比较复杂的事情,请对方做记录; 对时间、地点、数字等进行准确的传达; 说完后可总结所说内容的要点
5.礼貌结束通话	"谢谢""麻烦您了""那就拜托您了"等	语气诚恳、态度和蔼
6.放回电话听筒		等对方放下电话后再将听筒轻轻放回电话机上

【案例】

销售人员:您好,请问是王经理吗?

客户:是的,请问有什么事?

销售人员:王经理,您好,我是××公司的舒××,有件事情想麻烦您一下。

客户:请讲。

销售人员:我已经把合作建议书通过邮件发给您了,请查收一下,好吗?

客户:好的,我会看的。

销售人员:谢谢您,王经理,我会在星期二下午两点给您打电话,您看方便吗?

客户:可以。

销售人员:那麻烦您了,再次感谢! 再见!

3.3.3　代接电话礼仪

电话铃响时,如果被找的人不在电话机旁,距电话机最近的人要主动代接电话,以免错过重要电话或使对方对本公司的管理产生误会。

(1)以礼相待,尊重隐私

当来电话的人说明找谁之后,不外乎3种情况。

第一种情况是刚好是对方要找的人接电话,直接说:"我就是,请问您是哪位?"

第二种情况是对方要找的人在,但不是他接电话,接话人应请对方稍等并尽快将电话交给对方要找的人。

如果对方要找的人就在身边,应告诉打电话者:"请稍候。"然后,立即将电话转交给对方要找的人并轻声告诉他:"你的电话。"不宜对着话筒大声喊人。

如果对方要找的人就在附近,应告诉打电话者:"请稍候,他(她)马上就来",然后迅速去找。

第三种情况是对方要找的人不在办公室,此时接话人不可过分追问对方情况,如你找他有什么事或你是他什么人,这都是非常失礼的表现。

如果对方要找的人已外出,应在接电话之初立即相告,并适当表示自己可以"代为转告"或处理。如"他不在,您有什么事情需要我帮忙吗?"

如果对方要找的人不在,可征求对方意见:"方便留下您的姓名和联系方式吗?"待对方留下姓名或联系方式时,可说:"等他(她)回来时,我一定向他(她)转告。"

对方如有留言,应记录下来,并复述一次,以免有误。

如果对方不方便告诉姓名和电话,切忌继续盘问。

【案例】

在一个有着十几人的写字间里,阿芳刚刚离开座位去洗手间,她桌面上的办公电话铃声响了起来。旁边的小慧拿起电话接听,然后对着楼道大喊:"阿芳,快接电话,有个男的找你。"一时间,写字间的十几个人都抬头注视这边。

(2)把握分寸,妥善处理

若熟人找领导且领导在的话,就立即转告,让领导接电话。当需要把电话转给领导时,在传达电话前,要清楚表达"××公司××先生打来的电话",同时,要把从对方得到的消息,简洁、迅速地传给领导,以免对方再重复一次,同时让你的领导有个思想准备。

若是领导不愿接的电话,则应灵活应付,恰当地把握讲话的分寸,按领导的意图妥善处理。有时需机智巧妙,避免给领导接通他所不想接的电话,有责任使领导避开浪费时间的电话,有责任辨别领导乐于和哪些人通电话,并应通晓如何巧妙地对待他人。如说:"对不起,先生,××领导刚离开办公室。"或"我不知何时能找到他。"

若领导正忙或已出差无法接电话,可让对方留话,并表示以后会主动和他联系。

(3)记忆准确,做好记录

若对方要找的人不在,应温和地转告对方,并可主动提出是否需要帮助,是否可找别人讲话以及对方是否可留下电话号码等,以便再与其联络,绝不要简单地回答"他不在",这样会显得鲁莽而无礼。要是对方有留言,必须如实记住以下留言内容:①何时何人来的电话?②有何要事?③需要回电话吗?④回电话的对象是谁,如何称呼?⑤是否再打过来?⑥对方电话号码。记完后要复述一遍,并请对方放心,一定转告。

3.3.4 通信礼仪

手机的普及率日益提高,与之相应的手机礼仪问题也凸显出来。在美国,公共场合使用手机就像在公共场合吸烟一样,备受公众的谴责。手机通信礼仪的共性要求,还有其特殊的规范,手机的基本特点在于其可以把噪声带到任何场所。

在一次国际学术研讨会上,一位著名美籍华人鉴于在庄严会场上不止一次响起手机声,感慨地说:"我为同胞的手机声感到汗颜!"有必要提醒那些携带手机者:在某些场所,包括会场、机场、课堂、餐厅、影剧院、医院、殡仪馆、音乐厅、图书馆、宾馆大堂、公交车上……

你不能旁若无人地打电话。最好是关机,或把手机调到蜂鸣振动状态,绝不要让它发出铃音。因此,手机使用者要特别注意顾及他人。

(1)安全使用手机

既然配有手机,就不要让那些急于想同你联系的人着急。因此,在一般情况下,要让手机处在开机状态,但在某些特殊场合,就必须关机。这是为自己也为别人的安全着想,也是礼仪的起码要求,使用手机时,特别要重视此点。

如在飞机即将起飞、正在飞行和平稳落地前,不使用手机,以免干扰飞机接收地面信号;在加油站等地不使用手机,以免引发火灾;开车期间,尽量不接听电话,更不要拨打电话;在医院不使用手机,以免影响仪器正常工作,妨碍病人的治疗。

总之,使用移动通信工具时,必须牢记"安全至上",切勿马虎大意,随意犯规,那样不但害己,而且害人。

(2)文明使用手机

①公共场合,尤其是在楼梯、电梯、路口、人行道等人来人往之处,不可旁若无人地使用手机,当手机显示来电时,宜找相对安静的地方接听电话,并控制自己说话的音量。绝不能大声说话以博路人的眼球,更不能大声嚷嚷,故意作秀。

②在进入教室、图书馆、会议室等公共场所时,需关闭手机或将手机设置成振动状态;在会议中,如有重要电话要接听,可将手机调成振动模式,接听时应背转身去低声说话,有手机短信时,不要在别人注视到的时候查看短信。

③和别人洽谈的时候,最好还是把手机关掉,这样显示出对别人的尊重,又不会打断发话者的思路。若准备接听电话,宜向交谈者道歉说:"对不起,我先接个电话"或"请原谅"。

④上班期间,尤其是在办公室、车间里,因私接打电话是不专心工作的表现,应尽力避免。

⑤手机的铃声宜选择积极正面的,勿选择消极负面的。

(3)规范放置手机

在公共场合,手机在没有使用时,应放在合适的位置上,这样的位置应既合乎礼仪要求,使用方便,又可避免丢失。通常情况下,手机应放在随身携带的公文包里,女士应放在手袋里。有时候也可将手机挂在腰带上,或是开会的时候交给秘书、会务人员代管。无论如何不要放在桌上,也不要在不用的时候放在手里或是挂在上衣口袋外。手机内存有大量的私人信息,不宜将手机交给他人较长时间保管。离开办公室时,宜随身携带手机或将手机放在抽屉内。借用他人手机,宜当面使用,使用后应立即返还给对方。

(4)有效使用手机短信

手机短信是无声的、典型的间接传播,它提供了一个良好的语言平台,改变了传统的交流方式。短信以书写的形式进行表达,平时不好意思说出口的话都可以通过短信来实现。这也为不善于面对面表达的人提供了一个情感出口,在短信中清晰地表达出来。因此,手机短信被越来越多的人所接受。

短信沟通是增进人们相互间的情感,维系人际关系的一种礼节。所以在使用手机短信时也要注意不要影响客户的吃饭和休息,发送的内容称呼要礼貌,署名要完整,内容要确切。

【案例】

　　一家汽车销售公司的销售人员惹怒了一位已经来看过多次车的客户,客户一气之下说道:"我不买了!"事情陷入了僵局,怎么办? 我们来看看万经理是怎么做的。万经理认为,在这种情况下登门面谈已不合适。于是决定采取软接触的方法,发手机短信,内容包罗万象。

　　天气冷热提醒:"项总,明天有冷空气来临,注意穿着保暖";

　　驾车经验提醒:"项总,您在驾车吗? 含一颗薄荷糖有助于醒脑";

　　节假日祝贺:"项总,祝您生日快乐";

　　轻松愉快:发送幽默、笑话等;

　　休闲放松:提示项总,经常听听音乐,放松一下自己。

　　刚开始时,项总并不以为然,因为他知道销售人员的用意和目的。但时间一长项总不仅渐渐习惯而且被万经理的这种方式所感动。到这个时候已经过去差不多快3个月了,终于有一天万经理能够与项总用电话进行交流了,于是万经理在电话里说道:"项总,别老是忙于工作了,身体重要啊,知道您也喜欢钓鱼,下周日我有个好地方一起去吧!"项总愉快地接受了万经理的邀请,当然再往下发展,其结果是不用说了,最终还是由万经理赢得了项总及其周围客户的购车订单。

任务3.4　汽车商务文书礼仪

【任务书】

　　1.掌握请柬礼仪。
　　2.掌握欢迎词、欢送词的写法。

【相关知识】

　　在现代商务活动中,人与人之间的沟通、联络越来越趋于电子化。虽然电话、传真、E-mail十分快速便捷,但商务文书仍然具有不可替代的作用。在正式交际与商务往来中,信函显得更慎重、更正式,也更真实。因此,对重要事务的处理,只有通过文书的往来才能作最终决定。

3.4.1　请　柬

根据商务礼仪的规定,在比较正规的商务往来之中,必须以正式的邀约作为邀约的主要形式,其中档次最高,也最为商界人士所常用的当属请柬要约。请柬是邀请他人参加某种会议、宴席、聚会活动的书面邀请书。采用请柬方式邀请显示举办者或主人的郑重态度。凡精心安排、精心组织的大型活动与仪式,如宴会、舞会、纪念会、庆祝会、发布会、开业仪式等,只有采用请柬邀请嘉宾,才会被人视为与其身份相称。请柬是邀请宾客用的,所以在款式设计上,要注意其艺术性。一张精美的请柬往往能使人感到快乐和亲切。选用市场上的各种专用请柬时,要根据实际需要选购合适的类别、色彩、图案。

(1)请柬的内容

请柬从形式上可分为横式和竖式两种写法,横式写法从上往下写,竖式写法从右往左写。请柬一般由标题、称呼、正文、结尾、落款五部分构成。标题主要是指封面上"请柬"(请帖)二字,通常请柬封面上已直接印上了名称"请柬"或"请帖"字样,并已按书信格式印刷好,发文者只需填写正文即可。被邀请者(单位或个人)的姓名或名称要顶格写,如"××先生""××单位"等,称呼后面要加上冒号。正文是请柬最重要的部分,要写清活动内容,如开座谈会、庆祝会、联欢晚会、生日派对、婚礼、寿辰等。正文内容通常包括:活动的名称,活动的形式,活动的时间、地点,活动的要求,联络方式,邀请人等。在请柬的结尾要写上礼节性问候语或恭候语,如"致以敬礼""顺致崇高的敬意""敬请光临"等。最后是落款,要署上邀请者(单位或个人)的姓名或名称及发柬日期。

(2)书写请柬的注意事项

1)如有必要,可提出回函要求

为了方便安排活动,如有必要,可在请柬上提出回函要求,以便主人有所准备。希望被邀请人收到请柬后给予答复的,则须在请柬上注明 R. S. V. P. 或 r. s. v. p. 字样,意为"请答复"。有时为了方便联系,可留下自己的电话号码或地址。要求回复的请柬可分为三种,注明的英文解释如下:①P. M.——备忘;②R. S. V. P.——不论出席与否,均望答复;③Regrets only 不能出席时,请予以答复。凡收到此种请柬,被邀请者接受或辞谢邀请,都应予以答复,否则是不礼貌的行为。

2)将活动安排的细节及注意事项告诉对方

诸如时间、地点、参加人员、人数、作些什么样的准备及所穿的服饰等。对参加活动的人有什么具体要求可简单地在请柬上注明,比如对服装的要求。要求穿礼服时,应在请柬的右下角注明 Dress:Formal;较随意时可用 Dress:Informal。

【案例】 ....

请柬正文示例

谨定于 2008 年 8 月 8 日下午 18 时整于本市新都大酒店祥云厅举行××集团公司成立 8

周年庆祝酒会,敬请届时光临。

联系电话:××××××××备忘

3.4.2 应邀回函

任何书面形式的邀约,都是邀请者经过慎重考虑,认为确有必要之后,才会发出的。因此,在商务交往中,商务人士不管接到来自任何单位、任何个人的书面邀约,无论是否接受,都必须按照礼仪的规范,及时正确地进行处理。如果收到的是邀请信或请柬,最好的回复方式是用信函回复。切不可不打招呼,结果又没参加,这是非常不礼貌的。

(1)应邀需核实的内容

①核对时间、地点。

②核实邀请范围,决定是否携带伴侣。

③明确活动对服装的要求。

④明确活动目的,决定是否携带礼物。

⑤明确自己的地位和位置,不要随便坐到主宾席上。

⑥活动结束时要同主人及周围的人告别,不能不辞而别。

(2)书写应邀回复函的注意事项

①应邀时应该给予及时、有礼貌的答复。如有可能,应该在 24 h 之内答复,并在复信时明确地说明是接受还是不接受。

②接受邀请时,在回信中要重复写上邀请信中的某些内容,如几月几日、星期几、几点钟等,这样做可以纠正你可能弄错了的日期和时间。

③在你写表示应邀的短笺时,要对受到邀请表示高兴;在你写表示谢却的短笺时,应该写出你的失望和遗憾之情,并具体说明你不能践约的原因。

④回信最好不要打印,回信要像请柬一样简明。如以妻子代表夫妻两人写给女主人,在信的正文中应该提及男、女主人。

【案例】

接受邀请的回函示例

××集团公司:

××公司董事长×××先生非常荣幸地接受××集团公司总裁×××先生的邀请,将于2011年8月8日下午18时准时出席于本市新都大酒店祥云厅举行的××集团公司成立8周年庆祝酒会。谨祝周年志喜,并顺致敬意。

××公司

二○一一年八月五日

拒绝接受邀请的回函示例

尊敬的×××先生：

　　非常抱歉，由于本人明晚将飞往上海洽谈生意，故无法接受您的邀请，于 2011 年 8 月 8 日下午 18 时出席于本市新都大酒店祥云厅举行的××集团公司成立 8 周年庆祝酒会，恭请见谅。

　　谨祝周年志喜，并顺致敬意。

　　此致

敬礼

×××敬上

二〇一一年八月五日

3.4.3 聘　书

　　聘书一般是指机关、团体、企事业单位聘请某些有专业特长或有威望的人完成某项任务或担任某项职务时所发出的邀请性质的专用书信。聘书在这些年来使用广泛，在今天人们的生活中扮演着重要的角色，起着非常重要的作用。

（1）聘书的作用

①聘书能把人才和用人单位很好地联系起来，是加强双方协作的纽带。

②如果应聘者接受聘书，就必须对自己所应聘的职务、工作负责，这会加强应聘者的责任感、荣誉感。

③单位或组织发出聘书表示对人才的重视、对受聘人的信任。

（2）聘书的内容

　　聘书一般已按照书信格式印刷好，完整的聘书格式一般由标题、正文、结尾和落款四部分构成。其中正文是聘书的主体部分。

　　在已印刷好的聘书上常有烫金或大写的"聘书"字样。聘书上被聘者的姓名称呼往往在正文中写明，常见的印刷好的聘书大都在第一行空两格写"兹聘请×××"。聘书的正文一般包括以下内容：交代聘请的原因和请去所干的工作或所要担任的职务；写明聘任期限，如"聘期两年""聘期自 2010 年 2 月 1 日至 2011 年 2 月 1 日"；聘任待遇可直接写在聘书上，也可另附详尽的聘约或公函写明具体待遇。聘书的结尾一般写上表示敬意和祝颂的结束用语，如"此致敬礼""此聘"等。落款要署上发文单位的名称或单位领导的姓名、职务，并署上发文日期，同时要加盖公章。

【案例】······

聘　书

兹聘请张××同志为××汽车有限公司维修部总工程师、主任，聘期自××××年××月××日至××××年××月××日,聘任期间享受公司高级工程师全额工资待遇。

××汽车有限公司(盖章)
××××年××月××日

3.4.4　欢迎词

欢迎词是由东道主出面对宾客的到来表示欢迎的讲话文稿。在商务活动中,遇到来宾参观、访问或有新员工加入等场合,在见面时,发表热情洋溢的欢迎词必不可少。

欢迎词一般由标题、称呼、正文、结语、署名5个部分构成。

①称呼。欢迎词的称呼一般是在姓名前冠以"尊敬的"或"亲爱的"等修饰语,在姓名后加上头衔或"女士""先生"等。若来宾较多,可用泛称,如"尊敬的各位来宾"。有时对其中地位较高的用特称,对其他的来宾用泛称,如"尊敬的××总裁及各位来宾"。总之在称谓中要表达出尊敬之意和亲切之情,还要顾及全体来宾,防止遗漏,所以一般都会使用复数。

②向出席者表示欢迎、感谢和问候。欢迎词的正文主要是说明欢迎的情由,可叙述彼此的交往、情谊,说明交往的意义。

③概括已往取得的成就及变化和发展。适当称赞对方,评价此行的意义,回顾双方的友谊历史,求同存异。

④放眼全局,展望未来。最后表示良好的祝愿,通过对未来的展望,使得双方能认识到彼此的命运是紧紧联系在一起的,只有稳固地联合起来才有出路。

⑤结语部分用敬语再一次表示欢迎和感谢。

【概括】..

欢迎词示例

各位小姐、先生:

大家好!我是××公司董事长×××,在各位新员工加入本公司的第一天,很高兴能和大家相识。首先,让我代表公司,向各位表示真诚的欢迎!

众所周知,我们公司在社会上有着良好的声誉与一定的影响力,但在竞争日益激烈的今天,我们依旧需要不断进取,不能有一丝懈怠。今天,见到各位朝气蓬勃的新同事加入本公司,让我看到公司未来的希望,令我感到非常高兴与欣慰。

相信各位都是有志之士,都希望来这里干一番事业。那么,让我们一道紧密合作,同舟共济,发奋图强吧!

再一次向各位表示欢迎!谢谢大家!

3.4.5　欢送词

举行正式的欢送会,当着被欢送者以及其他送行者的面,致上一篇欢送词,可以体现出致词者对友情的珍惜,也可以使被欢送者倍觉温暖。欢送词可分为私人交往的欢送词和公事往来的欢送词。无论哪一种都应该体现出依依惜别的感情,当然也不宜过分低沉。每当有朋友、客人离开,同事离职,送上一篇欢送词,表达出对友情的珍惜,对客人的尊重,会令商务活动更为圆满。

欢送词主要包括:①称谓;②向出席者表示欢送、感谢;③概括被欢送者以往取得的成就及变化和发展;④放眼全局,展望未来;⑤结尾再一次表示欢送及祝愿。

【案例】

欢送词示例

尊敬的女士们、先生们:

首先,我代表×××,对你们访问的圆满成功表示热烈的祝贺。

明天,你们就要离开×××了,在即将分别的时候,我们的心情依依不舍。大家相处的时间是短暂的,但我们之间的友好情谊是长久的。我国有句古语:"来日方长,后会有期。"我们欢迎各位女士、先生在方便的时候再次来×××做客,相信我们的友好合作会日益加强。

祝大家一路顺风,万事如意!

3.4.6　祝贺信

祝贺信是用来祝贺某单位或者个人在某一领域所做出的成绩与取得的成就或者为庆贺重大节日、纪念日而写成的信函或文电。祝贺信可用于某人的任职、寿诞,某项重大工程的开工典礼,某展览会剪彩仪式等,也可用于重大节日、活动日、纪念日的庆祝活动等。

祝贺信在某些场合要对"祝"和"贺"有所区别。"祝"一般表示祝愿和希望,其祝贺的事情往往刚刚开始,还没结果,人们以祝词表达自己良好的愿望;"贺"一般指事情有了结果,取得了成功,人们以贺词来庆贺道喜。

祝贺信主要包括标题、称呼、正文、落款和日期。

①标题位于首行正中,标题名称一般为"祝贺信"或"祝贺×××"。

②称呼要另起一行并顶格书写。称呼有单位和个人两种,单位名称要用全称或规范化简称;给个人的贺信、贺电,应根据礼仪规范书写对方的称谓(包括职务、姓名、尊称),称谓后加冒号。

③正文另起一行空两格,是主题部分,开头写祝贺缘由和所祝之词,一般就具体事件向对方表示祝贺,并说明取得成绩的原因、意义及影响,多用"欣闻……代表……向……表示祝贺"或"值……之际,特表示热烈祝贺"等词语;中间具体展示己方对祝贺事件的态度,简要分析并表明对该事件的肯定;最后以祝愿或希望之词结尾。

④落款应写明发信、发电机关的全称或个人职务、姓名。落款的位置在正文右下方。

⑤最后还应注明发信、发电日期,署于落款下方,年月日应填写清楚,不可省略。

【案例】

电贺中技国际招标公司成立 10 周年

中技国际招标公司：

值此中技国际招标公司成立 10 周年之际，谨致以热烈祝贺。祝贵公司繁荣昌盛。祝你我双方通过真诚合作，为中国农业发展作出更大的贡献。

农业部对外经济工作办公室

××××年××月××日

【情境小结】

沟通不是一种技巧，而是一种习惯；沟通是需要成本的，不沟通成本更高；改善沟通不是通过加强沟通，而是改变沟通方式；改善沟通的目的是为了减少沟通，以降低管理成本；增加对人际关系的投入，可以有效降低沟通成本；你有没有给出建议并不重要，关键是对方是否接受了建议。没有倾听，就没有高效的表达；不了解对方的需求，就很难说服对方。我们常常只关注沟通的对象和内容，而忘了关注沟通过程中我们自身的状态。

【思考与训练】

1. 与人交谈时你会选择怎样的话题？
2. 提问的方式有哪些？在不同情境下使用的提问方式有何不同？
3. 汽车销售沟通的 4 个技巧是什么？它们的含义是什么？
4. 接听别人电话时该做哪些记录？

【实训】

实训 3.1 交谈语言技巧自我测试

任务目标：了解自身沟通的优势和劣势，逐步提高。

任务准备：请回答以下问题以确定你与他人交流中的优缺点。1—从不这样，2—很少这样，3—有时这样，4—经常这样，5—每次都这样。选择符合的项即得相应的分数。

①与人交谈时，我发言时间少于一半。

②交谈一开始我就能看出对方是轻松还是紧张。

③与人交谈时，我想办法让对方放松下来。

④我有意识提些简单问题，使对方明白我正在听，对他的话题感兴趣。

⑤与人交谈时,我留意消除引起对方注意力分散的因素。

⑥我有耐心,对方发言时不打断人家。

⑦我的观点与对方不一样时,我努力理解他的观点。

⑧我不挑起争论,也不卷入争论中。

⑨即使我要纠正对方,我也不会批评他。

⑩对方发问时,我简要回答,不作过多的解释。

⑪我不会突然提出令对方难答的问题。

⑫与人交谈时,开始的30 s我就把我的用意说清楚。

⑬对方不明白时,我会把我的意思重复或换句话说一次,要不就总结一下。

⑭我每隔若干时间问问对方有何反应,以确保他听懂我的意思。

⑮我发现对方不同意我的观点时,就停下来,问清楚他的观点。等他说完之后,我才就他的反对意见,发表我的看法。

将以上各题的得分相加,得出总得分。

60～75分,你与人交谈的技巧很好;

45～59分,你的交谈技巧不错;

35～44分,你与人交谈时表现一般;

35分以下,你的交谈技巧较差。

任务要求:通过以上测试找出自己语言交谈的薄弱环节与原因所在。

_____

_____

_____

实训 3.2　汽车销售沟通基本功训练

3.2.1　主导训练

任务目标:学会使用主导的沟通技能。

任务准备:假设你是一位销售人员,客户想买一辆时尚的车,你要和客户谈论关于时尚的问题。

任务要求:请使用主导的方法与客户沟通,让客户感受到你的专业。两位同学一组,将说话内容记录下来。

_____

_____

_____

3.2.2　迎合训练

任务目标:学会使用迎合的沟通技巧。

任务准备:假设你与一位客户聊天,客户谈到现在汽车销售的竞争越来越激烈,你将如何承接他的话。

任务要求:先使用迎合的方法,再使用主导的方法,两位同学一组,将说话内容记录下来。

_____

_____

_____

3.2.3　垫子训练

任务目标:学会使用垫子的沟通技巧。

任务准备:假设你正在销售汽车,客户提到汽车的音响问题,想听听音响的效果,但听完后觉得不太好,你将如何应对。

任务要求:两位同学一组,使用垫子的方法,将说话内容记录下来。

_____

_____

_____

3.2.4　制约训练

任务目标:学会使用制约的沟通技巧。

任务准备:假设你是一位售后服务人员,一位客户刚买不久的车行驶在路上出现了问题,他打来电话时的心情可想而知,作为售后接待人员,你必须马上派人前去修理,客户问"你们多长时间可以过来?"你将如何回答?

任务要求:使用制约的方法,平复客户的心情,让其耐心等待。两位同学组将说话内容记录下来。

_____

_____

_____

实训 3.3 电话礼仪

3.3.1 如何打电话

任务目标:学会在不同场合接打电话。

任务准备:假设为了给公司联系业务,你准备给美国的 Jake 先生打个电话。

任务要求:每两位同学一组,进行模拟演练,并作记录。

记录内容应包括:

你准备在工作日的什么时间打这个电话?

预计通话时长是多少?

通话内容是否需要用文字准备一下?

如果不慎打错了电话,而对方恰好也是和公司业务对口的公司,你是直接挂电话,还是说声"Sorry"再挂电话,或者有更好的想法?

通过中,电话突然中断,你将如何应对?

最后由谁终止说话?

_____

_____

_____

3.3.2 如何接电话

任务目标:学会接听不同的电话。

任务准备:假设你正在电话里和一个客户谈生意时,另一部电话突然响起。

任务要求:每两位同学一组,进行模拟演练,并记录你是怎样应付这种局面的?

_____

_____

_____

实训 3.4 感谢信

任务目标:学会公文的基本写作。

任务准备:假设你是一位汽车销售人员,刚售出一辆汽车,为感谢客户对自己工作的支持,并希望日后能继续与该客户保持联系。

任务要求:写一封感谢信。

_____

_____

_____

_____

_____

_____

学习情境

汽车服务人员社交礼仪

【学习目标】

1. 掌握汽车服务人员见面礼仪的规范。
2. 了解汽车服务人员接待客户的流程。
3. 掌握拜访礼仪的标准。
4. 掌握会务礼仪的要求。
5. 了解仪式礼仪的标准。
6. 掌握餐饮礼仪的规则。

【任务导入】

　　作为汽车服务人员,我们不仅要掌握这些礼仪还要善于把这些基本礼仪应用到实践中去,在实践中将其融会贯通,切实做到见面介绍到位、称呼他人规范、与人握手儒雅、交递名片大方、注重位次礼仪,不断提高自我的服务礼仪运用水准。

任务4.1　汽车服务人员见面礼仪

【任务书】

　　1. 掌握介绍内容和介绍顺序,把握介绍时机。
　　2. 针对不同场合和情境,恰当地运用介绍礼仪。

【任务导入】

　　汽车服务人员在正式入职前必须接受严格的日常交往礼仪训练,要把日常交往礼仪内化成自己的一种自觉或不自觉的行为,在工作中才能做到运用自如,如鱼得水,得心应手。礼仪是一个人气质、修养、能力等的一种外在表现,作为当代大学生,更应该树立起自己的阳光形象。每个同学在日常生活和学习当中遇到陌生人要善于自我介绍,也要学会在公共场合中,在需要的情况下把自己的同学、朋友、老师等介绍给他人。

【相关知识】

4.1.1　介绍礼仪

　　商务活动是与人交往的艺术,介绍是人际交往中与他人进行沟通、增进了解、建立联系的一种最基本、最常规的方式,是人与人之间进行沟通的出发点。在商务、社交场合中,如能掌握正确的介绍方法,不仅可以扩大自己的交际圈、广交朋友,而且有助于自我展示、自我宣传,在交往中消除误会、减少麻烦。

(1)自我介绍

　　自我介绍,就是在必要的社交场合,把自己介绍给他人,使对方能够认识自己。恰当的自我介绍,不但能增进他人对自己的了解,而且还可以创造出意料之外的商机。

　　1)自我介绍的场合

　　在商务场合,如遇到下列情况时,自我介绍就很有必要:与不相识者相处时,对方表现出对自己感兴趣;在公共聚会上,与身边的陌生人组成了交际圈,并打算介入此交际圈时;交往对象因为健忘而记不清自己,或担心这种情况可能出现时,不要作出提醒式的询问,最佳的方式就是直截了当地再自我介绍一次;有求于人,而对方对自己不甚了解,或一无所知时;拜访熟人遇到不相识者挡驾,或是对方不在,而需要请不相识者代为转告时;前往陌生单位,进行业务联系时;在出差、旅行途中,与他人不期而遇,并且有必要与之建立临时接触时;因业务需要,在公共场合进行业务推广时;初次利用大众传媒向社会公众进行自我推荐、自我宣传时等。

　　2)自我介绍的方式

　　根据社交场合的不同,应用不同的自我介绍方式,主要有:

　　①应酬式。这种自我介绍的方式最简洁,往往只包括姓名一项。如:"您好! 我叫张虹。"它适合于一些公共场合和一般性的社交场合,如途中邂逅、宴会现场、舞会、通电话时。它的对象,主要是一般接触的人。

　　②工作式。工作式自我介绍的内容,包括本人姓名、供职的单位及部门、担任的职务或从事的具体工作。例如,可以说:"我叫王丽,是大众汽车销售公司的公关部经理。"

　　③交流式。也叫社交式或沟通式自我介绍,是一种刻意寻求与交往对象进一步交流的

方式,希望对方认识自己、了解自己、与自己建立联系,适用于社交活动中。大体包括本人的姓名、工作、籍贯、学历、兴趣及与交往对象的某些熟人的关系等。如:"我的名字叫李睿,是里润公司副总裁,我和您先生是同乡。"

④礼仪式。这是一种表示对交往对象的友好和敬意的自我介绍,适用于讲座、报告、演出、庆典、仪式等正规场合。内容包括姓名、单位、职务等。自我介绍时,还应多加入一些适当的谦辞、敬语,以示自己尊敬交往对象。如"各位来宾,大家好!我叫张强,是金洪恩电脑公司的销售经理,我代表本公司热烈欢迎大家光临我们的展览会,希望大家……"

⑤问答式。针对对方提出的问题,作出自己的回答。这种方式适用于应试、应聘和公务交往。在普通的交际应酬场合,也时有发生,如对方发问:"这位先生贵姓?"回答:"免贵姓张,弓长张。"

3)自我介绍的原则

自我介绍要想做到恰到好处、不失分寸,就必须高度重视下述几个方面。

①自我介绍讲究效率。进行自我介绍时,一定要力求简洁,尽可能地节省时间。通常以30 s左右为佳,如无特殊情况最好不要长于1 min。为了提高效率,在作自我介绍时,可利用名片、介绍信等资料加以辅助。

②自我介绍讲究态度。进行自我介绍时,态度要自然、友善、亲切、随和,整体上落落大方、笑容可掬,要敢于正视对方的双眼,显得充满信心、从容不迫。语气自然,语速正常,语言清晰。生硬冷漠的语气,过快过慢的语速,或含糊不清的语音,都会严重影响自我介绍的效果。

③自我介绍追求真实。进行自我介绍时,要真实诚恳、实事求是。自吹自播、夸大其词,或过分谦虚,一味贬低自己去讨好别人,都是不可取的。

(2)介绍他人

人际交往活动中,经常需要帮助他人建立联系。他人介绍,又称第三者介绍,是经第三者为彼此不相识的双方引见、介绍的一种交际方式。为他人作介绍,需要把握下列要点。

1)介绍时的姿势

为他人作介绍时,手势动作应文雅,无论介绍哪一方,都应手心朝上、手背朝下、四指并拢、拇指张开,指向被介绍的一方,并向另一方点头微笑、按顺序介绍(见图4.1.1)。

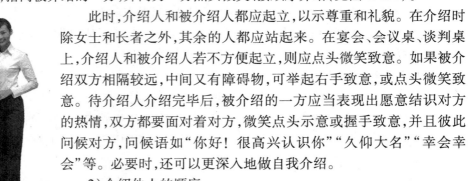

此时,介绍人和被介绍人都应起立,以示尊重和礼貌。在介绍时除女士和长者之外,其余的人都应站起来。在宴会、会议桌、谈判桌上,介绍人和被介绍人若不方便起立,则应点头微笑致意。如果被介绍双方相隔较远,中间又有障碍物,可举起右手致意,或点头微笑致意。待介绍人介绍完毕后,被介绍的一方应当表现出愿意结识对方的热情,双方都要面对着对方,微笑点头示意或握手致意,并且彼此问候对方,问候语如"你好!很高兴认识你""久仰大名""幸会幸会"等。必要时,还可以更深入地做自我介绍。

2)介绍他人的顺序

为他人作介绍时,必须遵守"尊者有优先知情权"的规则,即应

图4.1.1 介绍时的姿势 把年轻者介绍给年长者,把职务低者介绍给职务高者,把男士介绍给

女士,把家人介绍给同事、朋友,把未婚者介绍给已婚者,把后来者介绍给先到者。若所要介绍的双方符合其中两个或两个以上顺序时,我国一般以先职位再年龄,先年龄再性别的顺序作介绍。例如,要为一位年长的职位低的女士和一位年轻的职位高的男士作介绍时,应该将这位女士先介绍给这位男士。而在西方社会奉行的惯例,则是"女士优先",即应将这位男士先介绍给这位女士。

3)介绍他人的内容

①介绍时说明被介绍人是谁。比如:"张总,请您见见我的儿子王建,这位是本公司的董事长张总。"

②介绍时多提供一些相关的个人资料。例如介绍某人的时候,别忘了说公司名称和本人的职务。这样使被介绍双方在被介绍之后能够找到交谈的话题。

③介绍时记住加上头衔。被介绍人如果有任何代表身份和地位的头衔,如博士、教授、部长、董事长等,介绍时一定要冠在姓名之后。

4)介绍他人的方式

介绍他人,通常是双向的,即对被介绍双方都作一番介绍。有时,也进行单向的他人介绍,即只将被介绍者中的某一方介绍给另一方。由于实际需要的不同,为他人作介绍时的方式也不尽相同。

①一般式。也称标准式,以介绍双方的姓名、单位、职务等为主,适用于正式场合。如:"请允许我来为两位引见一下,这位是瑛秀公司营销部主任魏红女士,这位是新信集团副总刘嫣女士。"

②简单式。只介绍双方姓名,甚至只提到双方姓氏,适用于一般的社交场合。如:"我来为大家介绍一下,这位是王总,这位是徐董,希望大家合作愉快。"

③附加式。也称强调式,用于强调其中一位被介绍者与介绍者之间的关系,以期引起另一位被介绍者的重视。如:"大家好! 这位是飞跃公司的业务主管杨先生,这是小儿王放,请各位多多关照。"

④引见式。介绍者所要做的,是将被介绍双方引见到一起即可,适合于普通场合。如:"ok,两位认识一下吧。其实大家都曾经在一个公司共事,只是不在一个部门。接下来,请两位自己介绍一下吧。"

⑤推荐式。介绍者经过精心准备将一个人举荐给另一个人,通常会对前者的优点加以重点介绍,一般适用于比较正规的场合。如:"这位是阳远先生,这位是海天公司的赵海天董事长。阳先生是经济学博士、管理学专家。赵总,我想您一定有兴趣和他聊聊吧。"

⑥礼仪式。这是一种最为正规的介绍他人的方式,适用于正式场合。其语气、表达、称呼上都更为规范和谦恭。如:"孙女士,您好! 请允许我把北京东方公司的执行总裁刘力先生介绍给您。刘先生,这位就是广东润阳集团的人力资源经理孙小姐。"

4.1.2 称谓礼仪

称谓是一种友好的问候,是人际交往的"开路先锋"。正确、适当的称谓如同人际关系的润滑剂,将有利于双方的进一步沟通交往。同时,它反映出好恶、亲疏等情感,是一个人的修养、见识的全面表现,甚至还体现着双方关系发展所达到的程度和社会风尚。合适的称谓一方面表达出对他人的尊重;另一方面也表现出自己的教养和礼貌。

(1)职务性称谓

这种情况多用于工作中谈论公事之用,而在日常生活或其他场所很少使用。以职务相称,有下列3种情况:

①以交往对象的职务相称,如"部长""经理""主任"等,以示身份有别、敬意有加,这是一种最常见的称呼。

②在称呼职务前加上姓氏,如"隋处长""马委员",显示了说话人对对方身份的熟知和地位的肯定。

③在职务前加上姓名,如"×××市长",这仅适用于极其正式的场合。

(2)职称性称谓

对于具有职称者,尤其是具有高级、中级职称者,在工作中直接以其职称相称。以职称相称,也以下列3种情况较为常见:

①仅称职称,如"教授""律师""工程师"等。

②在职称前加上姓氏,如"钱编审""孙研究员"。有时,这种称呼也可加以约定俗成的简化,如可将"张工程师"简称为"张工"。但使用简称应以不发生误会、歧义为限,如将"范局长"简称为"范局",易使人理解成"饭局"。

③在职称前加上姓名,适用于十分正式的场合,如"安文教授""杜锦华主任医师""郭雷主编"等。

(3)学衔性称谓

在工作中,以学衔作为称呼,可增加被称呼者的权威性,有助于增强现场的学术气氛。称呼学衔,有4种情况使用最多,分别是:

①仅称学衔,如"博士"。

②在学衔前加上姓氏,如"杨博士"。

③在学衔前加上姓名,如"劳静博士"。

将学衔具体化,说明其所属学科,并在其后加上姓名,如"史学博士周燕""法学学士李丽珍"等。此种称呼最为正式。

(4)行业性称谓

在工作中,有时可按行业进行称呼。它具体又分为两种情况:

①称呼职业,即直接以被称呼者的职业作为称呼。例如,将教员称为"老师",将专业辩护人员称为"律师",将会计师称为"会计"等。在一般情况下,在此类称呼前,均可加上姓氏或姓名。

②称呼"小姐""女士""先生"。对商界、服务业从业人员,一般约定俗成地按性别的不同分别称呼为"小姐""女士"或"先生"。其中,"小姐""女士"两者的区别在于:未婚者称"小姐",已婚者或不明确其婚否者则称"女士"。在公司、外企、宾馆、商店、餐馆、歌厅、酒吧、寻呼台、交通行业,此种称呼极其流行。

【知识链接】

不同习俗的称谓

我国民间喜欢在朋友、同事、邻居的子女间"论资排辈"。孩子们一定要称与自己父母年岁相仿的人为"叔叔""阿姨",再长一辈的要称为"爷爷""奶奶"。西方一些国家的人没有严格的讲究,孩子们只对父母的亲兄弟姐妹才称"叔""舅""姑""姨",他们对父母的同事、朋友统称先生、夫人或女士,并且在一些现代家庭为了表示亲密,孩子对父母直呼其名的情形也不少见。

4.1.3　握手礼仪

握手是国际上通用的一种礼节,它是见面时最常用的礼仪。握手除了作为见面、告辞、和解时的礼仪外,还可以表示一种感谢、祝贺以及相互鼓励等。如对方取得某些进步和成绩时,赠送礼品、发放奖品和奖状、发表祝词讲话后,均可以握手来表示祝贺、感谢、鼓励等。如果不懂握手的规则就会遭遇尴尬的场面,因此掌握握手礼仪十分必要。

（1）握手方式

在商务场合握手的标准方式是行礼时行至距握手对象约1 m处,双腿立正,上身略向前倾,伸出右手,四指并拢,拇指张开与对方相握,握手时用力适度,上下稍晃动3～4次,随即松开手,恢复原状。握手时,双方神态要专注、热情、自然,面含笑容,目视对方双眼,同时向对方问候。切忌左顾右盼、心不在焉、用眼睛寻找他人,而冷落对方,如图4.1.2所示。

图4.1.2　握手方式

为表示热情友好,握手时应稍许用力,以不握痛对方的手为限度。切记不可用力过猛,甚至握得对方感到疼痛,即"野蛮式握手"。男子与初识的女士握手,不能握得太紧,轻轻握一下即可。握手时,用力需适度,避免死鱼式握手,即完全不用力或柔软无力地同人握手,会给人缺乏热忱或敷衍之感。

根据不同的社交场合,握手的方式主要有:

①单手相握。它是指用右手与对方右手相握,是常用的握手方式,可分为以下3类:

a.平等式握手。手掌垂直于地面并合握。为了表示地位平等或自己不卑不亢时多采用这种方式。

b.友善式握手。自己掌心向上与对方握手。这种握手方式能够显示自己谦恭、谨慎的态度。

c.控制式握手。自己掌心向下与对方握手。这种握手方式让自己显得自高自大,基本不予采用。

②双手相握。双手相握又称"手套式握手",即用右手握住对方右手后,再以左手握住对方右手的手臂。这种方式,适用于亲朋好友之间,以表达彼此的深厚情谊;不适用于初识者或异性,那样会被误解为讨好或失态。

(2)握手次序

在正式商务场合,握手时伸手的先后次序主要取决于职位和身份;在社交和休闲场合,则主要取决于年龄、性别、婚否。

①职位、身份高者与职位、身份低者握手,应由职位、身份高者先伸出手来。

②女士与男士握手,应由女士先伸出手来。

③已婚者与未婚者握手,应由已婚者先伸出手来。

④年长者与年幼者握手,应由年长者先伸出手来。

⑤长辈与晚辈握手,应由长辈先伸出手来。

⑥社交场合的先到者与后来者握手,应由先到者先伸出手来。

⑦主人应先伸出手来,与到访的客人握手。

⑧客人告辞时,客人应先伸出手来与主人握手。

⑨如果需要和多人握手,也要讲究先后次序,由尊而卑,多人同时握手切忌交叉,要等别人握完后再伸手。

值得注意的是,握手时的先后次序不必处处苛求于人。如果自己是尊者、长者或上级,而位卑者、年轻者或下级抢先伸手时,最得体的就是立即伸出自己的手,进行配合,而不要置之不理,使对方当场出丑。

【案例】 ┈┈

甲公司的秘书小凤是个年轻女性,有幸随总经理会见乙公司的总经理刘波。看到甲公司的总经理,刘波马上加快脚步走过去迎接对方,并伸出右手。小凤被刘波的领导风范所折服,一看到刘波向自己投来问候的目光,条件反射地伸出手,热情地说:"刘总您好!"刘波一边伸出右手,口中寒暄着,一边暗自猜测:"这是谁呢?这么年轻,看起来像个秘书,可是她主动和我握手,派头还不小。难道是另一位经理?没听说呀!"这时小凤对刘波自我介绍说:"我是秘书小凤,请您多指教。"刘波这才明白小凤的身份。他觉得这个秘书不是不懂礼仪就是妄自尊大,心里马上看轻了小凤。刘波心想,第一次和甲公司打交道就遇上这么个小错误,以后的合作过程中还不知道会出什么错呢!甲公司的经理还没进刘波办公室的门,就已经给对方"判了刑"。

女性先伸手的规则只适用于公共场合和社交场合,当女性面对自己的上级领导或与重要客户进行商谈时,均应由对方先伸手。

（3）握手禁忌

握手是一个细节性的礼仪动作,做得好,不一定会产生显著的积极效果,但是做得不好,却能产生明显的负面效果。

①握手时,另外一只手不要拿着报纸、公文包等物品,也不要插在口袋里。握手时,应按顺序进行,不要争先恐后。

②女士在社交场合戴着薄纱手套与人握手是被允许的,但男士无论何时都不能在握手时戴着手套。

③除患有眼疾或眼部有缺陷者外,不允许握手时戴着墨镜。

④不要拒绝与他人握手,也不要用左手与他人握手。

⑤与基督教徒交往时,要避免两人握手时两只手形成交叉状。这种形状类似十字架,在他们看来是很不吉利的。

⑥握手时,不要把对方的手拉过来、推过去,或上下左右抖个不停。

⑦握手时,不要长篇大论,点头哈腰,滥用热情,显得过分客套。

⑧握手时,不要仅握住对方的手指尖,也不要只递给对方一截冷冰冰的手指尖。

⑨不要用很脏的手与他人相握,也不要在与人握手之后,立即揩拭自己的手掌。

4.1.4　交换名片

名片是重要的交际工具,它直接承载着个人信息,担负着保持联系的重任。要使名片充分发挥作用,就必须掌握相关的礼仪。

（1）递送名片

1）姿势正确

递送名片时,有两种方式:一种方式是用双手托着名片,把名字朝向对方以便阅读;另一种方式是用右手递上自己的名片(名字也要朝向对方),用左手去接对方的名片。如果在接到对方的名片后再去寻找自己的名片,则会被认为是失礼的,递送名片的姿势如图4.1.3所示。

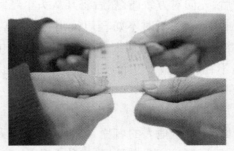

图4.1.3　递送名片的姿势

2）观察意愿

除非自己想主动与人结识,否则名片务必要在交往双方均有结识的意愿并欲建立联系的前提下发送。这种意愿往往会通过"幸会""认识您很高兴"等一类谦语，以及表情、体姿等非语言形式体现出来。

3）把握时机

递送名片要掌握适宜的时机，只有在必要的时候递送名片，才会令名片发挥功效。递送名片一般应选择初识之际或分别之时，不宜过早或过迟。

4）讲究顺序

名片递送的顺序为：先客后主，先低后高。即职务低者、身份低者、拜访者、辈分低者、年纪轻者、男性、未婚者，应先把自己的名片递给他人。若向多人递送名片，应依照职位高低的顺序，或是由近及远的顺序依次进行，切勿跳跃式地进行，以免对方有厚此薄彼之感。

5）招呼在前

递上名片前，应先向接受名片者打个招呼，令对方有所准备。既可先作一下自我介绍，也可说声"对不起，请稍候，这是我的名片""这是我的名片，请笑纳""我的名片，请您收下"之类的提示语。

6）表现谦恭

对于递交名片这一过程，应当表现得郑重其事。向对方递名片时，要起身站立主动走向对方，面含微笑，眼睛应注视对方，为了使对方便于阅读，将名片正面朝向对方。递送时，用双手的拇指和食指分别持握名片上端的两角，上体前倾15°左右，举至胸前递送给对方，大方地说"请多多关照""敬请指教""希望今后保持联络"等礼节性用语。如果是坐着，递交名片时应起立或欠身递送。总之，递交名片的整个过程应谦逊有礼、郑重大方。

（2）接收名片

1）接收姿势

接受他人名片时，商务人士不论有多忙，都要暂停手中一切事情，并起身站立相迎，面含微笑，双手接过名片。若是两人同时递接名片，应当右手递，左手接，接过名片后双手持握名片。

2）认真阅读

接过名片后，先向对方致谢，然后将其从头至尾默读一遍，将对方姓名记在心中。遇有显示对方荣耀的职务、头衔时不妨轻声读出，以示尊重和敬佩。若对名片上的内容有所不明，可当场请教对方。随手把别人的名片放进口袋中，之后又询问人家姓什名谁，是最糟糕、最拙劣、最不礼貌的做法。而放进口袋后又拿出来观看，也会令对方有被忘记的不悦，这些都是应当避免的。

3）精心存放

名片如脸面，不尊重他人的名片，如同不尊重他人，是缺乏教养的体现。接到他人名片后，避免拿在手里玩耍、涂改、做笔记，或乱丢乱放、乱揉乱折，而应将其谨慎地置于名片夹、公文包、办公桌或上衣口袋内，以示尊重和珍视，且他人名片应与本人名片区别放置。

4）有来有往

接收他人名片后，一般应即刻回送给对方一张自己的名片。没有名片、名片用完或忘带名片时,应向对方作出合理解释,并致以歉意,切莫毫无反应。

（3）索要名片

商务交往过程中,有时需要主动索要名片。索要名片有以下方法:

1）交换法

先把自己的名片递给对方,出于礼仪,对方也将回赠一张名片,即将欲取之必先予之,来而不往非礼也。

2）明示法

"如果方便的话,能否给我一张名片,以便日后联系。"

3）谦恭法

倘若这个人地位比较高,身份比较高,你可以给他先作一个铺垫:"金教授,听您刚才这个讲座很受启发。我本人也深感自己的交往艺术方法有待提高,跟您相见恨晚。现在知道您很累了,不便打扰您,您看以后有没有机会继续向您请教?"

4）联络法

"认识您很高兴,希望以后能够与您保持联络,不知怎么跟您联系比较方便?"回绝时,可以说:"金教授,以后还是我跟您联系吧。"

（4）名片制作

名片是一个展现自己的小舞台。因此,名片要经过精心的设计,同时应能够表现自己的身份、品位和公司形象,以便给对方留下深刻的印象。

【案例】 ··

张小姐的名片

张小姐的美容小店开张在即,让她苦恼的是店铺的位置不太当街。张小姐是个细心的人,她想到利用名片来做文章。她要求自己的名片别具一格,体现美的内涵,让客户一看见名片就能有一种美的享受,最好还能有提示作用,让客户循着名片就能找到店铺。一家广告公司满足了张小姐的要求,并把张小姐的店铺名称做了特殊字符处理,让客户即使匆匆一瞥也能牢牢记住,而且整张名片都是四色印刷,精美大方。另外,名片的背面是一张小小的地图,中间醒目位置标出了张小姐店铺的位置,这下再也不用担心客户找不到店址了。小店也从当初只有几个人的门面发展到在全市拥有十几家分店的美容连锁店。后来,张小姐又给自己的连锁店设计了一套贵宾卡派送给客户。

任务4.2　汽车服务人员接待礼仪

　　1. 掌握接待的准备工作。

　　2. 掌握引导及位次礼仪的规范。

　　一天上午,某汽车公司前台接待小张匆匆走进办公室,像往常一样进行上班前的准备工作。她先打开灯和饮水机,接着清理展厅。这时,一位事先有约的客人要求会见销售部李经理,小张一看时间,他提前了 30 min。小张立刻通知销售部李经理,李经理说正在接待一位重要的客人,请对方稍等。小张就如实转告客人说:"李经理正在接待一位重要的客人,请您等一会儿。"话音未落,电话铃响了,小张用手指了指展厅的沙发,没顾上对客人说什么,就赶快接电话去了。客人尴尬地坐下……待小张接完电话后,发现客人已经离开了办公室。

　　我们日常的工作当中经常会出现这样的情况,客户有可能是一个人,也可能是两个人或三个人结伴而来,他们站在自己感兴趣的车面前看车,一边看一边品头论足。有些销售人员看到这种情况之后,就跑过去准备接待他,而这些客户看到销售人员走过来,他们马上就拔腿走人了。这是为什么呢? 作为汽车营销人员应该怎么做呢?

　　接待是汽车商务活动中的基本形式和重要环节,是表达主人情谊、体现礼貌素养的重要形式。认真按照汽车商务接待中的礼仪规范行事,能为人与人之间的顺利往来赢得一个良好的开端。

4.2.1　迎接准备

　　迎接工作是汽车服务人员与客人接触的首要工作,给对方留下良好的第一印象,就为进一步深入接触打下了基础。以热情有礼、周到妥帖的态度做好迎客工作,使客人有"宾至如归"的感觉,是迎接工作的基本要求。

（1）交通工具、住宿及用餐的准备

保证交通工具的运行状态良好，根据不同类型的客人，尽量选择迎合客人心理需求的住宿和用餐地点。同时由于机场、车站和码头客流量大，为方便寻找客人，应事先制作接应牌，上面写明客人的姓名、单位、出席活动、接待单位名称等，字迹端正，字体要大，容易辨认。根据来访者的到达时间，提前15 min到达机场、车站或码头，不能出现让客人等候主方接待人员的情况。

（2）到访期间的安排

客人来访期间的安排应提前做好规划，当接到客人时，就应向其介绍，让客人心中有数。比如参观、会谈等，在客人到达前就要安排妥当。

（3）接待人员的确定

根据来访者的地位、身份等确定接待人员、接待规格和程序。如果当事人因故不能出面，或不能完全与来访者身份相当，则应适当变通，由职位相当的人员或副职出面迎接，并从礼貌角度出发，向对方作出解释。

4.2.2　引导礼仪

接待人员在引领客人行进的过程中，会遇到很多不同的路况，如何引领才能将客人安全、舒适地带入会客室，这就必须掌握引导及位次礼仪，如图4.2.1所示。

（1）走廊里的引导

走廊有室内走廊和露天走廊之分，但礼仪基本相近。

通过走廊时，应靠右侧走，至多允许两人并排行走。接待人员走在客人的左斜前方，距离两三步远，配合步调。若左侧是走廊的内侧，应让客人走在内侧。

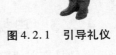

如果走在仅容一人通过的走廊时，应走在客人前方。当与人相遇时，侧身相让，点头微笑，请对方先通过。若对方先这样礼让，要向其道谢。

图4.2.1　引导礼仪

（2）楼梯的引导

上下楼梯是行进中危险性相对较大的场合，要注意以下4点：

①当引导客人上楼时，应该让客人走在前面，接待人员走在后面。下楼时，应该由接待人员走在前面，客人走在后面。

②若客人中有女士，可请女士处于楼梯居下的位置。

③上下楼梯时，既要多注意楼梯，又要注意与身前、身后的人保持一定距离，以防碰撞。

④上下楼梯时，不应进行交谈。更不应站在楼梯上或楼梯转角处进行深谈，以免妨碍他人通过。

楼梯引导礼仪如图4.2.2所示。

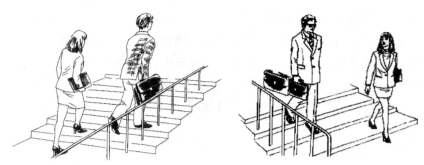

图4.2.2 楼梯引导礼仪

（3）出入房间的引导

出入房间时，要用手轻推、轻拉、轻关，不能用身体的其他部位代劳。

进门时，应请长者、女士、来宾先进入房门，如果已有人在里面，应始终面朝对方，不能反身关门，背向对方。

出门时，如果房间有人，应在到达房门、关门一系列的过程中尽量面朝房间里的人，不要背对着他们。若率先走出房门，应主动替对方开门或关门。

若出入房间时正巧他人与自己方向相反出入房间，应侧身礼让。具体做法是，房内之人先出，房外之人后入。若对方是长者、女士、来宾，可让其先行，如图4.2.3所示。

图4.2.3 进出房间礼仪

4.2.3 电梯礼仪

电梯是高层建筑必不可少的公共服务设施，是商务人士每天必乘的"交通工具"，在这样一个封闭而狭小的空间里，必须遵守乘电梯的礼仪。

等电梯时，应靠电梯的两侧站立，主动按下电梯按钮，耐心等待。电梯到达时一定遵守先出后进的原则，否则会导致拥挤的状况发生。

进入无人管理的电梯时，接待人员先进入电梯，一只手按住开门钮，一只手挡住门，等客人进入后再关闭电梯门。到达时，一只手做请出的手势，一只手按住开门钮，让客人先走出电梯，即接待人员要先进后出。

进入有人管理的电梯时，接待人员应后进先出。

在电梯内，应寻找合适的站立位置，如太拥挤，也不要和客人面对面或背对背站立，要保持一定的角度。

出电梯后,应快步上前,走到客人的左斜前方再作引导。

4.2.4 座次礼仪

(1)自由式

自由择座即自由式,即客人随意坐。自由式通常用在客人较多,座次无法排列,或大家都是亲朋好友,关系比较亲密,没有必要排列座次时。比如都是重要客户,无法分清主次,或是非正式交往如亲友团圆、同学聚会。

(2)中心式

尊者坐在中心位置,犹如众星捧月即中心式。这种方式适用于主题庆祝、给重要人物或长辈过生日、老师和专家小范围讲学等场合,客人中具有较明显的尊卑关系。

(3)相对式

客人与主人面对面而坐称为相对式。主要用于公事公办,需要拉开彼此距离的情形或用于双方就某一问题进行讨论。如部下向上司汇报工作、求职面试、洽谈生意等。相对式位次排列的基本要求是面门为上,也就是面对房间正门者为客位,背对房间正门者为主位。

(4)并列式

宾主并排而坐即称并列式。这种方式讲究身份平等,主客平起平坐,亲密友善,气氛比较宽松。一般用于会见朋友宾客或较为轻松的场合。如国家领导人会见外宾,熟人或老朋友来访等。当宾主并排而坐,倘若双方都面对房间正门,具体的要求是以右为上。以右为上是指宾主之间客人应该坐在主人的右边,而主人应该坐在客人的左边。

4.2.5 乘车礼仪

一般来讲,乘坐交通工具时要把主座让给客人,座位的尊卑以座位的舒适和上下车的方便为标准。各式车辆座位的尊卑,一般都已固定,但仍要遵守以客人为主的原则。

(1)小轿车

①在由司机驾驶时,小轿车的座位以后排右侧为首位,左侧次之,中间座位再次之,前排右侧为末席。

②在由主人亲自驾驶时,以驾驶座右侧为首位,后排右侧次之,左侧再次之,后排中间为末席。主人亲自驾驶,客人只有一人时,应坐在主人旁边;若同坐多人,中途坐前座的客人下车后,在后排坐的客人应改坐前座,此礼节不能疏忽。

(2)越野车

越野车无论是主人驾驶还是司机驾驶,都应以前排右坐为尊,后排右侧次之,后排左侧为末席。上车时,后排位低者先上车,前排尊者后上。下车时,前排客人先下,后排客人再下车。

（3）旅行车

在接待团体客人时,多采用旅行车接送客人。旅行车以司机座后第一排即前排为尊,后排依次递减,其座位的尊卑,依每排右侧往左侧递减。

乘车位次如图4.2.4所示。

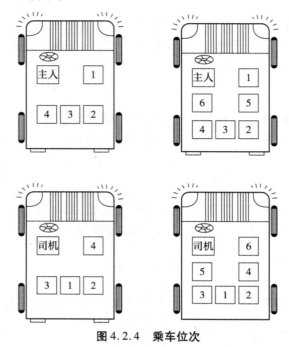

图4.2.4　乘车位次

4.2.6　奉茶礼仪

在接待过程中,奉茶礼仪占有重要的一环。奉茶礼仪的好坏与否,直接影响洽谈工作的开展。

（1）奉茶时机

客人就座后,工作洽谈未展开前即要开始奉茶,谈话后才开始奉茶是失礼的行为。此外,茶最好趁热喝,凉茶伤胃且浸泡过久会泛碱味。

（2）奉茶顺序

上茶一般由主人或接待人员向客人献茶,上茶时最好用托盘,手不可触碗面。奉茶时,按先主宾后主人,先女宾后男宾,先主要客人后其他客人的礼遇顺序进行。还需注意不要从正面端茶,因为这样既妨碍宾主思考,又遮挡视线。得体的做法是从每个人的右后侧递送。

（3）斟茶礼仪

沏茶应遵循"满杯酒、半杯茶"的古训,沏七八分满是对客人的尊重。过满难免会溢出洒在桌上或客人衣服上。

（4）续茶礼仪

应安排专门人员注意客人杯中的茶水存量，以便随时续茶。续茶时服务人员走路要轻，动作要稳，说话声音要小，举止要落落大方。续茶时要一视同仁，不能只给一小部分人续，而冷落了其他客人。如用茶壶泡茶，则应随时观察是否添满开水，但注意壶嘴不要冲着客人方向。

奉茶礼仪如图4.2.5所示。

图4.2.5 奉茶礼仪

4.2.7 欢送礼仪

送客是接待工作中的最后一个环节，如果处理不当会显得虎头蛇尾，影响前面给对方留下的好印象。送客环节应包括以下步骤。

（1）亲切挽留

对汽车服务人员来说，不应主动流露出送客之意，应由客户先行提出。当客户提出告辞时，需热情挽留。若客户执意离去，汽车服务人员应在客户起身后方可起身相送。

（2）热情相送

安排人员协助对方办理好相关手续，备好送行车辆，帮助提拿行李物品。

（3）短暂话别

话别时可以就双方的合作表示满意，就今后双方的往来寄予希望，并欢迎其再次光临，同时可赠予对方一些纪念品、礼物。要注意话别的时间不宜过长。

（4）目送离开

汽车服务人员目送客户车辆远离视线后才可离开。

任务 4.3　汽车服务人员拜访礼仪

【任务书】

> 1. 了解提前预约的必要性。
> 2. 做到准时赴约。
> 3. 正式拜访和技巧。

【任务导入】

> 某汽车公司的销售人员小李,好不容易与客户约定了一个登门拜访的时间,那天,小李如约到客户那里去了。进了门,客户请她坐下,然后一言不发地看着小李。而小李事先没有作好准备,被这个客户看得心里直发毛,心想,这个客户怎么这样严肃?以至于一时不知道该说些什么才好。而客户的一句话则令小李更紧张了,"有什么事,快说,我很忙。"冷场的结果是,客户只让小李留下了汽车资料,就结束了这次会面。为此,小李懊悔不已。
>
> 在汽车商务活动中,拜访客户可谓是最基础、最日常的工作。市场调查需要拜访客户,新品推广需要拜访客户,销售促进需要拜访客户,客户维护还是需要拜访客户。很多汽车销售人员都有同感,只要拜访客户成功,产品销售的其他相关工作就会随之水到渠成。
>
> 因此,在拜访过程中需遵循一定的礼仪规范,包括提前预约、准时赴约、正式拜访,又必须掌握一定的拜访技巧。

【相关知识】

4.3.1　提前预约

拜访客户前,务必提前预约,这是基本礼仪之一。一般来说,普通的工作拜访应提前一周预约,至少提前3天。如果要拜访的人特别重要,会谈的事情特别重大,你还应该提前半个月甚至一个月预约,以保证对方能妥善安排。未经预约唐突到访客户的公司,可能会给对方造成不便,如果对方不在,则会浪费不必要的时间。

(1)选择预约方式

预约的方式一般有3种,即电话预约、当面预约和书信预约。无论是哪种预约,口气和语言一定是友好、请求、商量式的,而不能用强求命令式的口气要求对方。在交往中,未曾约定的拜访,属于失礼的表现,很不受欢迎。如果有要紧的事必须前往时,一定要表示歉意并解释清楚。

(2)选择拜访时间

1)公务拜访

应选择对方上班时间。但要尽量避开星期一上午的时间,因为这个时间大多数人正在召开例会。

2)私人拜访

以不影响对方休息为原则,尽量避免在吃饭、午休或晚间10点钟以后登门。一般情况,上午9—10点,下午3—4点或晚上7—8点是最适宜的时间。还应尽量避免在夏天安排太多的私宅拜访活动。

3)预约的时间

预约的时间不仅包括自己到达的时间,还要包括自己将要离去的大致时间。

(3)选择拜访地点

1)办公区域

通常在商务活动中需要拜访客户的,直接将地点选为对方的办公区域即可。

2)私人住宅

到私人住宅拜访也是常见的一种拜访地点。

3)娱乐场所

除了上述两个地点外,很多人会选择酒店的咖啡厅、茶楼等公共娱乐场所。

4)医院

这是一种特定的拜访场所,这是专指去拜访病人和医生而选择的地点。

(4)明确拜访人数

无论拜访任何人,都必须先事先约定具体人数,也就是说会有几个人去拜访。在商务礼仪中,这一点是非常重要的。一般在私人拜访活动中,明确人数对于对方来说是一种尊重。明确拜访的人数,这样可以避免尴尬的人碰面产生不愉快。携带孩子前往一定要征得对方同意。

(5)确定拜访主题

拜访他人之前,我们需要确定拜访的主题是什么,以便对方能够更好地准备这方面的交谈,这样可以节省对方和自己的时间。

4.3.2　准时赴约

赴约时,拜访者要注意的首要原则是守时,让别人无故等待是严重失礼的事情。德国哲学家康德说:"守时就是最大的礼貌。"守时,已经成为国际交际法则中极其重要的一条。如何才能让预约好的拜访顺利开始,必须在访前作好充足的准备。

（1）访前准备

1）形象

第一印象的重要性使得在拜访之前必须整理好自己的形象，做到给人看上去很专业、很干练的感觉。

2）资料

准备好自己的卡片、公司资料、企业宣传片、产品说明书、笔记本、钢笔等。

3）拜访的说辞

拜访前要明确搞清楚自己拜访的目的是什么？仅仅是初步熟悉还是公司基础信息的推介？或是从客户了解到其预算、相关公司内部人员的设置？最好能在笔记本上写下谈话重点（大纲），并牢牢记住。

（2）电话预告

无论是商务拜访还是私人拜访，在拜访的当天还应提前电话预告，一方面让对方有个准备，另一方面看对方是否有空约见。万一因故不能准时抵达，更需及时通知对方，必要的话，还可将拜访延期。在这种情况下，一定要记住郑重其事地向对方道歉。

（3）如约而至

约定好上门拜访的时间必须认真遵守，最好提前 10 min 到，但也不要太早到，否则可能让主人措手不及。这 10 min 可以用来整理自己的衣饰和调整精神状态，检查资料是否齐全等。进入接待区时，礼貌地告诉接待人员你和谁约好，再由接待人员引导进入会客室，注意千万不能擅自进入。

（4）耐心等待

如所约时间已到，但对方还未到，必须耐心等待。这期间拜访者可以看自己的文件或对方室内的陈列。但是要确保拿的东西方便取放，以便相见握手时能及时收拾好。别等约见的人向你伸手时才忙乱地整理东西。

无论对方是因为什么事情迟到，也不要对迟到的人抱有轻视和敌意的态度。如果对方临时有事不能赴约，也一定不要表现过激，而应再次定好拜访的时间。

4.3.3　正式拜访

当约定时间已到，对方也已等候，这时拜访正式开始。这是拜访客户最关键的环节，需谨慎为之。

（1）敲门进入

拜访者需敲门或按门铃，等到有人应声允许或出来迎接时方可进入。不打招呼就擅自闯入，即使门原来就开着，也是非常不礼貌的。

敲门时，要用食指，力度适中，间隔有序敲三下，等待回音。如无应声，可稍加力度，再敲三下，如有应声，要侧身隐立于右门框一侧，待门开时再向前迈半步，与主人相对。

（2）问候寒暄

在办公场合，拜访者见到对方首先向对方问候，如果有其他人在场，且比对方的地位高，要先问候他人。如果另外一人和对方等级或是对方的部属，要先问候对方，再问候他人。

在私人住宅等场合，拜访者见到对方首先向对方问候，再问候对方的家人。问候对方的家人时，要按照先老后幼、先女后男等顺序问候。如果对方旁边还有除家人外的其他人，要再对他们加以问候。

（3）为客有方

在对方的办公区域、私人住宅等场合，拜访者要规范自己的行为举止，不能过于随便。

首先，进入房间时，要存放好自己的物品。经主人同意后，方可坐在主人指定的位置。如果主人是年长者或上级，主人不坐，自己不能先坐。主人让坐之后，要口称"谢谢"，然后采用规矩的礼仪坐姿坐下。并且要注意自己的活动范围，不能经常变动。

其次，主人献上果品，要等年长者或其他客人动手后，自己再取用。即使在最熟悉的朋友家里，也不要过于随便。在医院拜访病人时，不能嘻嘻哈哈，大声喧哗，脚步要适当放轻，保持安静。

（4）适时告退

在一般情况下，礼节性的拜访，尤其是初次登门拜访，时间应控制在 15 ~ 30 min。最长的拜访，通常也不宜超过 2 h。一些重要的拜访，往往需由宾主双方提前议定拜访的时间和时长。在这种情况下，务必要严守约定，绝不单方面延长拜访时间，起身告辞时，应主动伸手与主人握别，说："请留步。"待主人留步后，走几步，再回首挥手致意，说："再见。"

在拜访期间，若遇到其他重要的访客，应提前告退，若主人挽留，仍须果断离去，但要向对方道谢。

4.3.4　销售技巧拜访

【案例】

小周是一家汽车公司的销售人员，他就经常跟我说起他拜访客户时的苦恼，他说他最担心拜访新客户，特别是初访，新客户往往避而不见或者在面谈两三分钟后表露出不耐烦的情形，听他说了这些之后，我就问他一些问题：

你明确地知道初次拜访客户的主要目的吗？

在见你的客户时，你做了哪些细致的准备工作？

在见你的客户前，你通过别人了解过他的一些情况吗？

在初次见到你的客户时，你跟他说的前三句话是什么？

在与客户面谈的时间里，你发现是你说的话多，还是客户说的话多？

结果小周告诉我，他说他明确地知道他初次拜访客户的主要目的就是了解客户是不是有购买他们公司产品的需求，当然他也做了一些简单的准备工作，如准备产品资料、名片等,不过,在见客户时他没有通过别人去了解过客户的情况,见到客户时的前三句话自然就是开门见山,报公司名称、自己的名字和介绍产品,然后问他是否有购买产品的兴趣;在与客户交谈时,小周说应该是自己说的话多,因为机不可失,时不再来嘛。

当他说完这些,我笑了,因为我突然从小周身上发现了自己以前做业务时的影子。记得那时自己做业务时,也是一样喜欢单刀直入,见到客户时,往往迫不及待地向客户灌输产品情况,直到后来参加几次销售培训后,才知道像我们这样初次拜访客户无疑是撬开客户的大嘴,向他猛灌"信息垃圾"。

(1)陌生拜访

陌生拜访对于许多做销售的人来说,就是一个棘手的障碍,许多人都会觉得无从着手,但是你又必须得逾越它。因为没有谁的人脉资源是无限的,你原有的人脉资源总有用完的一天,要想扩大你的团队,提升你的业绩,你就必须掌握陌生拜访的技巧。

1)角色问题

①营销人员自己的角色:一名学生或听众。

②让客户担任的角色:一名导师或讲演者。

2)访前准备

①专业的形象:衣着、举止得体,树立令人信服的权威性。

②广泛的知识:包括本公司及业界的知识、本公司及其他公司产品的知识、本次拜访客户的相关信息、本公司的销售方针、丰富的话题。

③材料的准备:名片、电话簿、公司介绍资料、产品介绍资料、计算器、笔、本子、宣传报道过的资料等。

3)拜访流程

①打招呼:在客户未开口之前,以亲切的音调向客户打招呼问候,如:"王经理,早上好!"

②自我介绍:表明公司名称及自己姓名并将名片双手递上,在与客户交换名片后,要对客户能见自己表达谢意,如:"这是我的名片,谢谢您能抽出时间让我见到您!"

③破冰:营造一个好的气氛,以拉近彼此之间的距离,缓和客户对陌生人来访的紧张情绪,如:"王经理,我是您部门的张工介绍来的,听他说,您是一位很随和的领导。"

④开场白,提出议程、陈述议程对客户的价值,时间约定,询问是否接受。如:"王经理,今天我是专门来向您了解贵公司对××产品的一些需求情况,通过知道贵公司明确的计划和需求后,我可以为贵公司提供更方便的服务,我们谈的时间大约只需要 5 min,您看可以吗?"

⑤巧妙运用询问术,让客户说。通过询问客户来达到探寻客户需求的真正目的,这是营销人员最基本的销售技巧。在询问客户时,要采用由宽到窄的方式逐渐进行深度探寻。如:"王经理,您能不能介绍一下贵公司今年总体的商品销售趋势和情况?""贵公司在哪些方面有重点需求?""贵公司对××产品的需求情况,您能介绍一下吗?"

⑥对客户谈到的要点进行总结并确认:根据会谈过程中记下的重点,对客户所谈到的

内容进行简单总结,确保清楚、完整,并得到客户一致同意。如:"王经理,今天我跟您约定的时间已经到了,今天很高兴能从您这里听到这么多宝贵的信息,真的很感谢您!您今天所谈到的内容一是关于……二是关于……三是关于……是这些,对吗?"

⑦结束拜访:在结束初次拜访时,营销人员应该再次确认一下本次来访的主要目的,然后向客户叙述下次拜访的目的,约定下次拜访的时间。如:"王经理,今天很感谢您用这么长的时间给我提供了这么多宝贵的信息。根据您今天所谈到的内容,我将回去好好地做一个供货计划方案,然后再来向您汇报,我下周二上午将方案带过来让您审阅,您看可以吗?"

(2) 再次拜访

1)角色问题

①营销人员自己的角色:一名专家型方案的提供者或问题解决者。

②客户出任的角色:一位不断挑刺、不断认同的业界权威。

2)前期准备

①专业的形象。

②材料的准备:上次客户提供的相关信息、一套完整的解决方案或应对方案、本公司的相关产品资料、名片、电话簿、笔、本子、计算器等。

3)拜访流程

①电话预约及确认。如:"王经理,您好!我是××公司的小周,上次我们谈得很愉快,我们上次约好今天上午由我带一套供货计划来向您汇报,我九点整准时到您的办公室,您看可以吗?"

②进门打招呼。第二次见到客户时,在他未开口之前,以热情和老熟人的口吻向客户打招呼问候,如:"王经理,上午好啊!"

③旁白:再度营造一个好的会谈气氛,重新拉近彼此之间的距离,让客户对你的来访产生一种愉悦的心情,如:"王经理,您办公室今天新换了一幅风景画啊,看起来真不错!"

④开场白的结构。首先确认理解客户的需求,介绍本公司产品或方案的重要特征和带给他的利益,再约定好谈话的时间,最后询问客户是否接受。如:"王经理,上次您谈到在订购××产品时碰到几个问题,他们分别是……这次我专门根据您所谈到的问题做了一套计划和方案,这套计划的优点是……通过这套方案,您看能不能解决您所碰到的问题,我现在给您作一下简单的汇报,大约需要 15 min,您看可以吗?"

⑤导入 FFAB,迎合客户需求。FFAB 源于:Feature,产品或解决方法的特点;Function,因特点而带来的功能;Advantage,这些功能的优点;Benefits,这些优点带来的利益。在导入 FFAB 之前,应分析客户需求比重,排序产品的销售重点,然后再展开 FFAB。在展开 FFAB 时,应简易地说出产品的特点及功能,避免使用艰深的术语,通过引述其优点及客户都能接受的一般性利益,以对客户本身有利的优点作总结,营销人员应记住,客户始终是因你所提供的产品和服务能给他们带来利益,而不是因对你的产品和服务感兴趣而购买。

⑥介绍解决方法和产品特点。根据客户的信息,确认客户的每个需求,并总结客户的这些需求应该通过什么方式来满足,再介绍每个解决方法和产品的几个重点特点,就每个解决方法和产品所带来的功能征得客户的同意,最后总结,保证能满足客户的需求。

⑦要求承诺与待结业务关系。为客户描绘其购买产品或服务后得到的满足,刺激准客户的购买愿望。一旦你捕捉到客户无意中发出的购买信息,应抓住时机。

【情境小结】

社交礼仪是指人们在人际交往过程中所具备的基本素质、交际能力等。社交在当今社会人际交往中发挥的作用越显重要。通过社交,人们可以沟通心灵,建立深厚友谊,取得支持与帮助;通过社交,人们可以互通信息,共享资源,对取得事业成功大有获益。社交礼仪的直接目的是表示对他人的尊重。尊重是社交礼仪的本质。人都有被尊重的高级精神需要,当在社会交往活动过程中,按照社交礼仪的要求去做,就会使人获得尊重的满足,从而获得愉悦,由此达到人与人之间关系的和谐。

【思考与训练】

1. 介绍、握手、递名片、奉茶的顺序是怎样的? 索要名片有哪几种方式?
2. 接待前需做哪些准备工作?
3. 再次拜访的流程是怎样的?
4. 馈赠礼仪的基本原则有哪些?

【实训】

实训4.1　见面会游戏

任务目标:训练学生与陌生人见面、交往的技巧。

任务准备:简单布置见面会会场。

训练方法:

①在一次车展上,某汽车公司派出三位员工参展(身份自定),车展期间有一位来观展的零配件公司的员工认出该汽车公司员工中的一位是与其有业务往来的陈某,另两位是陈某的上级和同级,请组内同学分配角色扮演。

②活动开始后,大家可以随意走动、聊天。言行一定要符合他所扮演的人的身份。每位同学要不断地相互交流,尽可能多地让对方知道自己的角色,同时获知对方的角色。

③活动过程中要正确运用所学的交际礼仪。

④游戏结束,请组内同学分别描述所扮演的每一个角色,指出有何不妥之处,并选出最佳演员。

_____

_____

_____

_____

_____

_____

实训4.2　接待准备训练

任务目标:掌握接待前的工作准备。

任务准备:假设您是公司负责人,合作伙伴公司的一位高级领导人要来访问,他的安排
　　　　　是参观工厂、到长城观光,最后还要开一个短会。

训练方法:请列一个计划,谈谈如何做好接待工作。

_____

_____

_____

_____

_____

实训4.3　拜访接待模拟训练

任务目标:熟悉拜访接待的有关礼节,能够正确运用其礼仪规范。

任务准备:办公家具、茶具、茶叶、热水瓶或饮水机、企业宣传资料等。

训练方法:按拜访接待的规范流程,一部分学生扮演来访成员,一部分学生扮演接待方
　　　　　成员,模拟演示以下情境:

(1)拜访

①访前准备;

②见面礼节:自我介绍、破冰;

③说明来意,提出议程;

④介绍产品,交谈;

⑤再见。

(2)接待

①在门口迎接客人;

②与客人搭乘电梯;

③引导客人前往接待室;

④引见介绍;

⑤招呼客人；

⑥为客人奉送热茶；

⑦交谈；

⑧送别客人。

演示完毕后，两组人员角色对调，再演一遍。请组内同学分别描述所扮演的每一个角色，指出有何不妥之处，并选出最佳演员。

_____

_____

_____

_____

_____

实训 4.4　馈赠礼仪训练

任务目标：掌握馈赠礼品的时机与礼品的选择。

训练方法：填写下面的表格。

馈赠理由	馈赠礼品名称	礼品选择的理由	赠送时的话语
参加他人厂庆			
恭喜同事晋升			
酬谢他人的帮助			
拜访陌生客户			
拜访重要客户			

汽车服务人员商务礼仪

【学习目标】

1. 掌握汽车会议礼仪的标准。
2. 掌握汽车仪式礼仪流程。
3. 掌握餐饮礼仪的标准。

【任务导入】

  会议，又称集会或聚会。在现代社会里，它是人们从事各类有组织的活动的一种重要方式。在一般情况下，会议是指有领导、有组织地使人们聚集在一起，对某些议题进行商议或讨论的集会。

  在商界之中，由于会议发挥着不同的作用，因此便有着多种类型的划分。依照会议的具体性质来进行分类，商界的会议大致可以分为如下4种类型。

  ①行政型会议。它是商界的各个单位所召开的工作性、执行性的会议。例如，行政会、董事会，等等。

  ②业务型会议。它是商界的有关单位所召开的专业性、技术性会议。例如，展览会、供货会，等等。

  ③群体型会议。它是商界各单位内部的群众团体或群众组织所召开的非行政性、非业务性的会议，旨在争取群体权利，反映群体意愿。例如，职代会、团代会，等等。

  ④社交型会议。它是商界各单位以扩大本单位的交际面为目的而举行的会议。例如，茶话会、联欢会，等等。

任务 5.1 会务礼仪

【任务书】

　　1. 汽车推销员应掌握洽谈会、新闻发布会、展览会有关的礼仪。

　　2. 通过学习相关的会务礼仪，能够把相关礼仪规范应用到实际的会务工作中。

【任务导入】

　　汽车推销人员在商务交往中，多多少少都有过一些参加商务洽谈的经历。按照常规，商务洽谈一向被视为一种利益之争，是有关各方为了争取或维护自己的切身利益而寸步不让、寸土必争地进行的讨价还价。因此，在洽谈中，如欲"克敌制胜"，就要求我们的汽车推销人员掌握有关洽谈会礼仪。

　　西安某汽车营销公司是上海某合资汽车生产商的地区总代理，多年来双方一直合作良好。日前，国家提出汽车振兴产业计划，对国内汽车的销售将产生重要影响。西安公司借此机会想修改一下双方的合作条件，但生产商不太情愿，双方的合作陷入了僵局。为了消除分歧，共同谋利，营销公司提议在西安举行一场洽谈会，上海方面同意派人员参会。

　　既然谈判是在西安进行，那么西安公司就理所当然地成为这次谈判的东道主。为了在谈判中达到预期的目的，西安公司做了大量的准备工作，并专门指派小张负责这次的洽谈事宜。

　　小张深知这次谈判事关重大，所以他一点也不敢马虎。他先是准备好了谈判时所需要的各种资料，然后又去寻找合适的会场。随后，他了解到上海将派一位德国人到西安谈判，于是，他及时地把这一情况反映给了公司的高层领导，使公司掌握了对方的礼仪特点及风俗。

　　谈判那天，德方人员步入西安公司精心布置的会场，双方开始就合作中所遇到的问题进行友好协商。小张谈到西安地区近年来强劲的汽车消费需求，并拿出确凿的数据，表明公司在下一段时间内存销量上将获得重要的突破，等等。德方人员心悦诚服，表示认识到营销公司将为生产商带来更大的市场份额。会议期间，小张还安排德方人员到大雁塔、芙蓉园等西安有特色的景点参观，使对中国传统文化十分感兴趣的德方人员非常感动。

　　西安公司以礼为先，一言一行都不失礼仪，上海方面也十分清楚地了解了西安公司的诉求，双方在愉快和谐的氛围之中，顺利地解决了合作中所存在的问题，签订了下一个阶段的合作方案。这次的谈判可谓是非常的成功。

　　谈判结束后，西安公司的老总特意表扬了小张，说："这次谈判能成功还要归功于小张所做的各种努力，尤其是礼仪方面的。"也正因为此次谈判的成功，引起了公司员工对商务礼仪的重视，有一位员工还由衷地感慨道："我第一次发现原来以礼待人比盲目地争论能带来更大的利润。"

【相关知识】

5.1.1　洽谈会礼仪

（1）洽谈前准备

　　汽车服务人员在为进行洽谈而着手准备时，重点要在技术性准备和礼仪性准备两方面下一番功夫。

　　1）技术性准备

　　为汽车商务洽谈而进行的技术性准备，是要求洽谈者们事先充分地掌握有关各方的状况，了解洽谈的"谋篇布局"，并就此而构思、酝酿正确的洽谈手法与洽谈策略。否则，汽车商务人员在洽谈中就完全可能会是"两眼一抹黑"、目标不明、方法不当、顾此失彼、功败垂成。

　　①基本原则。在准备汽车商务洽谈时，汽车有关人员应当谨记如下四项基本原则。

　　a. 客观的原则。所谓客观的原则，意即在准备洽谈时，有关的洽谈者不仅占有的资料要客观，而且决策时的态度也要客观。占有的资料要客观，是要求洽谈者尽可能地取得真实而准确的资料，不要以道听途说或是对方有意散布的虚假情报来作为自己决策时的依据。决策时的态度要客观，是要求洽谈者在决策时，态度要清醒而冷静，不要为感情所左右或是意气用事。

　　b. 预审的原则。含义有两个方面：一方面是指准备洽谈的汽车有关人员，应当对自己的方案预先反复审核、精益求精；另一方面则是指准备洽谈的汽车有关人员，应当将自己提出的方案预先报请上级主管部门或主管人士审查、批准。

　　虽然负责洽谈的汽车有关人员拥有一定的授权，在某种特殊的情况下可以"将在外，君命有所不受"，或是"先斩后奏"。但是这并不等于说洽谈者可以忘乎所以、一意孤行。在洽谈之前，对自己的方案进行预审，既可以减少差错，又可以群策群力、集思广益，使方案更臻完美。

　　c. 自主的原则。所谓自主的原则，是指汽车商务人员在准备洽谈时，以及在洽谈进行之中，要发挥自己的主观能动性，要相信自己、依靠自己、鼓励自己、鞭策自己。

　　坚持自主的原则有两大好处：一是可以调动有关的汽车商务人员的积极性，使其更好地有所表现；二是可以争取主动权，或是变被动为主动，在洽谈中为自己争取到有利的位置。

　　d. 兼顾的原则。所谓兼顾的原则，是要求汽车商务人员在准备洽谈时，以及在洽谈过程中,在不损害自身根本利益的前提下,应当尽可能地替洽谈对手着想,主动为对方保留一定的利益。

有经验的汽车商务人员都清楚,最理想的洽谈结局,不应当是"你死我活""鱼死网破",而应当是有关各方的利益和要求都得到一定程度的照顾,也即达成妥协。在洽谈中,为对手留下余地,不搞"赶尽杀绝",不但有助于保持与对手的正常关系,而且还会使同人对自己刮目相看。

②相关工作。在技术上为洽谈进行准备的时候,洽谈者应当争取做好以下3个方面的相关工作。

a.洽谈者应当知己知彼。孙子曰:"知己知彼,百战不殆。"他的这句至理名言,对洽谈者准备洽谈也具有一定的教益。在洽谈之前,如能对对手有所了解,并就此有所准备,在洽谈之中洽谈者就能够扬长避短、避实就虚,"以我之长,击敌之短",取得更好的成绩。

对洽谈对手的了解,应集中在如下方面:在洽谈对手中,谁是真正的决策者或负责人;洽谈对手的个人信息、谈判风格和谈判经历;洽谈对手在政治、经济以及人际关系方面的背景情况;洽谈对手的谈判方案;洽谈对手的主要商务伙伴、对头,以及他们彼此之间相互关系的演化,等等。

b.洽谈者应当熟悉程序。谈判桌不比战场,"从战争中学习战争"那一套,对于洽谈来讲是行不通的。虽说洽谈的经验需要积累,但是因为洽谈事关重大,所以它往往是不允许人们视之为儿戏,不允许人们在"知其一,不知其二"的情况下仓促上阵。

从纯理论上来讲,洽谈的过程是由"七部曲"一环扣一环,一气呵成的。它们是指探询、准备、磋商、小结、再磋商、终结以及洽谈的重建7个具体的步骤。在其中的每一个洽谈的具体步骤上,都有自己特殊的"起、承、转、合",都有一系列的台前与幕后的准备工作要做,并且需要当事人具体问题具体分析,"随机应变"。

因此,汽车商务人员在准备洽谈时,一定要多下苦功夫,多做案头的准备工作,尤其是要精心细致地研究洽谈的常规程序及其灵活的变化,以便在洽谈之中能够胸有成竹、处变不惊。

c.洽谈者应当学习洽谈策略。汽车商务人员在进行洽谈时,总的指导思想是平等、互利,但是这并不排斥努力捍卫或争取己方的利益。事实上,任何一方在洽谈中的成功,不仅要凭借实力,更要依靠对洽谈策略的灵活运用。

在汽车商务洽谈中,对于诸如以弱为强、制造竞争、趁热打铁、出奇制胜、利用时限、声东击西等策略,任何行家里手都不会不清楚,但是至为关键的"活学活用",却并非每个人都能做到,而这一点却正是汽车商务人员必须努力做到的。

2)礼仪性准备

洽谈的礼仪性准备,是要求洽谈者在安排或准备洽谈会时,应当注重自己的仪表,预备好洽谈的场所、布置好洽谈的座次,并且以此来显示我方对于洽谈的郑重其事以及对洽谈对象的尊重。

在准备洽谈时,礼仪性准备的收效虽然一时难以预料,但是却必不可少。与技术性准备相比,它是同等重要的。

　　我方正式出席洽谈会的人员,在仪表上有严格的要求和统一的规定。男士一律应当理发、剃须、吹头发,不准蓬头乱发,不应蓄胡子或留大鬓角。女士则应选择端庄、素雅的发型,并且化淡妆,但是不宜做过于摩登或超前的发型,不许染彩色头发,不许化艳妆或使用香气过于浓烈的化妆品。

　　在仪表方面,最值得出席洽谈会的汽车商务人员重视的是服装。由于洽谈会关系大局,所以汽车商务人员在这种场合应穿着传统、简约、高雅、规范的最正式的礼仪服装。可能的话,男士应穿深色三件套西装和白衬衫、打素色或条纹式领带、配深色袜子和黑色系带皮鞋。女士则需穿深色西装套裙和白衬衫,配肉色长筒或连裤式丝袜和黑色高跟或半高跟皮鞋。

　　有时,在洽谈会上常常会见到这样一些人:男的穿夹克衫、牛仔裤、短袖衬衫、T恤衫,配旅游鞋或凉鞋;女的则穿紧身装、透视装、低胸装、露背装、超短装、牛仔装、运动装或休闲装,光脚穿着拖鞋式的露趾、露跟凉鞋,并戴满各式首饰,从耳垂一直"武装"到脚脖子。这身打扮的人,留给他人的印象,不是不尊重自己、不尊重别人、不重视洽谈、自以为了不起,就是没有一点教养。

　　根据商务洽谈举行的地点不同,可以将它分为客座洽谈、主座洽谈、客主座轮流洽谈以及第三地点洽谈。客座洽谈即在洽谈对手所在地进行的洽谈。主座洽谈即在我方所在地进行的洽谈。客主座轮流洽谈即在洽谈双方所在地轮流进行的洽谈。第三地点洽谈即在不属于洽谈双方任何一方的地点所进行的洽谈。

　　以上4种洽谈会地点的确定,应通过各方协商而定。倘若由我方担任东道主出面安排洽谈,一定要在各方面打好礼仪这张"王牌"。人们常说:"礼多人不怪。"其实在洽谈会中又何尝不是如此呢?在洽谈会的台前幕后,恰如其分地运用礼仪,迎送、款待、照顾对手,可以赢得信赖,获得理解与尊重。在这个意义上,完全可以说在洽谈会上主随客便,主应客求,与依"礼"服务实际上是一回事。

　　在洽谈会上,如果我方身为东道主,那么不仅应当布置好洽谈室的环境,预备好相关的用品,而且应当特别重视礼仪性很强的座次问题。只有在某些小规模洽谈会或预备性洽谈会的进行过程中,座次问题才可以不必拘泥。在举行正式洽谈会时,对它则不能不予以重视。因为这既体现了洽谈者对规范的尊重,也是洽谈者给予对手的礼遇。

　　举行双边洽谈时,应使用长桌或椭圆形桌子,宾主应分坐于桌子两侧。若桌子横放,则面对正门的一方为上,应属于客方;背对正门的一方为下,应属于主方。若桌子竖放,则应以进门的方向为准,右侧为上,属于客方;左侧为下,属于主方。

　　洽谈时,各方的主谈人员应在自己一方居中而坐。其余人员则应遵循右高左低的原则,依照职位的高低自近而远地分别在主谈人员的两侧就座;假如需要译员,则应安排其就座于仅次于主谈人员的位置,即主谈人员之右。

　　举行多边洽谈时,为了避免失礼,按照国际惯例,一般均以圆桌为洽谈桌来举行"圆桌会议"。这样一来,尊卑的界限就被淡化了。即便如此,在具体就座时,依然讲究有关各方的与会人员尽量同时入场,同时就座。至少主方人员不应在客方人员之前就座。

（2）洽谈的方针

在洽谈的一般过程中，双方人员的态度、心理、方式、手法等，无不对洽谈造成重大的影响。

汽车商务礼仪规定：汽车商务人员在参加洽谈会时，首先需要更新意识，树立正确的指导思想，并且以此来指导自己的洽谈表现。这就是所谓洽谈的方针。谈判方针的核心，依旧是一如既往地要求洽谈者在庄严肃穆、剑拔弩张的洽谈会上以礼待人、尊重别人、理解别人。具体来说，又可分为以下6点：

1）礼敬对手

所谓礼敬对手，就是要求洽谈者在洽谈会的整个进程中，要排除一切干扰，始终如一地对自己的洽谈对手讲究礼貌，时时、处处、事事表现得对对方不失真诚的敬意。

在洽谈过程上，不管发生了什么情况，都始终坚持礼敬对手，无疑能给对方留下良好的印象，而且在今后进一步的商务交往中，还能发挥潜移默化的功效，即所谓"你敬我一尺，我敬你一丈"。

在洽谈会中能够面带微笑、态度友好、语言文明礼貌、举止彬彬有礼的人，有助于消除对手的反感、漠视和抵触心理。在洽谈桌上，保持"绅士风度"或"淑女风范"，有助于赢得对手的尊重与好感。因此，在某种程度上可以说：有礼即有理，讲礼易成功。

与此相反，假如在洽谈的过程中举止粗鲁、态度刁蛮、表情冷漠、语言失礼，不知道尊重和体谅对手，则会大大加强对方的防卫性或攻击性，无形之中伤害或得罪对方，为自己不自觉地增添了阻力和障碍。

2）依法办事

在汽车商务洽谈中，利益是各方关注的核心。对任何一方来说，大家讲究的都是"趋利避害"。在不得已的情况下，则会"两利相权取其大，两害相权取其轻"。虽则如此，汽车商务人员在洽谈会上，既要为利益而争，更需谨记依法办事。

所谓在汽车商务洽谈中应当依法办事，是要求汽车商务人员自觉地树立法治思想，在洽谈的全部过程中提倡法律至尊。洽谈者所进行的一切活动都必须依照国家的法律办事，唯其如此，才能确保通过洽谈所获得的既得利益。法盲作风、侥幸心理、铤而走险、目无法纪，都只会害人、害己，得不偿失。

有一些人喜欢在洽谈中附加人情世故。如果只是体现在注重处理与对手的人际关系，争取促进双方之间的理解与尊重，那么则是正确的。假若指的是要在洽谈中搞"人情公关"，即有意吹捧对方，与对方称兄道弟，向对方施之以小恩小惠，则是非常错误的。但人情归人情，生意归生意，任何有经验的商界人士都是不会在洽谈会上让情感战胜理智的。在洽谈中过多地附加人情，甚至以此为重点，实在是误入歧途。说到底，犯了这种错误的人，不但没有法制观念，而且不懂得应当怎样做生意。

3）平等协商

洽谈是什么？洽谈就是有关各方在合理、合法的情况下所进行的讨价还价过程。由此可见，洽谈实际上是观点各异的各方经过种种努力，从而达成某种程度上的共识或一致的过程。换言之，洽谈只会于观点各异的有关各方之间进行，所以，假如离开了平等协商，成功的洽谈便难以设想。

在洽谈中要坚持平等协商,重要的是要注意两个方面的问题:

洽谈各方在地位上要平等一致、相互尊重。不允许仗势欺人、以大欺小。如果在谈判的一开始有关各方在地位上便不平等,那么是很难达成让各方心悦诚服的协议的。

洽谈各方在洽谈中必须通过协商,即相互商量求得共识,而不是通过强制、欺骗来达成一致。

在洽谈会上,要做到平等协商,就要以理服人。要进行洽谈,就要讲道理。要以理评理,要坚持说理,并贯穿洽谈始终。这样的话,就容易"自成一说",说服对方。

4)求同存异

有一位驰名世界的谈判大师说过:"所谓洽谈,就是一连串不断的要求和一个又一个不断的妥协。"理解了他的这句话,有助于汽车商务人员深化对洽谈本质的理解。

在任何一次正常的洽谈中,都没有绝对的胜利者和绝对的失败者。相反,有关各方通过洽谈,多多少少都会获得或维护自身的利益,也就是说,大家在某种程度上达成了妥协,彼此都感觉"山重水复疑无路,柳暗花明又一村"。

富有经验的汽车商务人员都清楚,有关各方既然同意坐下来进行洽谈,那么在洽谈时,就绝对不可以坚持"一口价",一成不变,一意孤行。否则就是作茧自缚、自欺欺人。原因十分简单,在洽谈时,有关的一切议题都是可以谈的。

在洽谈会上,妥协是通过有关各方的相互让步来实现的。所谓相互让步,意即有关各方均有所退让。但是这种相互让步,并不等于有关各方的对等让步。在实践中,真正的对等让步总是难以实现的。在洽谈会上达成的妥协,对当事的有关各方只要公平、合理、自愿,只要尽最大限度维护或争取了各自的利益,就是可以接受的。

5)互利互惠

最理想的洽谈结局,是有关各方达成了大家都能够接受的妥协。说到底,就是要使有关各方通过洽谈都能够互利互惠。

汽车商务人员在参加洽谈会时,必须争取的结局应当是既利己又利人的。现代的商界社会,最讲究的是伙伴、对手之间同舟共济。既要讲竞争,更要讲合作。自己所获得的利益,不应当建立在有害于对手或伙伴的基础上,而是应当彼此两利。对于这种商界的公德,汽车商务人员在洽谈中务必应当遵守。

6)人事分开

在洽谈会上,洽谈者在处理己方与对手之间的相互关系时,必须要做到人与事分开,各自分别而论,务必切记朋友归朋友、洽谈归洽谈,对于两者之间的界限不能混淆。

对人事分开正确的认识,是应当在洽谈桌上,大家彼此对既定的目标都志在必得、义不容情。因此,既不要指望对手之中的老朋友能够"不忘旧情",良心发现,对自己"手下留情",也不要责怪对方"见利忘义""不够朋友"、对自己"太黑"。

汽车商务洽谈并不是一场你死我活的人与人的战争,因此汽车商务人员对它应当就事论事,不要让自己对洽谈对手主观上的好恶,来妨碍自己解决现实问题。

汽车商务人员在洽谈会上,对"事"要严肃,对"人"则要友好。对"事"不可以不争,对"人"不可以不敬。

商界流行着这样一句名言："君子爱财,取之有道"。将其应用于洽谈之中也是合情合理的。它告诉汽车商务人员:要想在汽车商务洽谈之中尽可能地维护己方的利益,减少己方的损失,就应当在洽谈的方针、策略、技巧上下功夫,从而名正言顺地在洽谈会上获得成功。要是心思用到了其他地方,甚至指望以见不得阳光的邪门歪道出奇制胜,不是痴心妄想,便是自欺欺人。

5.1.2 新闻发布会礼仪

(1)会议的筹备

筹备新闻发布会,所要做的准备工作甚多。其中最重要的,是要做好主题的确定、时空的选择、人员的安排、材料的准备等项具体工作。

1)主题的确定

决定召开一次新闻发布会之后,即应首先确定其主题。新闻发布会的主题,指的是新闻发布会的中心议题。主题确定是否得当,往往直接关系到本单位的预期目标能否实现。一般而言,新闻发布会的主题大致上共有3类:一类是发布某一消息;一类是说明某一活动;再有一类则是解释某一事件。

【知识链接】 ┄┄┄┄┄┄┄┄┄┄┄┄┄┄┄┄┄┄┄┄┄┄┄┄┄┄┄┄┄┄┄┄

公司总裁丰田章男2010年3月1日在中国北京召开新闻发布会,就丰田召回事件进行说明,希望由总裁亲自举行发布会来挽回信誉。除了丰田章男,丰田中国总代表服部悦雄、丰田中国总经理加藤雅大也出席了此次发布会。

丰田汽车公司社长丰田章男在北京召开说明会,就丰田汽车包括中国在全球范围实施的大规模召回,给中国消费者带来的担心和影响,3次表示道歉。

日本丰田公司今年1月起宣布,由于部分车型的油门踏板、脚垫、刹车系统缺陷等原因,将在全球不同地区分别召回卡罗拉、汉兰达、雷克萨斯、RAV4等车型,召回数量将超过800万辆,这一数据超过了丰田集团2009年度781.3万辆的全球销量。对此,丰田章男在记者会上就脚垫、油门踏板和制动系统3方面问题进行了说明,并提出了3条具体的质量管理改进措施,包括成立由社长本人直接管属的"全球质量特别委员会";加强实地技术调查体制,以及加强人才培养;在全球范围内成立"顾客第一培训中心"的培训机构。丰田章男表示,上述3条措施都将在中国市场实施。

在谈及丰田此次大规模安全问题的原因时,丰台章男承认丰田近几年发展速度过快,已经超过了人才培养、人才成长的速度,导致了如此大规模质量问题。丰田章男还表示,丰田公司在中国市场销售80万辆汽车的目标没有因此次事件而改变。公司会为这一目标继续努力。

2)时空的选择

新闻发布会的时空选择,通常是指其时间与地点的选择。对这两个不加重视,即便主题再好,新闻发布会也往往难以奏效。

①选择时间。一般来说,一次新闻发布会所使用的全部时间应当限制在 2 h 以内。具体而言,在选定举行新闻发布会的时间时,还须谨 4 个方面的细节问题:一是要避开节日与假日;二是要避开本地的重大社会活动;三是要避开其他单位的新闻发布会;四是要避开与新闻界的宣传报道重点撞车或相左。只讲紧迫性、时效性,而忽略了上述问题,往往只会使自己劳而无功。

通常认为,举行新闻发布会的最佳时间,是周一至周四的上午 9:00—11:00,或是下午的 3:00—5:00。在此时间内,绝大多数人都是方便与会的。之所以将周五排除在外,主要是因为周末随之而至,此刻人心涣散,对新闻报道往往不予重视。

②选择地点。新闻发布会的举行地点,除可以考虑本单位本部所在地、活动或事件所在地之外,还可优先考虑首都或其他影响巨大的中心性城市。必要时,还可在不同地点举行内容相似的新闻发布会。举行新闻发布会的现场,应交通方便、条件舒适、环境幽雅、面积适中,本单位的会议厅、宾馆的多功能厅、当地最有影响的建筑物等,均可酌情予以选择。

3) 人员的安排

在准备新闻发布会时,主办方必须精心做好有关人员的安排。与其他会议所不同的是,新闻发布会的主持人、发言人选择是否得当,往往直接关系到会议成败。因此,安排新闻发布会的人员,首先就是选好主持人与发言人。

①主持人。按照常规,新闻发布会的主持人的基本条件是:仪表堂堂、年富力强、见多识广、反应灵活、语言流畅、幽默风趣、善于把握大局、长于引导提问,并且具有丰富的主持会议的经验。

②发言人。在一般情况下,新闻发布会的人是会议的主角,因此他通常由本单位的主要负责人担任。除了在社会上口碑较好、与新闻界关系较为融洽之外,对发言人的基本要求还应当包括恪尽职守、修养良好、学识渊博、思维敏捷、反应迅速、记忆力强、善解人意、能言善辩、彬彬有礼,等等。

③接待人员。除了要慎选主持人、发言人之外,还需精选一些本单位的员工负责会议现场的礼仪接待工作。依照惯例,他们最好由品行良好、相貌端正、工作负责、善于交际的年轻女性担任。

为了宾主两便,主办单位所有正式出席新闻发布会的人员,均需在会上正式佩戴事先统一制作的姓名胸卡。其内容包括姓名、单位、部门与职务。

4) 材料的准备

在准备新闻发布会时,主办单位通常需要事先委托专人准备好如下 4 个方面的主要材料。

①发言提纲。它是发言人在新闻发布会上进行正式发言时的发言提要。发言提纲既要紧扣主题,又必须全面、准确、生动、真实。

②问答提纲。为了使发言人在现场正式回答提问时表现自如,不慌不忙,事先可对有可能被提问的主要问题进行预测,并就此预备好针锋相对的答案,以使发言人心中有数,必要时予以参考。

③宣传提纲。为了方便新闻界人士在进行宣传报道时抓住重点、信息翔实,主办单位可事先精心准备好一份以有关数据、图片、资料为主的宣传提纲或新闻稿,并且认真打印出来,在新闻发布会上提供给每一位外来的与会者。在宣传提纲上,通常应列出本单位名称及联络电话、传真号码,以供新闻界人士核实之用;在新闻稿上,通常列出新闻发布会的时间、地点、主持人、与会主要人员、会议主旨与内容,以给新闻界人士准确报道之用。上网的商界单位,还可同时列出本单位的网址。

④辅助材料。假如条件允许,可在新闻发布会的举办现场预备一些可强化会议效果的形象化视听材料,例如,图表、照片、实物、模型、沙盘、录音、录像、影片、幻灯、光碟等,以供与会者利用。在会前或会后,有时亦可安排与会者进行一些必要的现场参观或展览、陈列参观。应当注意的是,切勿弄虚作假,切勿泄露商业秘密。

(2)媒体的邀请

在新闻发布会上,主办单位的交往对象自然以新闻界人士为主。在事先邀请新闻界人士时,必须有所选择、有所侧重。不然的话,就难以确保新闻发布会真正取得成功。一般而言,在这一问题上,有以下3个侧重点必须认真考虑:

1)应当邀请新闻界人士参加

举办新闻发布会,首先要看有无必要性。即使存在一定的必要性,也要多加论证,要讲究发布会的少而精。

众所周知,商界向社会各界主动传播信息的方式并非只有举行新闻发布会一种。除此之外,发送新闻稿、邀请参观现场也可以发挥相同的功效。假如采用后两种方式即可发挥预期的作用,那么新闻发布会往往是可以不举办的。如果"新闻"不新,或是新闻界人士毫无兴趣,而硬是一厢情愿坚持要开新闻发布会,弄得无人到场,可就洋相百出了。总之,不该邀请新闻界人士时,就不要自讨没趣。若是没有必要邀请新闻界人士,也就无所谓召开新闻发布会的问题了。

2)应当邀请哪些方面的新闻界人士参加

决定召开新闻发布会之后,邀请哪些方面的新闻界人士与会的问题就显得重要起来。实际上,这一问题又可分为以下两个方面:

①邀请新闻界人士先要了解其特点。目前,新闻媒体大体上分为电视、报纸、广播、杂志、网络5种。它们各有所长,各有所短。

a.电视。电视的优点是受众广泛、真实感强、传播迅速,其缺点是受时空限制、不容易保存。

b.报纸。报纸的优点是信息容量大、易储存查阅、覆盖面较大,其缺点是感染力差、不够精美。

c.广播。广播的优点是传播速度快、鼓动性极强、受限制较少,其缺点是稍纵即逝、选择性差。

d.杂志。杂志的优点是印刷精美、系统性强、形式多变,其缺点是出版周期较长、读者相对较少。

e.网络。网络的优点是信息丰富、时效性强、涉及广泛,其缺点则是良莠不齐、真伪难分。

了解了上述各种新闻媒体的主要优缺点,并在对其邀请时加以考虑,才不至于走弯路。

②邀请新闻界人士时必须有所侧重。在邀请新闻单位的具体数量上,新闻发布会自有讲究。基本的规则是,宣布某一消息时,尤其是为了扩大影响,提高本单位的知名度时,邀请新闻单位通常多多益善。而在说明某一活动、解释某一事件时,特别是当本单位处于劣势时,邀请新闻单位的面则不宜过于宽泛。无论是邀请一家还是数家新闻单位参加新闻发布会,主办单位都要尽可能地优先邀请那些影响巨大、主持正义、报道公正、口碑良好或对待本单位向来较为友善的新闻单位派员到场。此外,还应根据新闻发布会的具体性质,确定是要邀请全国性新闻单位、地方性新闻单位、行业性新闻单位同时到场,还是只邀请其中的某一部分。如拟邀请国外新闻单位到会,除了要看有无实际需要之外,还需遵守有关的外事纪律,并且事先报批。

3)应当如何协调主办单位与新闻界人士的相互关系

如前所述,新闻界人士是新闻发布会上的主宾。主办单位如欲取得新闻发布会的成功,就必须求得对方的配合,并与之协调好相互关系。主办单位,特别是主办单位的主要负责人与公关人员在与新闻界人士打交道时,一定要注意以下5点:

①要把新闻界人士当作自己真正的朋友对待,对对方既要尊重友好,更要坦诚相待。

②要对所有与会的新闻界人士一视同仁,不要有亲有疏、厚此薄彼。

③要尽可能地向新闻界人士提供对方所需要的信息,要注重信息的准确性、真实性与时效性,不要弄虚作假,爆炒旧闻。

④要尊重新闻界人士的自我判断,不要指望拉拢、收买对方,更不要打算去左右对方。

⑤要与新闻界人士保持联络,要注意经常与对方互通信息,常来常往,争取建立双方的持久关系。

(3)现场的应酬

在新闻发布会正式举行的过程之中,往往会出现种种这样或那样的确定和不确定的问题。有时,甚至还会有难以预料的情况或变故出现。要应付这些难题,确保新闻发布会的顺利进行,除了要求主办单位的全体人员齐心协力、密切合作之外,最重要的是要求代表主办单位出面应付来宾的主持人、发言人,要善于沉着应变、把握全局。为此,特别要求主持人、发言人在新闻发布会举行之际牢记以下几个要点:

1)外表的修饰

毫无疑问,在新闻发布会上,代表主办单位出场的主持人、发言人,是被新闻界人士视为主办单位的化身和代言人的。而在新闻发布会召开之后,他们则更是有可能在不少新闻媒体上纷纷出镜亮相。在广大社会公众眼里,他们通常被与本单位的整体形象画上了等号,甚至决定了社会公众对主办单位的态度与评价如何。鉴于此,主持人、发言人对于自己的外表,尤其是仪容、服饰、举止,一定要事先进行认真的修饰。

按惯例,主持人、发言人需要进行必要的化妆,并且以化淡妆为主。发型应当庄重而大方。男士宜穿深色西装套装、白色衬衫、黑裤黑鞋,并且打领带;女士则宜穿单色套裙、肉色丝袜、黑色高跟皮鞋。服装必须干净、挺括,一般不宜佩戴首饰。

在面对新闻界人士时,主持人、发言人都要注意做到举止自然而大方。要面含微笑,目光炯炯,表情松弛,坐姿端正。一定要克服某些有损个人形象的不良举止,例如,抓搔头皮、紧咬嘴唇、眼皮上翻、东张西望、不看听众、以手捧头、双脚乱抖、反复起立、交头接耳、表情呆滞、不苟言笑,等等。

2）相互的配合

无论主持人还是发言人,在新闻发布会上都是一家人,因此两者之间的配合默契必不可少。要真正做好相互配合,一是要分工明确;二是要彼此支持。

在新闻发布会上,主持人与发言人分工有所不同,因此必须各尽其职,才有配合可言。不允许越俎代庖、替人代劳。主持人所要做的,主要是主持会议、引导提问。发言人所要做的,则主要是主旨发言、答复提问。有时,在重要的新闻发布会上,为慎重起见,主办单位往往会安排数名发言人同时出场。若发言人不止一人,事先必须进行好内部分工,各管一段。否则人多了,话反而没有人说,或是大家抢着说。一般来讲,发言人的现场发言应分为两个部分,首先进行主旨发言,接下来才会回答疑问。当数名发言人到场时,只需一人进行主旨发言即可。

主持人、发言人的彼此支持,在新闻发布会上通常是极其重要的。在新闻发布会进行期间,主持人与发言人必须保持一致的口径,不允许公开顶牛、相互拆台。当新闻界人士提出的某些问题过于尖锐或难于回答时,主持人要想方设法转移话题,不使发言人难堪。而当主持人邀请某位新闻记者提问之后,发言人一般要给予对方适当的回答。不然,无论对那位新闻记者还是对主持人来讲,都是非常失敬的。

3）讲话的分寸

在新闻发布会上,主持人、发言人的一言一行,都代表着主办单位。因此,必须对自己讲话分寸予以重视。下述 4 点尤为重要。

①简明扼要。不管是发言还是答问,都要条理清楚、重点集中,令人既一听就懂,又难以忘怀。在新闻发布会上有意卖弄口才、口若悬河,往往是不讨好的。

②提供新闻。举办新闻发布会,自然就需要有新闻发布。新闻界人士就是特意为此而来的,所以在不违法、不泄密的前提下,要善于满足对方在这一方面的要求。至少,也要在讲话中善于表达自己的独到见解,并杜绝以旧闻、谎言搪塞媒体与公众。

③生动灵活。在讲话之际,讲话者的语言是否生动,话题是否灵活,往往直接影响到现场的气氛。面对冷场或者冲突爆发在即,讲话者生动而灵活的语言,往往可以化险为夷。因此,适当地采用一些幽默风趣的语言、巧妙的典故,也是必不可少的。

④温文尔雅。新闻记者大多见多识广,加之又是有备而来,所以他们在新闻发布会上经常会提出一些尖锐而棘手的问题。遇到这种情况时,发言人能答则答,不能答则应当巧妙地进行闪避,或是直接告之以无可奉告。无论如何,都不要对对方恶语相加,甚至粗暴地打断对方的提问。吞吞吐吐、张口结舌,也不会给人以好的印象。唯有语言谦恭敬人、高雅脱俗,才会不辱使命。

（4）善后的事宜

新闻发布会举行完毕之后,主办单位需在一定的时间之内对其进行一次认真的评估善后工作。一般而言,需要认真处理的事情一共有如下 3 项:

1）了解新闻界的反应

新闻发布会结束之后,应对照一下现场所使用的来宾签到簿与来宾邀请名单,核查一下新闻界人士的到会情况。据此可大致推断出新闻界对本单位的重视程度。此外,还有两件事必做不可:一是要了解与会者对此次新闻发布会的意见或建议,尽快找出自己的缺陷与不足;二是要了解与会的新闻界人士之中有多少人为此次新闻发布会发表了新闻稿。

2）整理保存会议资料

整理保存新闻发布会的有关资料,不仅有助于全面评估会议效果,而且还可为此后举行同一类型的会议提供借鉴。需要主办单位认真整理保存的新闻发布会的有关资料,大致上可以分为两类。

一是会议自身的图文声像资料。包括在会议进行过程中所使用的一切文件、图表、录音、录像,等等;二是新闻媒介有关会议报道的资料。主要包括在电视、报纸、广播、杂志、网络上公开发表的涉及此次新闻发布会的消息、通讯、评论、图片,等等。具体可以分为有利报道、不利报道、中性报道 3 类。

3）酌情采取补救措施

在听取了与会者的意见、建议,总结了会议的举办经验,收集、研究了新闻界对于会议的相关报道之后,对于失误、过错或误导,都要主动采取一些对策。对于在新闻发布会之后所出现的不利报道,特别要注意具体分析,具体对待。

这类不利报道大致可分 3 类:一是事实准确的批评性报道;二是因误解而出现的失实性报道;三是有意歪曲事实的敌视性报道。对于批评性报道,主办单位应当闻过即改、虚心接受。对于失实性报道,主办单位应通过适当途径加以解释,消除误解。对于敌视性报道,主办单位则应在讲究策略、方式的前提下据理力争,尽量为本单位挽回声誉。

5.1.3 　展览会礼仪

（1）展览会的宣传

为了引起社会各界对展览会的重视,并且尽量地扩大其影响,主办单位有必要对其进行大力宣传。宣传的重点应当是展览的内容,即展览会上的展示陈列之物。因为只有它们才能真正吸引各界人士的注意和兴趣。

对展览会,尤其是对展览内容所进行的宣传,主要可以采用下述几种方式。

①举办新闻发布会。

②邀请新闻界人士到场进行参观采访。

③发表有关展览会的新闻稿。

④公开刊发广告。

⑤张贴有关展览会的宣传画。

⑥在展览会现场散发宣传性材料和纪念品。

⑦在举办地悬挂彩旗、彩带或横幅。

⑧利用升空的彩色气球和飞艇进行宣传。

以上 8 种方式,可以只选其一,也可多种同时并用。在具体进行选择时,一定要量力行事,并且要严守法纪,注意安全。

【知识链接】 ······································

连续 9 天展示汽车魅力与汽车产业动力,以"科技、艺术、新境界"为主题的第 13 届上海国际汽车工业展览会于 2010 年 4 月 28 日圆满落下帷幕。本届车展吸引了 25 个国家和地区 1 500 余家参展商,17 万 m² 展出规模;超过 60 万人次的观众和 7 200 多名中外媒体记者;4 月 25 日创下单日接待观众逾 13.6 万人次的纪录;共有 918 辆展车,包括 316 辆进口车和 602 辆国产车亮相本届车展;全球首发车共 13 款。以上数据均创历届上海车展之最。

在两天媒体日,各汽车厂家共举行了 60 场新闻发布会。来自海内外 38 个国家和地区的 1 800 多家新闻媒体 7 287 名记者竞相报道车展盛况,其中海外媒体 763 名。路透社、美联社、法新社、CNN、BBC、CNBC、NHK、德国国家电视台、意大利电视台、道琼斯、商业周刊、华尔街日报、金融时报、经济新闻社、读卖新闻、彭博新闻社、时事通讯社、国际文传电讯社等国际主流媒体云集上海车展,均给予本届车展高度评价。新华社、中新社、中央电视台、SMG 上海文广集团、北京广播电台交通台、新浪网、搜狐网、《中国汽车报》等都以各种形式全方位报道了本届车展。由 120 多家主流媒体参与的合作媒体参展区以及 750 m² WiFi 无线网络覆盖的新闻中心成为本届车展上一道亮丽的风景。

(2)展览会的参加

参展单位在正式参加展览会时,必须要求自己的全部派出人员齐心协力、同心同德,为大获全胜而努力奋斗。在整体形象、待人礼貌、解说技巧 3 个主要方面,参展单位尤其要予以特别的重视。

1)努力维护整体形象

参与展览时,参展单位的整体形象直接映入观众的眼里,因而对自己参展的成败影响极大。参展单位的整体形象,主要由汽车展品的形象与工作人员的形象两部分所构成。对于两者要给予同等的重视,不可偏废其一。

2)展示之物的形象

如汽车展览,主要由汽车展品的外观、汽车展品的质量、汽车展品的陈列、展位的布置、发放的资料等构成。用以进行展览的汽车展品,外观上要力求完美无缺,质量上要优中选优,陈列上要既整齐美观又讲究主次,布置上要兼顾主题的突出与观众的注意力。用以在展览会上向观众直接散发的汽车有关资料,则要印刷精美、图文并茂、信息丰富,并且注有参展单位的主要联络方法,如销售部门的电话、传真以及电子邮箱的号码,等等。

3)工作人员的形象

它是指在展览会上直接代表参展单位露面的人员的穿着打扮问题。在一般情况下,要求在展位上工作的人员应当统一着装。最佳的选择是,身穿本单位的制服、特意为本次展览会统一制作的会务装,或者穿深色的西装、套裙。在大型的展览会上,参展单位若安排专人迎送宾客时,则最好请其身穿色彩鲜艳的单色旗袍,并胸披写有参展单位或其主打展品名称的大红色绶带。

为了说明各自的身份,全体工作人员皆应在左胸佩戴标明本人单位、职务、姓名的胸卡,唯有礼仪小姐可以例外。按照惯例,工作人员不应戴首饰,男士应当剃须,女士则最好化淡妆。

4)时时注意待人礼貌

在展览会上,参展单位的工作人员必须真正地意识到观众是自己的上帝,为其热情而竭诚地服务则是自己的天职。为此,全体工作人员都要将礼貌待人放在心坎上,并且将其落实在行动上。

展览会一旦正式开始,全体参展单位的工作人员即应各就各位,站立迎宾。不允许迟到早退、无故脱岗、东游西逛,更不允许在观众到来之时坐、卧不起,怠慢对方。

当观众走近自己的展位时,不论对方是否向自己打了招呼,工作人员都要面含微笑,主动地向对方说:"您好！欢迎光临！"必要时,还应面向对方,稍许欠身,伸出右手,掌心向上,指尖直指展台,并告知对方:"请您参观。"

当观众在本单位的展位上进行参观时,工作人员可随行于其后,以备对方向自己进行咨询;也可以请其自便,不加干扰。假如观众较多,尤其是在接待组团而来的观众时,工作人员也可在左前方引导对方进行参观。对于观众所提出的问题,工作人员要认真做出回答。不允许置之不理,或以不礼貌的言行对待对方。

当观众离去时,工作人员应当真诚地向对方欠身施礼,并道以"谢谢光临",或是"再见"。

在任何情况下,工作人员均不得对观众恶语相加或讥讽嘲弄。对于极个别不遵守展览会规则而乱摸乱动的观众,仍需以礼相劝,必要时可请保安人员协助,但不能对对方擅自动粗。

5)善于运用解说技巧

解说技巧,此处主要是指参展单位的工作人员在向观众介绍或说明汽车展品时应当掌握的基本方法和技能。具体而论,在汽车宣传性展览会与汽车销售性展览会上,其解说技巧既有共性可循,又有各自的不同之处。

在汽车宣传性展览会与汽车销售性展览会上,解说技巧的共性在于:要善于因人而异,使解说具有针对性。与此同时,要突出自己展品的特色。在实事求是的前提下,要注意对其扬长避短,强调"人无我有""人有我优""人优我新""人新我靓"之处。在必要时,还可邀请观众亲自动手操作,或由工作人员为其进行现场示范。此外,还可安排观众观看与展品相关的影视片,并向其提供说明材料与单位名片。通常,说明材料与单位名片应常备于展台之上,由观众自取。

在展览会上,解说的重点则必须放在主要展品的介绍与推销之上。按照国外的常规说法,解说时一定要注意"FABE"并重。在此,它是4个英文词组的缩写。其中,"F(Feature)指展品特征,"A"(Advantage)指展品优势,"B"(Benefit)指客户利益,"E"(Evidence)则指可资证明的证据。要求工作人员在汽车销售性展览会上向观众进行解说时,"FABE"并重,就是要求其解说应当以客户利益为重,要在提供有利证据的前提之下,着重强调自己所介绍、推销的汽车展品的主要特征与主要优点,以争取使客户觉得言之有理,乐于接受。

任务5.2　仪式礼仪

【任务书】

1. 掌握仪式礼仪的内容、仪式礼仪的一般原则以及注意事项和汽车服务人员所需的职业素养。

2. 通过本项目的学习,能够了解仪式礼仪。

【任务导入】

仪式礼仪,是现代社会的重要社交方式,也是组织方对内营造和谐氛围、增加凝聚力,对外协调关系、扩大宣传、塑造形象的有效手段。仪式礼仪活动包括婚礼、开业、剪彩、签字、庆典等。无论哪种仪式,都是非常郑重的社交活动,气氛要么隆重,要么庄严,要么神圣,要么肃穆。无论是主办方还是参加者,都必须遵守一定的流程、礼仪惯例、举止和言行,这就是仪式礼仪。仪式礼仪是仪式活动取得成功的重要保障。例如,举办婚礼的时候,组织方什么时候发请柬? 婚礼上如何致辞? 婚礼参加者怎样着装、怎样随礼? 庆典仪式上,怎样接待来宾? 发言人怎样致辞才合乎身份、无损单位形象? 签字仪式中,主签人员或助签人员该有怎样的举止? 新闻发布会上,主持人和发言人现场应该怎样应对? 参加丧礼时,怎样得体而有分寸地向逝者家属表示慰问? 无论是组织方还是参加者,在仪式上的形象、举止言行(包括书面语言),成了个人基本素质、阅历和修养的试金石。往往会影响他人对个人、组织的印象或评价,甚至是一场仪式成败的重要因素。

【相关知识】

5.2.1　开业仪式

(1)开业仪式礼仪的准备

开业仪式礼仪通常包括两项基本内容:一是开业仪式的筹备;二是开业仪式的运作。

开业仪式尽管进行的时间极其短暂,但要营造出现场的热烈气氛,取得一定的效果,需要下功夫做好准备工作。

具体而论,筹备开业仪式时,对于舆论宣传、来宾邀请、场地布置、服务接待、礼品馈赠、程序拟定6个方面的工作,需要事先做好安排。

1）舆论宣传

运用传播媒体，广泛刊登广告，以引起公众的关注，营造气氛。这种广告的内容一般包括开业仪式举行的日期、开业仪式举行的地点、开业之际对顾客的优惠、开业单位的经营特色，等等。

邀请有关的传播媒体人士在开业仪式举行之际到场进行采访、报道，引导他们对本单位进行正面宣传。

2）来宾邀请

来宾身份的高低与其数量的多少是直接影响开业仪式效果的重要因素，因此，要尽量多邀请一些来宾参加开业仪式。地方领导、上级主管部门与地方职能管理部门领导、合作单位与同行单位的领导、社会团体的负责人、社会贤达、媒体人员，都是邀请对象。应提前邀请，将请柬由专人提前送达对方，以便对方及早做出安排。

位于安徽省合肥市的"商之都"是省商业厅和省烟草专卖局联合投资兴建的国有大型商厦。在开业之初，商厦搞了一次别开生面的开业仪式活动，他们从北京请来了王淑贞、刘淑琴、董克禄、邓传英等9位劳动模范来商之都进行传帮带活动，现场传授，柜台示范，解决了商之都新职工经验不足的难题。开业那天，劳模们穿上各自的店服，胸戴奖章，身披绶带，开业仪式上他们与安徽省领导一起剪彩。随后，人群立即随劳模拥向柜台，争相目睹劳模的风采，人们对劳模的服务赞不绝口。开业的短短几天，商之都热闹非凡，营业额大大超过了预期目标，社会效益也非常显著，并由此架起了京皖商业的交流之桥。

3）现场布置

开业仪式多在开业现场举行，其场地可以是正门之外的广场，也可以是正门之内的大厅。按惯例，举行开业仪式是宾主一律站立，故一般不布置主席台或座椅。为显示隆重与敬客，可在来宾尤其是贵宾站立之处铺设红色地毯，并在场地四周悬挂横幅、标语、气球、彩带、宫灯等。此外，还应当在醒目之处摆放来宾赠送的花篮、牌匾。来宾的签到簿、本单位的宣传材料、待客的饮料，等等，也须提前备好。对于音响、照明设备，以及开业仪式举行之时所需使用的用具、设备，必须事先认真进行检查、调试，以防其在使用时出现差错。

4）服务接待

在举行开业仪式的现场，一定要有专人负责来宾的接待服务工作。除了要求本单位的全体员工以主人翁的身份热情待客，有求必应，主动相助之外，更重要的是分工负责，各尽其职。在接待贵宾时，需由本单位主要负责人亲自出面。在接待其他来宾时，则可由本单位的礼仪小姐负责此事。若来宾较多时，须为来宾准备好专用的停车场、休息室，并应为其安排饮食。

5）礼品馈赠

举行开业仪式时赠予来宾的礼品，一般属于宣传性传播媒介的范畴之内。若能选择得当，必定会产生良好的效果。根据常规，向来宾赠送的礼品，应具有如下三大特征：其一，是宣传性。可选用本单位的产品，也可在礼品及其外包装上印有本单位的企业标志、广告用语、产品图案、开业日期，等等；其二，是荣誉性。要使之具有一定的纪念意义，并且使拥有者对其珍惜、重视，并为之感到光荣和自豪；其三，是独特性。它应当与众不同，具有本单位的特色,使人一目了然,并且可以令人过目不忘。

6)程序拟定

从总体上来看,开业仪式大多由开场、过程、结局三大基本程序所构成。开场,即奏乐,邀请来宾到位,宣布仪式正式开始,介绍主要来宾;过程,是开业仪式的核心内容,它通常包括本单位负责人讲话,来宾代表致词,启动某项开业标志,等等;结局,则包括开业仪式结束后,宾主一道进行现场参观、联欢、座谈,等等。它是开业仪式必不可少的尾声。为使开业仪式顺利进行,在筹备之时,必须要认真草拟具体的程序,并选定好称职的仪式主持人。并让主持人熟悉来宾、知晓仪式的整个程序,以防忙中出错。

(2)开业仪式的程序及礼仪要求

开业仪式活动所用的时间不长,但事关重大,所以对典礼活动的程序及人员要求都很严格。

1)开业仪式的程序

开业仪式的程序是指典礼的进程。典礼的效果如何,主要由程序决定,因此,制订程序要符合相关礼仪的要求,一般来说程序由如下7个方面组成:

①迎宾。接待人员在会场门口接待来宾,并请来宾签到后,引导来宾就位。

②开始典礼。主持人宣布开业仪式正式开始。全体来宾起立,奏国歌,宣读重要来宾名单。

③致贺词。由上级领导和来宾致祝贺词,主要表达对开业单位的祝贺。贺词由谁来讲事先要定好,以免当众推来推去,对外来的贺电、贺信等不必一一宣读,但对其署名的单位或个人应予以公布。

④致答词。由本单位负责人致答词。其主要内容是向来宾及祝贺单位表示感谢,并简要介绍本单位的经营特色和经营目标。

⑤揭幕或揭牌。由本单位负责人和一位上级领导或嘉宾代表揭去盖在牌匾上的红布,宣告企业的正式成立或活动的正式开始。参加典礼的全体人员鼓掌祝贺。

⑥参观。如有必要,可引导来宾参观,介绍本单位的主要设施、特色商品等。

⑦迎接首批顾客。迎接首批顾客,可以采取让利销售或提供各种优惠服务来吸引客户,也可以采取邀请具有代表性的消费者参加座谈会的方式,虚心听取他们的建议来拉近与消费者的距离。

上述过程可以根据具体情况来定夺,不必样样照搬去做。总之,成功的开业仪式的标志是内容紧凑、仪式简洁、喜庆效果好。

2)参加开业仪式的礼仪要求

①组办方礼仪。对于开业仪式的组织者来说,整个仪式过程都是礼待宾客的过程,每个人的仪容、仪表都很重要,就如我们在前面提到的,要注意到每一个细节。此外,还有几项要特别注意的要求:

服饰要规范。有条件的单位最好穿统一的服装。没有条件的,应要求每个人穿着正式的服装。

准备要周到。首先,请柬的发放应及时,不得有遗漏。席位的安排要讲究,一般来说,按照身份与职务的高低确定主席台座次和贵宾席位，为来宾准备好迎送车辆等。

要遵守时间。仪式的起始时间应该遵守。不要拖延，以免让人觉得言而无信。

态度要友好。开业庆典的特点是喜庆气氛的营造。所以，组办方的每位参与者都要热情友好，为庆典铺垫良好气氛的基础。

②宾客礼仪。要准时参加开业仪式，为主办方捧场。如有特殊情况不能到场，应尽早通知主办方，以让对方另作安排。

宾客应在开业仪式前或开业仪式时送些贺礼，如花篮、楹联等，并在贺礼上写明庆贺对象、庆贺原由、贺词及祝贺单位。

见到主人应向其表示祝贺，并说祝顺利、发财、兴旺的吉利话，入座后应礼貌地与邻座打招呼，可通过自我介绍、互换名片等方式结识更多的朋友。

在典礼上祝贺词时，应简短精练，不能随意发挥，拖延时间。而且要表现得冷静沉着、心平气和，注意文明用语。

在典礼的进行过程中，宾客要做一些礼节性的附和，如鼓掌、跟随参观、写留言等。

宾客离开时要与主办单位领导、主持人、服务人员等握手告别，并致谢意。

5.2.2 商务交接仪式礼仪

（1）交接准备的礼仪

交接准备仪式，主要应关注来宾邀约、现场布置、物品预备三件事宜。

1）来宾邀约

来宾的邀约，一般应由交接仪式的施工、安装单位一方负责。在具体拟订来宾名单时，施工、安装单位也应主动征求自己的合作伙伴，即接收单位的意见。接收单位对于施工、安装单位所草拟的名单不宜过于挑剔，不过可以对此酌情提出自己的一些合理化建议。

①人员原则。一般情况下，参加交接仪式的人数自然多比少好。如果参加者太少，难免会使仪式显得冷冷清清。但是，在宏观上确定参加者的总人数时，必须兼顾场地条件与接待能力，切忌过多。

从原则上来讲，交接仪式的出席人员应当包括施工单位、安装单位的有关人员，接收单位的有关人员，上级主管部门的有关人员，当地政府的有关人员，行业组织、社会团体的有关人员，各界知名人士、新闻界人士以及协作单位的有关人员等。

②邀请原则。在以上所述人员之中，除施工、安装单位与接收单位的有关人员之外，对于其他所有的人员，均应提前送达或寄达正式的书面邀请，以示对对方的尊重之意。

邀请上级主管部门、当地政府、行业组织的有关人员时，虽不必勉强对方，但却必须努力争取，并表现得心诚意切。因为利用举行交接仪式这一良机，使施工单位、安装单位、接收单位，与上级主管部门、当地政府、行业组织进行多方接触，这不仅可以宣传自己的工作成绩，而且也有助于有关各方之间进一步实现相互理解和相互沟通。

若非涉密，在举行交接仪式时，东道主既要争取多邀请新闻界的人士参加，又要为其尽可能地提供一切便利。对于不邀而至的新闻界人士，也应尽量来者不拒。

2）现场布置

举行交接仪式现场的布置，通常应视交接仪式的重要程度、全体出席者的具体人数、交接仪式的具体程序与内容以及是否要求对其进行保密等几方面的因素而定。

根据常规，一般可将交接仪式的举行地点安排在已经建设、安装完成并已验收合格的工程项目或大型设备所在地的现场。有时，也可酌情将其安排在东道主单位本部的会议厅或者由施工、安装单位与接收单位双方共同认可的其他场所。

①本部会议厅。将交接仪式安排在东道主单位本部的会议厅举行，可免去大量的接待工作，会场的布置也十分便利。特别是在将被交付的工程项目、大型设备不宜为外人参观或者暂时不方便外人参观的情况下，以东道主单位本部的会议厅作为举行交接仪式的现场，不失为一种较好的选择。

此种选择的主要缺陷是：东道主单位往往需要付出更多的人力、财力、物力，全体来宾对于将被交付的工程项目或大型设备缺乏身临其境的直观感受。

②设备现场。将交接仪式安排在业已建设、安装完成并已验收合格的工程项目或大型设备所在地的现场举行，其最大的长处是可使全体出席仪式的人员身临其境，获得对被交付使用的工程项目或大型设备的直观而形象的了解，掌握较为充分的第一手资料。倘若在交接仪式举行之后安排来宾进行参观，则更为方便可行。不过，若是在现场举行交接仪式，往往进行准备的工作量较大。在此百废待兴之地忙里忙外，绝非轻而易举之事。

③其他场所。如果将被交付的工程项目或大型设备的现场条件欠佳，或是出于东道主单位的本部不在当地以及将要出席仪式的人员较多等其他原因，经施工、安装单位提议，并经接收单位同意之后，交接仪式也可在其他场所举行。诸如宾馆的多功能厅、外单位出租的礼堂或大厅等处。在其他场所举行交接仪式，尽管开支较高，但可省去大量的安排、布置工作，而且还可以提升仪式的档次。

3）物品预备

在交接仪式上，有不少需要使用的物品，应由东道主一方提前进行准备。

①作为交接象征之物的有关物品。作为交接象征之物的物品是必不可少的，这些物品主要有以下几种：

验收文件。验收文件是指已经公证的由交接双方正式签署的接收证明性文件。

一览表。一览表是指交付给接收单位的全部物资、设备或其他物品的名称和数量明细表。

钥匙。钥匙则是指用来开启被交接的建筑物或机械设备的钥匙。在一般情况下，因其具有象征性意味，故预备一把即可。

②作为烘托喜庆气氛的物品。主办交接仪式的单位，要为交接仪式的现场准备一些用以烘托喜庆气氛的物品。在举行交接仪式的现场四周，尤其是在正门入口处、干道两侧、交接物四周，可酌情悬挂一定数量的彩带、彩旗、彩球，并放置一些色泽艳丽、花朵硕大的盆花，不仅烘托了气氛也美化了环境。

a. 主席台。在交接仪式的现场，可临时搭建一处主席台。必要时，应在主席台上铺设一块红地毯。至少也要预备足够的桌椅。

在主席台上方，应悬挂一条红色巨型横幅，上书交接仪式的具体名称，如"某某工程交接仪式"或"热烈庆祝某某工程正式交付使用"。

b. 来宾赠送的礼品。通常,来宾都会赠送一些祝贺性花篮,若这些花篮较多,可依照约定俗成的顺序,如"先来后到""不排名次"等,将其呈一列摆放在主席台正前方,或是分成两行摆放在现场入口处门外的两侧。不过,若是来宾所赠的花篮甚少,则不必将其公开陈列在外。

c. 赠送来宾的礼品。在交接仪式上用以赠送给来宾的礼品,应突出其纪念性、宣传性。诸如被交接的工程项目、大型设备的微缩模型,或以其为主角的画册、明信片、纪念章、领带针、钥匙扣等,皆为首选。

(2)交接程序的礼仪

交接仪式的程序,具体是指交接仪式进行的各个步骤。不同内容的交接仪式,其具体程序往往各有不同。

1)拟订程序的原则

主办单位在拟订交接仪式的具体程序时,必须注意以下两个基本原则。

①惯例执行原则。主办单位在拟订交接仪式的具体程序时,在大的方面必须参照惯例执行,尽量不要标新立异、另搞一套。

②实事求是原则。它是指必须实事求是、量力而行,在具体的细节方面不必事事贪大求全。

2)交接仪式的基本程序

从总体上来讲,几乎所有的交接仪式都少不了以下5项基本程序:

①宣布交接仪式开始。在主持人宣布交接仪式正式开始之前,主持人应邀请有关各方人士在主席台上就座,并以适当的方式暗示全体人员保持安静。然后宣布交接仪式正式开始,此时,全体与会者应进行较长时间的鼓掌,以热烈的掌声来表达对于东道主的祝贺之意。

②奏国歌。全体与会者必须肃立,奏国歌,并演奏东道主单位的标志性歌曲。有时该项程序也可略去。不过若能安排这一程序,往往会使交接仪式显得更为庄严而隆重。

③进行交接。由施工、安装单位与接收单位正式进行有关工程项目或大型设备的交接。具体的做法主要是由施工、安装单位的代表,将有关工程项目、大型设备的验收文件和一览表及钥匙等象征性物品,正式递交给接收单位的代表。此时,双方应面带微笑,双手递交、接收有关物品。在此之后,还应热烈握手。至此,标志着有关的工程项目或大型设备已经被正式地移交给了接收单位。假如条件允许,在该项程序进行的过程中,可在现场演奏或播放节奏欢快的喜庆性歌曲。在有些情况下,为了进一步营造出一种热烈而隆重的气氛,这一程序也可由上级主管部门或地方政府的负责人为有关的工程项目、大型设备的启用而剪彩所取代。

④代表发言。按惯例,在交接仪式上,须由有关各方的代表进行发言。他们依次应为:施工和安装单位的代表、接收单位的代表、来宾的代表等。

这些发言,一般均为礼节性的,并以喜气洋洋为主要特征。它们通常宜短忌长,只需短短几句,点到为止。原则上讲,每个人的发言应以3 min为限。

⑤仪式结束。宣告交接仪式正式结束。此时此刻,全体与会者应再次进行较长时间的热烈鼓掌。

3)辅助性活动

按照仪式礼仪的总体要求,交接仪式同其他仪式一样,在所耗费的时间上也是宜短不宜长。在正常情况下,每一次交接仪式从头至尾所用的时间,大体上不应当超过1 h。为了做到这一点,就要求交接仪式在具体程序上讲究少而精。正因为如此,一些原本应当列入正式程序的内容,例如,进行参观、观看文娱表演等,均被视为正式仪式结束之后所进行的辅助性活动而另行安排。

如果方便的话,正式仪式一旦结束,东道主与接收单位即应邀请各方来宾一道参观有关的工程项目或大型设备。东道主一方应为此专门安排好富有经验的陪同、解说人员,使各方来宾通过现场参观,可以进一步深化对有关的工程项目或大型设备的认识。

若是出于某种主观原因,不便邀请来宾进行现场参观时,也可以通过组织其参观有关的图片展览或向其发放宣传资料的方式,来适当地满足来宾的好奇心。

无论是布置图片展览,还是印制宣传资料,在不泄密的前提下,均应尽量使内容翔实、资料充足、图文并茂。通常,它们应当包括有关工程项目或大型设备的建设背景、主要功能、基本数据、具体规格、开工与竣工的日期,施工、安装、设计、接收的单位的概况,与国内外同类项目、设备的比较等。为使之更具说服力,不妨多采用一些准确的数据来进行讨论、说明。

在仪式结束后,若不安排参观活动,还可为来宾安排一场综艺类的文艺表演,以助雅兴。表演者可以是东道主单位的员工,也可以邀请专业人士。表演的主要内容,则应为轻松、欢快、娱乐性强的节目。

(3)参加交接仪式的礼仪

在参加交接仪式时,不论是东道主一方还是来宾一方,都存在一个表现是否得体的问题。假如有人在仪式上表现失当,往往就会使交接仪式黯然失色。有时,甚至还会因此而影响到有关各方的相互关系。

1)东道主的礼仪

对东道主一方而言,需要注意的礼仪问题有以下3点:

①仪表妆饰。东道主一方参加交接仪式的人员,不仅应当是"精兵强将""仪表堂堂",而且应当使之能够代表本单位的形象。为此,必须要求其妆饰规范、服饰得体、举止有方。

②保持风度。在交接仪式举行期间,不允许东道主一方的人员交头接耳、打打闹闹、东游西逛。在为发言者鼓掌时,不允许厚此薄彼。当来宾为自己道喜时,喜形于色无可厚非,但切勿嚣张放肆、得意忘形。

③待人友好。不管自己是否专门负责接待、陪同或解说工作,东道主一方的全体人员都应当自觉地树立起主人翁意识。一旦来宾提出问题或有帮助需求时,都要鼎力相助。不允许一问三不知、借故推脱、拒绝帮忙,甚至胡言乱语、大说风凉话。即使自己力不能及,也要向对方说明原因,并且及时向有关方面进行反映,使相关问题得以解决。

2）来宾的礼仪

对于来宾一方而言，在应邀出席交接仪式时，主要应当重视以下 4 个礼仪方面的问题。

①致以祝贺。接到正式邀请后，被邀请者即应尽早以单位或个人的名义发出贺电或贺信，向东道主表示热烈祝贺。有时，被邀请者在出席交接仪式时，将贺电或贺信面交东道主，也是可行的。不仅如此，被邀请者在参加仪式时，还须郑重其事地与东道主一方的主要负责人一一握手，再次口头道贺。

②略备贺礼。为表示祝贺之意，可向东道主一方赠送一些贺礼，如花篮、牌匾、贺幛等。当下，以赠送花篮最为流行。花篮一般需要在花店定制，用各色鲜花插装而成，并且应在其两侧悬挂特制的红色缎带，右书"恭贺某某交接仪式隆重举行"，左书本单位的全称。花篮可由花店代为先期送达，也可由来宾在抵达现场时亲自交给主人。

③预备贺词。假如来宾与东道主关系密切，则还须提前预备一分书面贺词。贺词的内容应当简明扼要，主要是为了向东道主一方道喜祝贺。

④准时到场。若无特殊原因，接到邀请后，务必牢记在心，届时正点抵达。为主人捧场。若不能出席，则应尽早通知东道主，以防在仪式举行时来宾甚少，使主人"门前冷落车马稀"而难堪。

5.2.3　商务庆典仪式礼仪

（1）商务庆典总论

就其形式而论，商界各单位所举行的各类庆祝仪式，都有一个共同的特色，即要求务实而不务虚。若能由此而增强本单位全体员工的凝聚力与荣誉感，并且使社会各界人士对本单位重新认识、刮目相看，那么大张旗鼓地举行庆典，多进行一些人、财、物的投入，任何理智、精明的商家，都会对此在所不惜。

就其内容而论，在商界所举行的庆祝仪式大致分为以下 4 类：

1）周年庆典

周年庆典，是指在本单位成立周年时所举行的庆典。通常，它都是在逢 5、逢 10 周年或其倍数的时候进行。

2）业绩庆典

业绩庆典，是指本单位在某方面取得了重大的业绩，如千日无生产事故、生产某种产品的数量突破 10 万台、经销某种商品的销售额达到 1 亿元等，从而为这些来之不易的成绩而举行的庆祝。

3）荣誉庆典

荣誉庆典，是指在本单位荣获了某项荣誉称号或单位的"拳头产品"在国内外重大展评中获奖之后而举行的。

4）发展庆典

发展庆典，是指本单位在某一时期取得了显著发展的庆典。如当本单位建立集团、确定新的合作伙伴、兼并其他单位、分公司或连锁店不断发展时，自然都值得庆祝一番。

（2）组织庆典的礼仪

庆典既然是庆祝活动的一种形式，那么它就应当以庆祝为中心，把每一项具体活动都尽可能组织得热烈、欢快而隆重。不论是举行庆典的具体场合、庆典进行过程中的某个具体场面，还是全体出席者的情绪、表现，都要体现出红火、热闹、欢愉、喜悦的气氛。唯独如此，庆典的宗旨——塑造本单位的形象、显示本单位的实力、扩大本单位的影响，才能够真正地得以贯彻落实。

1）确定出席人员名单

庆典出席人员的名单应当精心确定，出席者中不应当有滥竽充数者，或是让对方勉为其难。确定庆典出席人员名单时，始终应当以庆典的宗旨为指导思想。一般来说，庆典的出席人员通常应包括如下人士。

①上级领导。地方党政领导、上级主管部门的领导，大多对单位的发展给予过关心和指导。邀请他们参加，主要是为了表示感激之意。

②大众传媒。在现代社会中，电视、广播、报纸、杂志等大众媒介，被称为仅次于立法、行政、司法三权的社会"第四权力"。邀请他们参加，并主动与他们合作，将有助于其公正地介绍本单位的成就，进而有助于加深社会对本单位的认同和了解。

③社会名流。根据公共关系学中的"名人效应"原理，社会各界的名人对于公众最有吸引力，能够请到他们，将有助于更好地提高本单位的知名度。

④合作伙伴。在商务活动中，合作伙伴经常是彼此同呼吸、共命运的。邀请他们来与自己一起分享成功的喜悦，是完全应该的，而且也是绝对必要的。

⑤社会实体。社会实体是指那些与本单位共居于同一区域、对本单位具有种种制约作用的具有社区关系的人士。诸如，本单位周围的街道办事处、居民委员会、学校、医院、养老院、幼儿园、商店以及其他单位等。请他们参加庆典，会使他们进一步了解本单位、尊重本单位、支持本单位，或是给予本单位更多的方便。

⑥单位员工。员工是本单位的主人，本单位每一项成就的取得，都离不开他们的兢兢业业和努力奋斗。所以，在组织庆典时，当然应该有他们或他们的代表参加。

2）庆典仪式的现场布置

举行庆祝仪式的现场，是庆典活动的中心地点。对它的安排、布置是否恰如其分，往往会直接关系到庆典留给人们的印象好坏。依据庆典仪式的有关礼仪规范，商务人员在布置庆典仪式的现场时，需要通盘思考的主要问题有以下几点：

①地点。在选择具体地点时，应结合庆典的规模、影响力以及本单位的具体情况来决定。本单位的礼堂、会议厅，本单位内部或门前的广场以及外借的大厅等，均可作为选择的对象。

不过在室外举行庆典时，切勿因地点选择不慎，从而制造噪声、妨碍交通或治安，否则，会顾此而失彼。

②环境。在反对铺张浪费的同时，应当量力而行，着力美化庆典举行现场的环境。为了烘托出热烈、隆重、喜庆的气氛，可在现场张灯结彩、悬挂彩灯、彩带，张贴一些宣传标语，并且张挂标明庆典具体内容的大型横幅。

如果有能力,还可以请由本单位员工组成的乐队、锣鼓队届时演奏音乐或敲锣打鼓,烘托热闹的气氛。但是这类活动应当适度,不要热闹过了头,成为胡闹,或者"喧宾夺主"。

③规模。在选择举行庆祝仪式的现场时,应当牢记并非规模越大越好。从理论上说,现场规模的大小应与出席者人数的多少成正比。也就是说场地的大小,应同出席者人数的多少相适应。人多地方小,拥挤不堪,会使人心烦意乱;人少地方大,则会让来宾对本单位产生"门前冷落车马稀"的感觉。

④音响。在举行庆典之前,务必要把音响准备好。尤其是供来宾们讲话时使用的麦克风和传声设备,在关键时刻,绝不允许临阵"罢工",让主持人手忙脚乱、大出洋相。

在庆典举行前后,播放一些喜庆、欢快的乐曲,只要不抢占"主角"的位置,通常是可以的。但是对于播放的乐曲,应先期进行审查。切勿届时让工作人员自由选择,随意播放背离庆典主题的背景乐曲,甚至是那些凄惨、哀怨、让人伤心落泪的乐曲,或是那些不够庄重的诙谐曲和爱情歌曲。

⑤来宾接待。与一般商务交往中来宾的接待相比,对出席庆祝仪式的来宾的接待,更应突出礼仪性的特点。不但应当热心细致地照顾好全体来宾,而且还应当通过主办方的接待工作,使来宾感受到主人的真情厚意,并且想方设法使每位来宾都能心情舒畅。

最好的办法,是庆典一经决定举行,即成立对此全权负责的筹备组。筹备组成员通常应当由各方面的有关人士组成,他们应当是能办事、会办事、办实事的人。在庆典的筹备组内,应根据具体的需要,下设若干专项小组,在公关、礼宾、财务、会务等各方面"分兵把守",各管一段。其中负责礼宾工作的接待小组,大多不可缺少。

庆典的接待小组,原则上应由年轻、精干、身材与形象较好、口头表达能力和应变能力较强的男女青年组成。接待小组成员的具体工作有以下几项:

a. 来宾的迎送。它是指在举行庆祝仪式的现场迎接或送别来宾。

b. 来宾的引导。它是指由专人负责为来宾带路,将其送到既定的地点。

c. 来宾的陪同。对于某些年事已高或非常重要的来宾,应安排专人始终陪同,以便关心与照顾。

d. 来宾的接待。它是指派专人为来宾送饮料、上点心以及提供其他方面的关照。凡应邀出席庆典的来宾,绝大多数人对本单位都是关心和友好的。因此,当他们光临时,主人没有任何理由不让他们受到热烈而且合乎礼仪的接待。将心比心,在来宾的接待上若得过且过、马马虎虎,则一定会伤来宾的自尊心。

e. 拟订庆典的程序。庆典的具体程序,一定要精心拟订。一次庆典举行的成功与否,与其具体的程序关系密切。

仪式礼仪规定,拟订庆典的程序时,有两条原则必须坚持:

时间宜短不宜长。大体上讲,它应以 1 h 为其极限。这既为了确保其效果良好,也是为了尊重全体出席人员,尤其是为了尊重来宾。

程序宜少不宜多。过多的程序,不仅会加长时间,而且还会分散出席者的注意力,并给人以庆典内容过于烦琐、凌乱之感。千万不要使庆典成为内容乱七八糟的"马拉松"。

一次庆典依照常规大致上应包括下述几项程序:

- 介绍嘉宾。请来宾就座,出席者安静,介绍嘉宾。
- 宣布庆典正式开始。全体起立,奏国歌,唱本单位之歌(如果有的话)。
- 本单位主要负责人致辞。内容包括对来宾表示感谢、介绍此次庆典的缘由等,其重点应是报捷以及庆典的可"庆"之处。
- 嘉宾讲话。大体上讲,出席此次庆典的上级主要领导、协作单位及社会实体单位,均应有代表讲话或致贺词。嘉宾讲话应当提前约定好,不要当场当众推来推去。

对外来的贺电、贺信等,可不必一一宣读,但对其署名单位或个人应当公布。在进行公布时,可依照其"先来后到"的顺序,或是按照其具体名称的汉字笔画的多少进行排列。

- 安排文艺演出。安排文艺演出的程序可有可无,如果准备安排,应当慎选内容,注意不要有悖于庆典的主旨。
- 来宾参观。如有可能,可尽量安排来宾参观本单位的有关展览或车间等。当然,此项程序有时也可省略。

(3)出席庆典的礼仪

参加庆典时,不论是主办单位的人员还是外单位的人员,均应注意自己临场之际的举止表现。其中,主办单位人员的表现尤其重要。

1)主办单位人员出席的礼仪

在举行庆祝仪式之前,主办单位应对本单位的全体员工进行必要的礼仪教育。对于本单位出席庆典的人员,还须规定好有关的注意事项,并要求大家在临场时务必严格遵守。

本单位的负责人,尤其是出面迎送来宾和上主席台的人士,只能够"身先士卒",而绝不允许有任何例外。因为在庆祝仪式上,真正令人瞩目的,还是东道主方面的出席人员。假如这些人在庆典中精神风貌不佳、穿着打扮散漫、举止行为失当,则会对本单位的形象造成"反面宣传"。

按照庆典仪式礼仪的规范,作为主办单位的商界人士在出席庆典时,应当严格注意的礼仪问题主要有以下6点:

①仪容服饰。所有出席本单位庆典的人员,事先都要洗澡、理发,男士还应刮胡须。无论如何,届时都不允许本单位的人员蓬头垢面、胡子拉碴、浑身臭汗,有意无意去给本单位的形象"抹黑"。

有统一式样制服的单位,应要求以制服作为本单位人士的庆典着装。无制服的单位,应规定届时出席庆典的本单位人员必须穿着礼仪性服装。绝不允许在服饰方面任其自然、自由放任,把一场庄严隆重的庆典,搞得像一场万紫千红的时装或休闲装的"博览会"。

②遵守时间。它是基本的商务礼仪之一。对本单位庆典的出席者而言,更不得小看这一问题。上到本单位的最高负责人,下到级别最低的员工,都不得姗姗来迟或无故缺席,而中途退场则更不应该。如果庆典的起止时间已有规定,则应当准时开始,准时结束。要向社会证明本单位言而有信。

③表情庄重。在庆典举行期间,不允许嘻嘻哈哈、嬉皮笑脸,或是愁眉苦脸、唉声叹气、一脸晦气,否则会使来宾产生很不好的想法。在举行庆典的整个过程中,都要表情庄重、聚精会神。假若庆典之中安排了升国旗、奏国歌、唱本单位之歌的程序,一定要依礼行事:起

立、脱帽、立正,面向国旗或主席台行注目礼,并且认认真真、表情庄严肃穆地和大家一起唱国歌、唱本单位之歌。此刻,绝不允许不起立、不脱帽、东张西望、不唱或乱唱国歌与本单位之歌。在起立或坐下时,把座椅搞得乱响,一边脱帽一边梳头,或是在此期间走动,与他人交头接耳,都应视为危害本单位形象的行为。

④态度友好。这里所指的,主要是对来宾态度要友好。遇到了来宾,要主动热情地问好。对来宾提出的问题,都要立即予以友善的答复。不要围观和指点来宾,或是对来宾抱有敌意。

当来宾在庆典上发表贺词时,或是随后进行参观时,要主动鼓掌表示欢迎或感谢。在鼓掌时,不要在对象上"挑三拣四"。即使个别来宾,在庆典中表现得对主人不够友善,或说了几句不太顺耳的话,主方人员也应当保持克制,不要吹口哨、"鼓倒掌"、敲打桌椅、胡乱起哄。不允许打断来宾的讲话,向其提出挑衅性质疑,或是对其进行人身攻击。

⑤行为自律。既然参加了本单位的庆典,主方人员就有义务以自己的实际行动,来确保它的顺利与成功。至少,大家也不应当因为自己的举止失当,而使来宾对庆典作出不好的评价。

在出席庆典时,主方人员应时刻注意自己的举止行为。

不要"想来就来,想走就走",或是在庆典举行期间到处乱走、乱转。

不要有意无意地做出对庆典毫无兴趣的姿态,如读小说、看报纸、听音乐、玩游戏、打扑克、打瞌睡、织毛衣等。

不要让人觉得自己心不在焉,诸如探头探脑、东张西望,一再看手表或是向别人打听时间。

不要与周围的人说"悄悄话"、开玩笑,或是朝主席台上的人挤眉弄眼、出怪样子。

当本单位的会务人员对自己有所要求时,需要"有则改之,无则加勉",不要一时冲动,或是为了显得自己玩世不恭,而产生逆反心理,做出傻事来。

⑥发言简短。倘若商务人员有幸在本单位的庆典中发言,则务必谨记以下4个重要的问题:

a.上下场时要沉着冷静。走向讲坛时,应不慌不忙,不要急奔过去,或是慢吞吞地"起驾"。在开口讲话前,应平心静气,不要气喘吁吁,面红耳赤、满脸是汗、急得讲不出话来。

b.要讲究礼貌。在发言开始,勿忘说一句"大家好"或"各位好"。在提及感谢对象时,应目视对方。在表示感谢时,应郑重地欠身施礼。对于大家的鼓掌,则应以自己的掌声来回礼。在讲话末了,应当说一声"谢谢大家"。

c.要宁短勿长。发言一定要在规定的时间内结束,而且宁短勿长,不要随意发挥,信口开河。

d.应少做手势。含义不明的手势应当少做,尤其在发言时应当坚决不用。

2)外单位人员出席的礼仪

外单位的人员在参加庆典时,同样有必要"既来之,则安之",以自己上佳的临场表现,来表达对主人的敬意与对庆典本身的重视。倘若在此时此刻都表现欠佳,则对主人是一种伤害。所以宁肯谢绝参加,也绝不可去而失礼。当外单位的人员在参加庆典时,若是以单位而不是以个人名义来参加的话,则要特别注意自己的临场表现,不可轻举妄动或放纵不羁。

5.2.4 签约仪式

(1)合同文本的起草

一般来讲,应争取获得起草合同的机会。因为在有合同草稿的情况下,有关合同文本的谈判都是在合同草稿的基本框架下进行的,一般来讲对起草方有利。当然,这绝不等于说不起草合同就完全失去了主动权。因此,不要为争取合同起草权而过分计较甚至伤了和气。

合同的起草应在主谈的直接领导下由了解谈判情况、具备相关合同知识的人员担任,必要时,要请有关技术、市场等方面的人员参加。

(2)合同的审核与定稿

交给对方的书面合同草稿是己方的一个郑重承诺,在将合同草稿交给对方之前,一定要在内部充分讨论,切不可草率行事。合同审核要能达到以下目标:

不签可能不执行的合同。

不签留有隐患的合同。

不签不符合国家法律以及不符合国际惯例的合同。

不签权利和义务不对等、责任条款不明确、无约束力的合同。

(3)合同的翻译及其校对

一般的涉外合同中都有关于合同文本语言的规定。由于历史和其他的原因,在涉外合同中一般都是以外文为准。也就是说,从法律意义上来讲,中文文本只是一个参考。

为了确保中方人员准确理解合同,合同的准确翻译显得十分重要。

在翻译合同时,要注意以下几点:

①合同一般来讲涉及商务条款和技术条款两大部分。如果翻译对其中一部分不熟悉,最好安排分别熟悉商务条款和技术条款的人员翻译,然后由其中一个最后校对、定稿。条件不允许时,翻译人员应注意向有关专业人员请教,否则容易出笑话,导致翻译出来的外文外国人看不懂,翻译出来的中文中国人看不明白。

②当己方人员对翻译稿存有疑义时,一定要和有关人员去查看原文,搞清楚原文的准确含义。

③专有名词的翻译一定要认真、仔细。比如,重要机构的名称一定要遵从习惯译法,双方机构的名称最好以法定注册名称或对方认可的标准译法为准,必要时,要把原文附在后面;姓名的翻译一般采取音译法,一般情况下要将原文附在后面,特别是翻译港澳地区的姓名时要注意,可能时以护照上的翻译为准。

④多个翻译同时翻译一份合同时,最后必须由一个人统一校对。校对的重点宜放在"一致性"方面,比如相同专有名词是否采取同样的译法,相同表达的翻译是否基本一致,是否采取相同的章节段落编号规则,等等。

最后需要说明的是,翻译本身是一个很好的校对过程。经验表明,一个认真负责的翻译总能发现一些合同本身存在的或大或小的问题。

(4)合同的装订成册

合同文本定稿后,要适当进行必要的排版,比如,各章节的标题的字号比正文大一号,增加一个封面等。接下来的工作就是打印、装订成册。装订精美程度可根据合同额的大小以及合同本身的重要程度来决定,切忌给人一种华而不实的感觉。

(5)确定签约参加人员

参加签约仪式的人员,一般是双方参加谈判的全体人员,且双方人数应大体相同。除了签字的人以外,为了表示对本次商务谈判的重视或对谈判结果的庆贺,往往由更高级或更多的领导人和有关人员参加签字仪式。此时,双方参加的人数和出席者的身份应通过协商,大致相仿对等。

(6)布置签约场所

签约仪式举行的场所,一般视参加签约仪式的人员规格、人数多少以及协议中的商务内容的重要程度等因素来确定。多数是选定客人所住的宾馆、饭店(酒店)或东道主的会客厅、谈判室。有时为了扩大影响,也可商定在某些新闻发布中心或著名会议、会客场所举行。无论选择什么场所,都应取得对方的同意,否则,也是失礼的行为。

签约场所的布置,常采用两种方式。一种方式是在签约厅内设置一张长方形桌,作为签约桌。桌上盖着深色台布,桌后放两把椅子为双方签约人员的座位,主左客右。座前摆的是各自保存的文本,上端分别放置签约文具。中间摆放一旗架。同外商签约时,需要悬挂签约双方的国旗。

另一种方式是在签约仪式上设置两张签约桌,双方签约人员各坐一桌,参加仪式的人员坐在签约桌对面。此外,还有一种方式,即安排一长方桌为签约桌,双方参加签约仪式的人员坐在签约桌的两旁,双方国旗挂在签约桌的后面。

(7)举行签约仪式

所有参加签约仪式的人员进入签约场所前,都要注意做到服饰仪表整洁朴素,仪态庄重,友好大方,不能过于刻板,也不应过分喜形于色。签约人员入座后,其他人员分主、客各一方按身份顺序依次排列于各自签约人座位之后。双方身份最高者站立中央。双方的助签人分别站在各自签约人的外侧,协助翻揭文本,指明签字处。在本方保存的文本上签字后,由助签人员互相传递文本,再在对方保存的文本上签字,然后由双方签约人交换文本,相互握手致意,其他参加签字仪式的人员应鼓掌祝贺。

作为一种礼节,鼓掌应当做得恰到好处。在鼓掌时,最标准的动作是:面带微笑,抬起两臂,抬起左手手掌至胸前,掌心向上,以右手除拇指外的其他四指轻拍左手中部。此时,节奏要平稳,频率要一致。至于掌声大小,则应与气氛相协调为好。例如,表示喜悦的心情时,可使掌声热烈;表达祝贺之时,可使掌声时间持续;观看文艺演出时,则应注意勿使掌声打扰演出的正常进行。通常情况下,不要对他人"鼓倒掌",即不要以掌声讽刺、嘲弄别人。也不要在鼓掌时伴以吼叫、吹口哨、跺脚、起哄,这些做法会破坏鼓掌的本来意义。此时,服务人员应用托盘端来香槟酒,供宾、主双方全体出席签约仪式的人员举杯共贺。在一般情况下,双方出席签字仪式的最高领导人及签约人和主谈人员相互碰杯即可,象征性地喝一下。退场时,应让双方最高领导者及宾客先退场,然后东道主再退场,服务人员收拾签约仪式会场。

任务5.3　汽车服务人员餐饮礼仪

【任务书】

　　1. 掌握宴请的准备礼仪内容。
　　2. 掌握中餐礼仪,西餐礼仪。

【任务导入】

　　"民以食为天。"自古以来,设宴款待都是商务社交活动中最常用的方法,汽车商务活动也不例外,互相宴请或进行招待成为整个交际过程中不可或缺的组成部分。注重宴请礼仪,有利于交往组织相互间关系的建立和加深。

【相关知识】

5.3.1　宴请准备

　　能否成功地举办宴会,达到预期的目的,很重要的因素就是在宴会前要准备得充分,具体要做好以下几个方面的工作。

　　(1)列出宾客名单

　　任何一次宴会,都要达到一定的目的。所以,宴会前要列出被邀请人员的名单,并且要确定好主宾、次主宾、陪客。

　　陪客一定要请与主宾关系相熟或有共同语言的人,这样可以保证宴请的效果,调动宴会的气氛,避免出现无话可说的尴尬局面。按照常规,不宜把毫不相干的两批客人合在一起宴请,更不宜把平时有芥蒂的客人请到一起吃饭、饮酒,以免出现令人不愉快的尴尬场面。

　　(2)确定时间

　　如果邀请的客人众多,如朋友聚会、商店开张、新婚宴请等,一般由主人确定宴请的日期和时间。但也应考虑到出席宴请活动的主要公众和大部分公众的习俗,更要注意避免大家有禁忌的日子。

如果宴请的客人较少,一般由主宾确定宴请的日期和时间,但也应考虑到是否适合一般客人前来参加宴会。

(3) 选定场所

选择宴请场所,无疑是十分重要的。主人应根据宴请目的的不同、宴请客人的不同来选定宴请场所。

如果是朋友之间的宴请,为了显示朋友之间亲密无间的情意,宜举行家宴,或到附近比较熟悉的饭店,不需过分讲究档次。

如果宴请比较尊贵的客人,为了表示对客人的敬重,宜到高档饭店或是有名气、有特色的饭店,要求干净整洁,环境幽雅,服务优良,菜肴有特色,在价格方面可不必苛求。

如果是宴请少数民族的客人,为了尊重少数民族客人的民族习惯,则可到清真饭店设宴。

总之,我们必须根据实际情况,选定一个合适的地点作为宴请的场所。

(4) 订好菜谱

宴会的菜谱,应根据宴会的规格,"看客下菜"。总的原则应是按照客人的身份及宴请的目的,做到丰俭得当。整桌菜谱应有冷有热,荤素搭配;有主有次,主次分明。即一桌菜要有主菜,以显示菜的规格;要有一般菜,以调剂客人的口味;要有特色菜,以显示菜的风格。具体菜肴的确定,还应以适合多数客人口味爱好为前提,尤其是要特别照顾主宾的饮食习惯。在订好菜谱的同时,还要准备酒水、干果和糖果等。

在非正式的宴请中,也可不用提前订好菜谱,而是当场由客人和主人根据各人口味共同点菜。一般每人点 1 ~ 2 个菜,再加上配菜即可。在正式宴请中,也有不用订菜谱而实行的。

(5) 排定座次

正式宴会一般要事先安排座次,一示隆重,二免混乱,三可更好地达到宴请的目的。也可只排部分客人的座次,其余人员只排桌次或自由入座。无论采用哪种做法,都要在入席前通知各位出席者,使大家心中有数,现场还需有人引导。

1) 中餐桌次的安排

宴会通常以 8 ~ 12 人为一桌,人多时可平均分为几桌。桌次有主次之分,其具体原则是:

①以右为上。当餐桌分为左右时,以面门为据,居右之桌为上(见图 5.3.1)。

②以远为上。当餐桌距离餐厅正门有远近之分时,以距门远者为上(见图 5.3.2)。

图 5.3.1　　　　　　　　　　图 5.3.2

③居中为上。多张餐桌并列时,以居于中央者为上(见图5.3.3)。

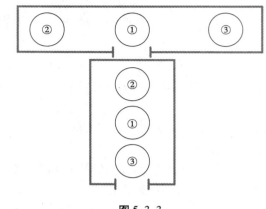

图 5.3.3

④在桌次较多的情况下,上述排列常规往往交叉使用(见图5.3.4)。

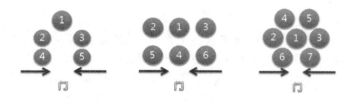

图 5.3.4

2)中餐席次的安排

席次,指同一餐桌上的席位高低。排列席次的原则:

①面门为上。即主人面对餐厅正面。有多位主人时,双方可交叉排列,离主位越近地位越尊贵(见图5.3.5)。

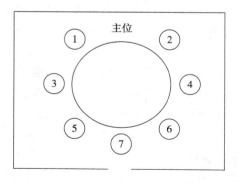

图 5.3.5

②主宾居中。即主宾在主位右侧。

③各桌同向。即每张餐桌的排位均大体相似(见图5.3.6)。

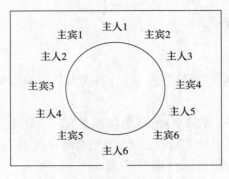

图 5.3.6

3)西餐桌次和席次的安排

西式宴会的餐桌习惯用长桌,或是根据人数多少、场地大小自行设置。

同中式宴会一样,举办西式宴会也要排定桌次和席次,也讲究右高左低的原则(见图5.3.7)。

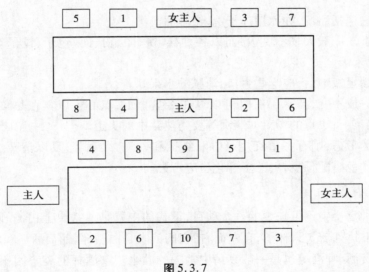

图 5.3.7

①桌次安排。如果男、女主人并肩坐于一桌,则男左女右,尊女性坐于右席;如果男、女主人各居一桌,则尊女主人坐于右桌。

如果男主人或女主人居于中央之席,面门而坐,则其右方之桌为尊,右手旁的客人为尊。

如果男、女主人一桌对坐,则女主之右为首席,男主人之右为次席,女主之左为第三席,男主人之左为第四席,其余位次依序而分。

②席次安排。西式宴会的席次一般根据宾客地位安排,女宾席次依据丈夫地位而定。也可以按类别分坐,如男女分坐、夫妇分坐、华洋分坐等。在我国用西餐宴请客人时,通常按职务高低男女分坐的方式。

5.3.2 中餐进餐礼仪

(1)上菜的礼仪

正式宴请讲究一成至两成冷菜,三成热炒,四成大菜。如是家宴可以将大菜减少,冷菜增加。

中餐一般讲究先凉后热,先炒后烧,咸鲜清淡的先上,甜的、味浓、味厚的后上,最后上米饭。有规格的宴席,热菜中的主菜要先上,如燕窝席里的燕窝,海参宴里的海参,鱼翅宴里的鱼翅,即所谓最贵的热菜先上,再辅以熘、炒、烧、扒。

宴席里的大致顺序:

①茶。在上菜之前,因为要等待,所以先来清口茶。

②凉菜。它是指冷拼、花拼。

③热炒。视规模选用滑炒、软炒、干炸、爆、烩、烧、蒸、浇、扒等组合。

④大菜。它是指整只、整块、整条的高贵菜肴,比如一条鱼、一只鸡、一头乳猪、一只全羊等。

⑤甜菜。它包括甜汤,如冰糖莲子羹、银耳甜汤等。

⑥点心或饭。一般大宴不供饭,而以各种糕、饼、团、粉、面、包子、饺子等充饥,如果还没吃饱,可以上米饭。

⑦水果。酒足饭饱后,应吃些爽口、消腻的水果。

此顺序非一成不变,如水果有时可以算在冷盘里上,点心可以算在热菜里上。较浓的汤菜,应该按热菜上;贵重的汤菜如燕窝等要为热菜中的头道。

至于季节的考虑,则有冬重红烧、红焖、红扒和砂锅、火锅等;夏以清蒸、白汁、清炒、凉拌为主。此外颜色搭配,原材料的多样化也应考虑。

(2)饮酒的礼仪

饮酒是各种宴会中不可缺少的一个项目,正式的中餐宴通常要上白酒和葡萄酒。通常每位用餐者面前排列着3只杯子,自左而右,它们依次是白酒杯、葡萄酒杯和水杯。此外,还有地方特色的黄酒、啤酒等也是一般宴请中常喝的酒水。拿酒杯的姿势因不同的酒而有所不同。有的要用整个手掌握住,而高脚杯则应以手指捏住杯腿。

1)斟酒

酒水应当在饮用前斟入酒杯,一般由服务员打开酒瓶后,从正主位右边主宾起逐位向左斟酒。有时,主人为了表示对来宾的敬重、友好,应亲自为其斟酒。服务员斟酒时,来宾勿忘道谢,但不必拿起酒杯,但主人亲自来斟酒时,必须端起酒杯致谢,必要时,还需起身站立,或欠身点头为礼。

主人为来宾斟酒时要注意两点:第一,应一视同仁地为每一位来宾斟酒,切勿有挑有拣,只为个别人斟酒;第二,可依顺时针方向,从自己所坐之处开始,也可先为尊长、嘉宾斟酒。

2)祝酒词

在宾主入席后、用餐前,主人通常要致辞,讲一些关于此次宴请的原因。在正式的宴会上,主人与主宾还会郑重其事地发表一篇专门的祝酒词。有时,也可以在吃过主菜后、甜品上桌前发表祝酒词。

祝酒时,要注意三点:第一,无论是正式情况下还是在普通情况下,内容均应简练;第二,在他人致词时,在场者均应停止用餐或饮酒,坐在自己的座位上,面向对方认真地聆听;第三,致辞结束后,大家举杯示意或碰杯,然后一饮而尽。若酒量不行,事先应只斟少许酒。

3)敬酒

敬酒往往是酒宴上必不可少的一项程序。在敬酒时,通常要讲一些祝愿、祝福的话。

在整个用餐饮酒的过程中,可以频频举杯敬酒,以使现场氛围热烈而欢快。不过要适可而止,不要成心把别人灌醉,更不要偷偷往他人杯中倒入烈性酒。不能给穆斯林敬酒,甚至不能上酒,因为穆斯林饮酒是违背教规的。

在宴会上不会喝酒或不打算喝酒的人,可以有礼貌地阻止他人敬酒,但不要什么都一概拒绝,至少要喝点汽水、果汁或其他饮料。

拒绝他人敬酒通常有两种方法:第一,主动要一些非酒类的饮料,并说明自己不饮酒的原因;第二,让对方在自己的杯子里斟少许酒,然后轻轻用手推开酒瓶。按照礼节,杯子里的酒是可以不喝的。当主人或朋友们热情地向自己敬酒时,东躲西藏,或把酒杯翻过来放,或将他人所敬的酒悄悄地倒在地上,都是失礼的行为。

(3)餐具的使用

吃中餐时,应特别注意湿毛巾、餐巾、筷子、汤匙、食盘、牙签、水盂、筷子的使用规范。

①湿毛巾只能用来擦手,绝不能擦脸、擦嘴。一般在宴会即将结束时,再上来的湿毛巾,才是专供擦嘴用的,但不能擦脸抹汗。

②餐巾是为了保护衣服的,应把它铺在并拢的大腿上,不要围在脖子或腰带上。餐巾折起的内侧可用来擦嘴或手。

③餐巾纸主要用来擦嘴或手。千万不要用自己的纸巾,更不能用卫生纸代替。

④汤匙不用时应平置于食盘上,不要让它在汤碗中"立正",或直接放在餐桌上。

⑤食盘是用来放菜的,一次取菜不宜过多。不宜入口的废弃物,可以堆放在盘中,不要直接吐在餐桌或地上。

⑥席间的牙签要在万不得已时使用,用时注意以手相护。

⑦水盂,即洗手碗。它是在用餐期间洗手指用的,千万别把它当成洗手水或饮料。洗手碗的用法为:进食海鲜等带有腥味食物后,可将双手指尖轮流放入碗中洗之,然后用餐巾擦干手指。

⑧筷子在使用时,忌舔筷、叉筷、扔筷、舞筷等。在用餐时,如果暂不使用,应放在筷子架上。

5.3.3 西餐进餐礼仪

(1)菜的礼仪

西餐与中餐有很大的区别,中餐往往是一桌,上满了,大家一起食用,而西餐是吃一道上一道的。

西餐正式的全套餐点上菜顺序:

1)头盘

西餐的第一道菜是头盘,也称为开胃品。因为要开胃,所以开胃菜一般都有特色风味,味道以咸和酸为主,而且数量少,质量较高。开胃品常见的有龙虾沙律、鱼子酱、鹅肝、熏鲑鱼、奶油鸡酥盒、焗蜗牛等。

2)汤

和中餐不同的是,西餐的第二道菜就是汤。常见的有牛尾清汤、各式奶油汤、海鲜汤、美式蛤蜊汤、意式蔬菜汤、俄式罗宋汤。

3)副菜

鱼类菜肴一般作为西餐的第三道菜,也称为副菜。品种包括各种淡、海水鱼类,贝类及软体动物类。通常水产类菜肴与蛋类、面包类、酥盒菜肴都称为副菜。因为鱼类等菜肴的肉质鲜嫩,比较容易消化,所以放在肉类菜肴的前面。

4)主菜

肉、禽类菜肴是西餐的第四道菜,也称为主菜。肉类菜肴的原料取自牛、羊、猪、小牛仔等各个部位的肉,其中最有代表性的是牛肉或牛排。其烹调方法常用烤、煎、铁扒等。禽类菜肴的原料取自鸡、鸭、鹅,通常将兔肉和鹿肉等野味也归入禽类菜肴。禽类菜肴品种最多的是鸡,有山鸡、火鸡、竹鸡,可煮、炸、烤、焖,主要的调味汁有黄肉汁、咖喱汁、奶油汁等。

5)蔬菜类菜肴

蔬菜类菜肴可安排在肉类菜肴之后,也可和肉类菜肴同时上桌,所以可算为一道菜,也可作为一种配菜。蔬菜类菜肴在西餐中称为沙拉,和主菜同时服务的沙拉,称为生蔬菜沙拉,一般用生菜、西红柿、黄瓜、芦笋等制作。沙拉的主要调味汁有醋油汁、法国汁、千岛汁、奶酪沙拉汁等。

6)甜品

西餐的甜品是主菜后食用的,可以算作第六道菜。从真正意义上讲,它包括所有主菜后的食物,不仅有布丁、蛋糕、冰淇淋,而且还包括奶酪、水果等。

7)咖啡、茶

茶通常是指红茶,一般要加香桃片和糖。

(2)餐具的使用

西餐具的使用最为复杂,一个座席一般会摆放三副刀、三副叉、三个餐勺、一块餐巾、两个餐盘和三个酒杯。其中最复杂的是餐刀、餐叉、餐勺的使用方法。

1)餐刀

西餐中餐刀有好多种,其中最主要的有3种:

①切肉用的牛排刀。这种刀的锯齿比较明显,在吃牛排等的时候使用。

②正餐刀。这种刀的锯齿不明显,或干脆没有,主要是用来配合餐叉切割一些蔬菜、水果等软一些的食品。牛排刀和正餐刀一般平行竖放在正餐盘的右侧。如果牛排刀放在正餐刀的右侧,一般说明牛排要先于其他主菜上桌,反之亦然。

③黄油刀。这种刀比较小一些,样式很像我国文学名著《三国演义》中关公手里拿的大刀,只是被成倍地缩小。黄油刀一般摆放在黄油盘或面包盘中。

2)餐叉

与餐刀相似,西餐中餐叉也有很多种,其中最常见、常用的一般有以下3种。

①水果叉。在一个宴会上,如果这3种叉同时上桌的话,其实也很好认,最小的一个,一般就是水果叉,横放在正餐盘的上方,主要用来吃水果或甜品。

②沙拉叉。沙拉叉也称冷菜叉,主要用来吃沙拉和冷拼。

③最大的一个称正餐叉,用来吃正餐热菜。

沙拉叉和正餐叉一般并排竖放在正餐盘的左侧。沙拉叉的摆放反映人们不同的饮食观念,如同中国人喝汤一样,在粤菜中先上汤,而在其他菜系中后上汤。沙拉的上法也有先有后。如果先上沙拉,认为沙拉可以起到开胃的作用;如果后上沙拉,认为沙拉可以起到清口的作用。因此,沙拉叉的摆放也不一样,前一种会将沙拉叉放在正餐叉的外侧,而后一种会将沙拉叉放在正餐叉的内侧。

3)餐勺

西餐中餐勺也有很多种,最常见的有以下3种:

①正餐勺。勺头是椭圆形的,主要在吃正餐、主食等时使用,起到辅助餐叉的作用,一般平行竖放在餐刀的右侧。

②汤勺。一般是圆头的,主要用来喝汤,放在正餐勺的外侧。西餐喝汤时要用汤勺将汤从汤盘中从里往外舀好,再送入口中,而不是将汤从汤盘中从外往里舀。如果汤盘中的汤最后只剩一点,无法舀起时,可以将汤盘一端稍稍向就餐者外侧抬起,使汤汁聚集,便于舀盛。

③甜品勺。一般平放在正餐盘的上方,主要用来吃甜品,大小要明显小于正餐勺或汤勺。

4)欧洲大陆式和美国式餐具使用的不同

西餐餐具最基本的使用方法就是"从外到里"使用各种餐具,一般先用最外侧的刀、叉、勺,逐步到最内侧的刀、叉、勺。在具体的操作方法上,分为欧洲大陆式和美国式两种。

①欧洲大陆式的刀叉用法,又称英式用法。其最主要的特征是右手拿刀,左手拿叉,叉齿向下。在宴会过程中,这个位置基本不变。左手的叉负责将食品送入口中,右手的餐刀负责将菜切开,或者将菜推到叉子的叉背上,而且是每吃完一口再切一次,或者说切一块吃一块。

②美国式的刀叉用法比较复杂。其使用方法分两个阶段:切菜部分和入口部分。切菜阶段右手拿刀,左手拿叉,叉齿向下。这与欧洲大陆式相同。但是切完全菜之后,美国式就把右手中的刀平放到餐盘顶端,然后把叉子倒手从左手放到右手,叉齿向上,如同铲子,将切好的食品送入口中。每吃完一口,然后又将右手中的叉倒回左手,用右手将刀从盘中拿起,再周而复始地重复一遍。为了简单一些,也可以先将所有的菜都切好,然后餐叉倒到右手后再慢慢用餐。

5）餐巾

进餐时，大餐巾可折起（一般对折）折口向外平铺在腿上，小餐巾可伸开直接铺在腿上。注意不可将餐巾挂在胸前（但在空间不大的地方，如飞机上可以如此）。拭嘴时需用餐巾的上端，并用其内侧来擦嘴。绝不可用来擦脸部或擦刀叉、碗碟。西餐中，女主人将餐巾铺开时，宣布用餐开始，当女主人将餐巾放在餐桌上时，宣布用餐结束，请各位告退。

6）酒杯

西餐中，吃不同的菜需要搭配不同的酒，所以对酒杯的讲究也比中餐多。通常不同的酒杯用来喝不同的酒。在每位用餐者右边餐刀的上方，会摆着三只酒水杯，一只白酒杯、一只红酒杯、一只水杯，排成一行。可依次由外侧向内侧使用，也可以"紧跟"女主人的选择。一般香槟杯、红葡萄酒杯、白葡萄酒杯以及水杯，是不可缺少的。

7）稍息和停止用餐时餐具的摆放

西餐刀、叉、餐巾在使用的过程中，根据摆放的位置不同，可以表示两个意思：稍息和停止。

①餐中稍息时，将刀叉呈八字形左右分架或交叉摆在餐碟上（见图5.3.8），刀刃向内，此时表示就餐者暂时休息，过一会儿还会继续进餐。若中途离开座位，可将餐巾放置于座椅的椅背上。见到这种暗示，侍者就不会马上动手"撤席"。

②停止用餐时，将刀、叉合拢摆放在餐盘上，叉齿朝上，此时表示就餐者不准备继续食用该菜，服务生可以将盘撤走。

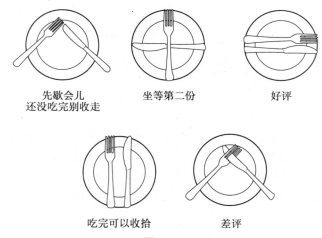

先歇会儿
还没吃完别收走　　　坐等第二份　　　好评

吃完可以收拾　　　差评

图5.3.8

（3）饮酒的礼仪

西餐的特点是让人在用餐的同时，享受一种优雅、浪漫和温馨的感觉。而酒是一种能够营造浪漫氛围的特殊饮品，所以酒在西餐中有着特殊的地位，不仅种类多，而且各有各的配菜，各有各的喝法。

1）酒的种类

①餐前酒。大约在餐前30 min时饮用。餐前酒大多在客厅里饮用，主要目的是为了开胃，也是为了等待万一有事迟到的宾客。喝餐前酒比较随意、可以坐着也可以走动。

先生们一般喝的餐前酒是马丁尼(Martini),不太能喝酒的先生可以选择鸡尾酒。女士们一般喝雪莉酒(Sherry),这是一种非常清淡的白葡萄酒。即使是滴酒不沾的人也应该点一杯矿泉水、可乐之类的饮品,千万不要手中空空,手中空空会使你有失风度。

②餐中酒。在用餐过程中饮用,专门为主菜而配,有红酒和白酒之分,指的都是葡萄酒。红酒配"红肉",如:吃牛肉、羊肉、猪肉等时喝红酒。红酒是不可以加冰喝的。餐桌上粗一些的酒杯是红酒杯。白酒配"白肉",如:吃海鲜、鱼肉、鸡肉等时喝白酒。白酒要冰过喝。白酒杯的杯跟要比红酒杯高一些。

喝餐中酒之前要有试酒仪式,仪式的程序大致如下:

酒瓶被托在高雅的托盘中由服务员送到主人面前,一边向来宾展示,一边说出酒的品牌和生产年份,然后把盖打开,把瓶盖放在主人的桌前,先倒 1/4 杯给主人。主人先举着酒杯欣赏酒的颜色(大家可一并欣赏),然后主人将酒杯放在鼻下深深嗅一下酒的香气,并小抿一口含在嘴里品味酒的味道,之后徐徐咽下,满脸是陶醉的神情,还可以发出"好酒"之类的由衷赞叹,同时主人点头以示服务员可以向客人倒酒,并以"感谢大家光临"拉开饮酒序幕。

③餐后酒。一般的餐后酒是白兰地,用一种杯身矮胖而杯脚短小的酒杯喝。餐后酒可以用手心温杯,这样杯中酒就更能散发出香醇的味道。也有先生女士喜欢在白兰地中加少许的糖或咖啡,但不能加牛奶。

2)喝酒时的注意事项

①开酒瓶。不管在餐中喝的是什么酒,主人都不能自己去开瓶,一切应由服务人员处理。

②斟酒。无论是开瓶后斟酒或是添酒,主人与客人都不能自己倒,让服务人员倒即可。倒酒时只有香槟是可以倒到全满的。饮用的若是白酒,一次倒半杯就可以了,若是红酒,1/4 就是适当的量了,倒得太满将无法欣赏酒的香味与颜色。

③敬酒。在吃中餐时,宾主之间热烈敬酒,频频干杯是很正常的现象。然而吃西餐时,除了刚开始时主人可举杯感谢大家赏光之后,则不宜再敬酒,更不可频频劝他人喝酒。

④酒瓶的放置。服务人员倒完酒后,一定会将还盛有酒的酒瓶放在固定的位置上,而不能放在桌面上。

⑤酒杯的放置。个人面前的右上角为放水杯的地方,当你喝完酒后,酒杯要放在水杯的正后方。

⑥喝酒的方式。喝酒时绝对不能吸着喝,而是倾斜酒杯,像是将酒放在舌头上似的喝。轻轻摇动酒杯让酒与空气接触以增加酒味的醇香,但不要猛烈摇晃杯子,也不要一饮而尽。边喝边透过酒杯看人、拿着酒杯边说话边喝酒、吃东西时喝酒、口红印在酒杯沿上等,都是失礼的行为。

⑦斟酒的拒绝方式。在无法再喝的情形下,服务人员前来斟酒时,你只要伸出单只手轻轻地遮在玻璃杯上,服务人员即能理解。

【案例】

　　南茜在一家著名跨国公司的北京总部做总经理秘书工作,中午要随总经理和市场总监参加一个工作午餐会,主要是研究未来一年市场推广工作的计划。这不是一个很正式的会议,主要是利用午餐时间彼此沟通一下。南茜知道晚上公司要正式宴请国内最大的客户张总裁等一行人,答谢他们一年来给予的支持,她已经提前安排好了酒店和菜单。午餐是自助餐的形式,与总经理一起吃饭,南茜可不想失分,在取食物时,她选择了一些都是一口能吃下去的食物,放弃了她平时喜爱的大虾等需要用手帮忙才能吃掉的美食。她知道自己可能随时要记录老板的指示,没有时间去补妆,而总经理是法国人,又十分讲究。

　　下午回到办公室,南茜再次落实了酒店的宴会厅和菜单,为晚上的正式宴请作准备。算了算宾主双方共有8位,南茜安排了桌卡,因为是熟人,又只有几个客人,所以没有送请柬,可是她还是不放心,就又拿起了电话,找到了对方公关部李经理,详细说明了晚宴的地点和时间,又认真地询问了他们老总的饮食习惯。李经理告诉南茜他们的老总是山西人,不太喜欢海鲜,非常爱吃面食。南茜听后,又给酒店打电话,重新调整了晚宴的菜单。

　　南茜还是决定提前30 min到酒店,看看晚宴安排的情况并在现场做点准备工作。到了酒店南茜找到领班经理,再次讲了重点事项,又和他共同检查了宴会的准备情况。宴会厅分内外两间,外边是会客室,是主人接待客人小坐的地方,已经准备好了鲜花和茶点,里边是宴会的房间,中餐式宴会的圆桌上已经摆放好各种餐具。

　　南茜知道对着门口桌子上方的位子是主人位,但为了慎重从事,还是征求了领班经理的意见。从带来的桌卡中先挑出写着自己老板名字的桌卡放在主人位上,再将对方老总的桌卡放在主人位子的右边。想到客户公司的第二把手也很重要,就将他放在主人位子的左边。南茜又将自己的顶头上司市场总监的桌卡放在桌子的下首正位上,再将客户公司的两位业务主管,分放在他的左右两边。为了便于沟通,南茜就将自己的位子与公关部李经理放在了同一方向的位置。

　　应该说晚宴的一切准备工作就绪了。南茜看了看时间还差一刻钟,就来酒店的大堂内等候。提前10 min看到了总经理一行到了酒店门口,南茜就在送他们到宴会厅时简单地汇报了安排。南茜随即又返身回到了酒店大堂,等待着张总裁一行人的到来。几乎分秒不差,她迎接的客人准时到达。

　　晚宴按南茜精心安排的情况顺利进行着,宾主双方笑逐颜开,客户不断夸奖菜的味道不错,正合他们的胃口。这时领班经理带领服务员像表演节目一样端上了山西刀削面。客人看到后立即哈哈大笑起来,高兴地说道:"你们的工作做得真细致。"南茜的总经理也很高兴地说,这是南茜的功劳。

【情境小结】

　　在商务交往中,商务会议通常发挥着种种极其重要的作用:其一,它是实现决策民主化、科学化的必要手段;其二,它是实施有效领导、有效管理、有效经营的重要工具;其三,它是贯彻决策、下达任务、沟通信息、协调行动的有效方法；其四，它是保持接触、建立联络、结交朋友的基本途径。在许多情况下，商务人员往往需要亲自办会。所谓办会，指的是从事会务工作，即负责从会议的筹备直至其结束、善后的一系列具体事项。会务礼仪，主要就是有关办会的礼仪规范。商界人士在负责办会时，必须注意两点：一是办会要认真。奉命办会，就要全力投入，审慎对待，精心安排，务必开好会议，并为此而一丝不苟；二是办会要务实。召开会议，重在解决实际问题。在这一前提下要争取少开会、开短会，严格控制会议的数量与规模，彻底改善会风。

【思考与训练】

1. 宴请前要作哪些准备？
2. 西餐餐具的使用礼仪如何？
3. 中、西餐饮酒的礼仪有何不同？

【实训】

实训 5.1　掌握西式餐具的使用

王经理在一家高档西餐厅用餐，用餐进行了一半时，手机响了，为了出去接电话，他匆忙放下刀叉就往外赶。等打完电话，准备回来继续用餐时，发现他的餐具已经被服务员收走了。

你觉得这个事情的原因可能是什么？

_____
_____
_____
_____
_____

↗ 会展礼仪专题

学习情境

汽车会展礼仪

【学习目标】

1. 掌握汽车会展礼仪的标准。
2. 掌握汽车会展工作流程。
3. 掌握汽车展览礼仪策划。

【任务导入】

北京车展上的礼仪

有着20多年历史的北京国际汽车展览会(Auto China),至今已连续成功举办了十一届,成为全球规模最大的汽车展览会之一。全球所有跨国汽车公司都将北京车展定位于全球最重要的顶级车展。2012(第十二届)北京国际汽车展览会又一次刷新了多项纪录。国际汽车展之所以长盛不衰,吸引大量观众,不仅是因为世界名车云集,还因为这些汽车展重视展台设计、礼仪策划、人员培训和服装选择等方面。走进汽车展,就会让人感到这是一个视觉的盛宴。世界名车集中展示,让人驻足欣赏,流连忘返;礼仪小姐清晰的解说、细致周到的服务、精彩的现场表演和互动彰显出汽车的品牌形象。这些会展的礼仪人员与汽车的品牌、车型、风格、特点巧妙融合,相得益彰,体现出车展在会展礼仪策划上的精细和独具匠心,赢得了国际汽车展的成功。

会展礼仪可以使会展活动更加丰富多彩,对会展活动的成功举办具有不可替代的作用。正是通过国际车展这样的平台,让更多的中国本土汽车企业展示自主知识品牌,推出最新科技成果,树立良好的企业形象,走向广阔的世界。会展礼仪体现在会展流程的各个环节,本章将在介绍会议、展览会知识的基础上,介绍汽车会展的相关知识及礼仪。

任务6.1　会展礼仪认知

【任务书】

1. 掌握仪容之美的基本知识。
2. 能够运用所学知识正确打扮仪容仪表。

【任务导入】

人们对会展礼仪的认识,一般局限于布置会场,开会时为客人沏茶送水,会后清扫场地,为与会者送行。随着社会的发展,会展不断升级,人们对会展礼仪的内容提出了更高的要求,对会展工作人员的服务水平也有了更高的要求。会展礼仪已成了人们比较关注的一个问题。

【相关知识】

6.1.1　会展礼仪的概念和特点

(1)会展的概念

会展是指在特定的空间、时间内多人集聚,围绕特定主题进行交流的活动。这从一定义上提示了会展的5个方面:

1)特定空间

会展活动通常发生在特定的空间内,一般都在会展中心或展览馆。

2)特定时间

会展活动一般都有特定的时间期限,如世博会一般为6个月、会议几天、节庆活动几天、展览会几天。

3)特定主题

一个会展活动通常总是围绕一个指定主题,组织与该主题相关领域的人员汇集于该活动现场。

4)集聚性

会展活动凝聚人气,是集体性的人类活动。有人展示、演讲,有人观赏、听讲。

5）交流

会展活动的目的在于促进人们的交流和沟通,减少交易成本。这种交流包括精神和物质两方面,具体包括信息、知识、观念、思想、文化、商品、物品、货币交易等。

广义会展除了会议、展览会外,还包括节事活动。

①会议。它包括大型会议和中小型会议,大型会议如达沃斯经济论坛、博鳌亚洲论坛、高峰会议等。

②展览。它包括大型博览会和中小型展览会,如世界博览会、汽车展、家纺展、广交会等。

③节事活动。它包括大型活动和节庆活动,如奥运会、世界杯、青岛啤酒节等。

（2）会展礼仪的概念

会展礼仪是建立在礼仪基础上的,它属于服务礼仪的范畴,是会展业作为第三产业的重要组成部分,会展礼仪既具有服务礼仪的基本内容和特征,也具有会展礼仪自身的特点与原则。

根据会展业的特点,结合礼仪的概念以及会展活动的实践,可以得出会展礼仪的定义。即在参加和组织会展活动时,用于维护企业与个人形象,对交往对象表示尊重与友好的行为规范和行为准则,它包括会展组织经营者、参展商与观众之间交往的礼貌礼节以及在一定场合中的仪式程序。

具体来讲,会展礼仪渗透于会展的各个环节:会展的主题和会场的选择,会展的筹备、策划,日程安排,会展报名,参会者的住宿,展示现场的布置和服务以及会后的后续工作等。

（3）会展礼仪的特点

1）人文性

会展礼仪人文性的特征贯穿于会展活动的整个过程。以人为本,是会展礼仪的出发点和落脚点。在会展活动中,会展礼仪以尊重人、方便人、帮助人为宗旨,在整个会展活动过程中,所有的会展礼仪都必须处处体现出人文性特点。

2）协调性

做好会展礼仪工作应注意协调好以下3个关系:一是与主办单位的关系,保证按主办单位的要求安排好一切事务;二是与与会人员的关系,要以主人的身份,热情、周到地为他们服务;三是与各相关单位、相关人员之间的关系。

3）综合性

会展业是一种综合性的经济文化产业。它涉及不同的经济领域,也涉及世界各个地理区域。几乎各个经济领域都有自己专业的展览活动,同时世界各地也都有不同的会展活动。因此,会展礼仪人员不仅要懂政治、文化、服务心理、营销手段、现代礼仪等服务理论,还必须掌握接待礼仪、会话艺术、餐饮文化、现代设施及设备的使用等服务技能。

4）专业性

会展是一门专业性和实践性很强的学科。它要求会展礼仪人员必须掌握足够的专业知识,明确会展的业务性质、范围、职责要求、工作流程、服务标准,了解会展的筹备、策划、日程安排以及会展布置、现场服务和会后的后续工作等知识,按照会展礼仪的专业形式和要求,体现出会展礼仪的专业性特点。

5)规范性

会展礼仪具有一定的规范,必须按照会展礼仪规范做好会展礼仪工作。会展礼仪规范不仅约束着会展工作人员的言谈话语、行为举止,而且是会展工作人员应当严格遵守的行为规范。

6.1.2　会展礼仪的作用

无论是会议的召开还是展览的举办,会展礼仪都将融入整个活动过程。无论是盛况空前的开幕式,还是气势宏大的闭幕式都离不开会展礼仪的参与。会展礼仪具有浓郁的特色性和鲜明性,是一项投入大、规模大、影响大的礼仪活动。无论如何,会展礼仪总是围绕着它的基本目的发挥作用,其主要功能表现在以下3个方面:

(1)沟通交流功能

礼仪是一种信息,通过这种信息可以传达尊敬、友善、真诚等感情,使他人感到温暖。会展活动中,恰当得体的礼仪可以获得对方的信任和好感,消除人和人之间的心理隔阂,从而有助于会展活动的进行。

(2)协调功能

礼仪作为一种规范,对人际关系起着维护和调节的作用,使人们相互理解、相互尊重并友好相处,使社会生活秩序井然。在会展活动中见面称呼、迎来送往、待人接物、信函往来等礼仪活动会促进人际关系的建立,使人际关系更加融洽,而人际关系中的不和谐往往也要借助于某些礼仪形式和礼仪活动进行修补和改善。

(3)塑造形象的功能

会展活动需要从事、参与会展的人员和企业具有完善的自我形象,而会展礼仪具有塑造自我形象的功能。在会展活动中要求从业人员言行大方、得体,树立良好的企业及个人形象,按照约定俗成的礼节程序同与会者、参展商、客商和观众相互往来,洽谈合作。因此,会展礼仪可以强化会展企业的道德要求,树立会展企业和个人的良好形象。

6.1.3　会展礼仪的基本原则和要求

(1)会展礼仪的基本原则

会展礼仪操作具有一定的原则,理解和把握其基本原则是做好会展礼仪工作的前提条件。会展礼仪操作的基本原则如下:

1)形式规范

形式规范是会展礼仪中待人接物的基本标准。会展礼仪的核心本质是尊重他人,形式规范就是按照标准的规范和行为恰到好处地表现出对他人或交往对象的尊重。

2）区分对象

区分对象是指在接待他人时,应当平等对待,一视同仁,具体到每位客人,根据不同对象的特点区别对待,讲究操作方法和技巧。特别是对待来自不同国家、不同民族和不同宗教信仰的人士,更应注意会展礼仪的操作和表现。

3）礼貌服务

礼貌服务是会展礼仪的基本理念和展示,通过会展礼仪对来宾表示礼貌服务。真诚、文明和热情是最基本的操作原则。

（2）会展礼仪的基本要求

会展业是沟通交流的窗口行业,会展活动能否成功举办,会展礼仪具有不可忽视的作用。会展礼仪通过会展工作人员的言行举止表现出来。因此,会展礼仪的基本要求如下。

1）服务态度和职业修养

服务态度是指对服务工作的看法以及在为服务对象进行服务时的具体表现。职业修养是指在思想上、业务上所达到的一定的水准和养成的待人接物的基本态度。会展工作人员必须具备应有的职业素质和修养,树立服务和服务质量理念,端正服务态度,细致周到、热情礼貌、真诚待人,不断提高服务质量和水平。

2）确定角色和摆正位置

会展工作人员必须准确定位,确定自己的角色并摆正位置,即服务于他人。通过特色服务及时调整并适应不同服务对象的需求,使之满意。

3）善于沟通与交流

会展工作人员应了解和理解服务对象并建立沟通渠道,提高沟通技巧,加强与服务对象的沟通和交流。不仅要满足其正常需求,还要满足其合理的特殊需求,提供个性化服务。

4）注重自我形象

据调查显示,参观者85%的第一印象都来自于会展工作人员,当他们决定进行买卖时,工作人员的因素占到80%左右。也就是说,在人际交往中,第一印象十分重要。所以,作为会展工作人员必须注重自我形象。衣着打扮、言谈举止、专业水平、和蔼态度以及亲和力等,都是会展工作人员必须注意的。

5）学习并提高技巧

会展工作人员在具体的会展活动过程中,要注意语言的表达,该说的必须要说,不应该说的坚决不说,切忌多言多语或低头不语,注意表情的运用与调控,准确和恰当地表现热情友好之意。注意举止得体,克制并严禁不卫生、不文明、不礼貌、不负责的行为,学会并主动接受、重视和赞美服务对象。

任务6.2　一般会议

【任务书】...

1. 掌握会议筹备工作流程。
2. 能够安排会场的座次及会后工作。

【任务导入】...

会议的座次安排

某分公司要举办一次重要会议,请来了总公司总经理和董事会的部分董事,并邀请当地政府要员和同行业知名人士出席。由于出席的重要人物多,领导决定用 U 字形的桌子来布置会议桌。分公司领导坐在位于长 U 字横头处的下首,其他参加会议者坐在 U 字的两侧。当天开会时,贵宾们都进入了会场,按安排好的座签找自己的座位就座,当会议正式开始时,坐在横头桌子上的分公司领导宣布会议开始,这时发现会议气氛有些不对劲,有贵宾相互低语后借口有事站起来要走,分公司的领导人不知道发生什么事或出了什么差错,非常尴尬。

会议是洽谈商务、布置工作、沟通交流的重要方式,在企业外部与内部工作中具有不可忽视的地位。会议礼仪是会议筹备、组织、服务等时必须遵守的礼仪规范,对会议精神的执行有较大的促进作用。

【相关知识】...

6.2.1　会议筹备工作流程

凡正规的会议,均须进行缜密而细致的组织工作。具体而言,会议的组织工作,在其进行前、进行时与进行后又各有不同的要求。凡此种种,均可称为会务工作。负责会务工作的基层人员,在其具体工作之中,一定要遵守常规,讲究礼仪,细致严谨,作好准备。

在会议的种种组织工作中,与会前的组织工作最为关键。它大体上包括以下4个方面:

(1)成立会务筹备组

举行任何会议,皆须先行确定其主题(包括会议名称)。会议主题一般由相关领导在会前集体确定。负责筹备会议的工作人员,则应围绕会议主题,将领导议定的会议规模、时间、议程等组织落实。通常要组成会务筹备组,明确分工,责任到人。

(2)通知的拟发

按常规,举行正式会议均应提前向与会者下发会议通知。它是由会议的主办单位发给所有与会单位或全体与会者的书面文件,同时还包括向有关单位或嘉宾发的邀请函件。在这方面主要应做好以下两件事:

1)拟好通知

会议通知一般应由标题、主题、会期、出席对象、报到时间、报到地点以及与会要求7项要点组成。拟写通知时,应保证其完整而规范。

2)及时送达

下发会议通知,应设法保证其及时送达,不得耽搁延误。

(3)文件的起草

会议上所用的各种文件材料,一般应在会前准备妥当。需要认真准备的会议文件,主要有会议的议程、开幕词、闭幕词、主题报告、大会决议、典型材料、背景介绍等。有的文件应在与会者报到时下发。

(4)常规性准备

负责会务工作时,往往有必要对一些会议所涉及的具体细节问题,做好充分的准备工作。

1)做好会场的布置

对于会议举行的场地要有所选择,对于会场的桌椅要根据需要做好安排,对于开会时所需的各种音响、照明、投影、摄像、摄影、录音、空调、通风设备和多媒体设备等,应提前进行调试检查。

2)根据会议的规定,与外界搞好沟通

比如向有关新闻部门、公安保卫部门进行通报。

3)会议用品的采办

有时,一些会议用品,如纸张、本册、笔具、文件夹、姓名卡、座位签,以及饮料、声像用具,还需要补充、采购。

6.2.2 会议期间工作流程

在会议召开期间,负责会议具体工作的人员,需一丝不苟地做好下列工作。

(1)例行服务

会议举行期间,一般应安排专人在会场内外负责迎送、引导、陪同与会人员。对与会的贵宾以及老、弱、病、残、孕者,少数民族人士、宗教界人士、港澳台同胞、海外华人和外国人,往往还须进行重点照顾。对于与会者的正当要求,应有求必应。

(2)会议签到

为掌握到会人数,严肃会议纪律,凡大型会议或重要会议,通常要求与会者在入场时签名报到。会议签到的通行方式有3种:一是签名报到,二是交券报到,三是刷卡报到。报到后,应将会议资料及礼品发放给与会人员。

(3)会议主持

会议期间必须有人主持会议,控制会议的进程。

担任会议主持的人,要具有一定职位。对会议的内容、会议的目的、邀请的人员、会议成功的标志十分清晰。主持会议时穿着整洁、大方庄重、精神饱满、口齿清楚、思维敏捷,能调节会议气氛,有随机应变的能力。

(4)餐饮安排

举行较长时间的会议,一般会为与会者安排会间的工作餐。与此同时,还应为与会者提供卫生可口的饮料。会上所提供的饮料,最好便于与会者自助饮用,不提倡为其频频斟茶续水。那样做既不卫生、安全,又有可能妨碍对方。如有必要,还应为外来的与会者在住宿、交通方面提供力所能及且符合规定的方便条件。

(5)现场记录

凡重要的会议,均应进行现场记录,其具体方式有笔记、打印、录入、录音、录像等。可单用某一种,也可交叉使用。会议名称,出席人数,时间地点,发言内容,讨论事项,临时动议,表决选举等会议基本内容的记录要完整、准确、清晰。

(6)编写简报

有些重要会议,在会议期间往往要编写会议简报。编写会议简报的基本要求是快、准、简。快,是要求其讲究时效;准,是要求其准确无误;简,则提要求其文字精练。

6.2.3　会后工作

会议结束,应做好必要的后续工作,以便使之有始有终。后续工作可分为以下3类:

(1)形成文件

这些文件包括会议决议、会议纪要等。一般要求尽快形成,会议一结束就要下发或公布。

(2)处理材料

根据工作需要与有关保密制度的规定,在会议结束后应对与其有关的一切图文、声像材料进行细致的收集、整理。收集、整理会议的材料时,应遵守规定与惯例,应该汇总的材料,一定要认真汇总;应该存档的材料,要一律归档;应该回收的材料,一定要如数收回;应该销毁的材料,则一定要仔细销毁。

(3)协助返程

大型会议结束后,主办单位一般应为外来的与会者提供一切返程的便利。若有必要,应主动为对方联络、提供交通工具,或是替对方订购并确认返程的机票、船票、车票。当团队的与会者或与会的特殊人士离开本地时,还可安排专人为其送行,并帮助其托运行李。

6.2.4　会场的座次

举行正式会议时,通常应事先排定与会者的座次,尤其是其中重要身份者的具体座次。越是重要的会议,它的座次排定往往越受到社会各界的关注。对有关会场排座的礼仪规范,不但需要有所了解,而且必须认真遵守。在实际操办会议时,由于会议的具体规模多有不同,因此其具体的座次排定便存在一定的差异。

(1)小型会议

小型会议,一般指参加者较少、规模不大的会议。它的主要特征是全体与会者均应排座,不设立专用的主席台。小型会议的排座,目前主要有以下 3 种具体形式:

1)自由择座

自由择座,是指不排定固定的具体座次,而由全体与会者完全自由地选择座位就座。

2)面门设座

面门设座一般以面对会议室正门之位为会议主席之座,其他的与会者可在其两侧自左而右地依次就座(见图6.2.1)。

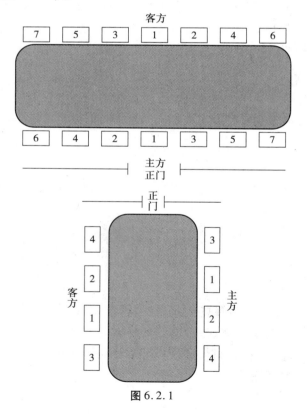

图6.2.1

3)依景设座

所谓依景设座,是指会议主席的具体位置,不必面对会议室正门,而是依托会议室内的主要景致,如字画、讲台等。其他与会者的排座,略同于前者。

（2）大型会议

大型会议，一般是指与会者众多、规模较大的会议。它的最大特点是会场上应分设主席台与群众席。前者必须认真排座，后者的座次则可排可不排。

1）主席台排座

大型会场的主席台，一般应面对会场主入口。在主席台上就座的人，通常应与在群众席上就座的人面对面。在每一名成员面前的桌上，均应放置双向的桌签。

主席台排座，具体又可分为主席团排座、主持人坐席、发言者席位3个不同方面的问题。

①主席团排座。主席团，在此是指在主席台上正式就座的全体人员。国内目前排定主席团位次的基本规则有3种：一是前排高于后排；二是中央高于两侧；三是左侧高于右侧。具体来讲，主席团的排座又有单数与双数的区分（见图6.2.2）。

②主持人坐席。会议主持人，又称大会主席。其具体位置有3种方式：一是居于前排正中央；二是居于前排的两侧；三是按其具体身份排座，但不宜令其就座于后排。

③发言者席位。发言者席位，又称发言席。在正式会议上，发言者发言时不宜就座于原处发言。发言席的常规位置有两种：一是主席团的正前方；二是主席台的右前方。

主席台人数为奇数时

主席台人数为偶数时

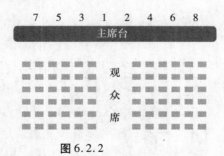

图6.2.2

2）群众席排座

在大型会议上，主席台之下的一切座席均称为群众席（见图6.2.3）。群众席的具体排座方式有以下两种：

①自由式择座。即不进行统一安排，而由大家各自择位而坐。

②按单位就座。指的是与会者在群众席上按单位或部门或者地位、行业就座。它的具体依据，既可以是与会单位或部门的汉字笔画的多少、汉语拼音字母的前后，也可以是其平

时约定俗成的序列。按单位就座时,若分为前排后排,一般以前排为高,以后排为低;若分为不同楼层,则楼层越高,排序便越低。

在同一楼层排座时,又有两种普遍通行的方式:一是以面对主席台为基准,自前往后进行横排;二是以面对主席台为基准,自左而右进行竖排。

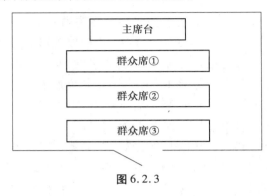

图 6.2.3

任务 6.3　展览会

【任务书】

1. 了解展览会筹备工作流程。
2. 掌握展览会期间的礼仪。
3. 了解撤展工作流程。

【任务导入】

最早的汽车展览出现在 1889 年的巴黎博览会上,刚刚问世不久的汽车第一次向公众展示。这次博览会以埃菲尔铁塔为中心,吸引了 3 200 多万名观众。1893 年芝加哥"世界博览会"展出了"蒸汽汽车、电动汽车和所有在普通公路上行驶的非马力载客车辆",在展览会上,一些电动汽车被用来运送参观者,受到极大的欢迎。

以后的展览会常组织汽车赛,展示汽车装配过程,放映有关汽车的电影,以生动的视觉形象向公众介绍道路的发展和汽车的工作原理,以最新的科技成果和对未来的梦想吸引广大观众。

近年来的汽车展览会,各大汽车企业更是使出浑身解数,汽车靓模选秀、车展摄影大赛、现场游戏体验、汽车宝贝城市 CS 战、城市越野新体验等绝对给力的活动燃烧着车市激情,引领着车市新风尚。

展览会,在商务交往中往往发挥着重大的作用。它不仅具有极强的说服力、感染力,可以用现身说法打动观众,为主办方广交朋友,而且还可以借助于个体传播、群体传播、大众传播等各种传播形式,使有关主办单位的信息广为传播,提高其名气与声誉。正因为如此,大多数的商界单位都对展览会倍加重视,踊跃参加。

展览会礼仪,通常是指商界单位在筹备、组织展览会时,所应遵循的规范与惯例。有些展览会由参展单位自行组织,有些由社会上的专门机构组织。无论组织者由谁来担任,都必须认真做好具体的工作,力求使展览会取得完美的效果。

【相关知识】

6.3.1 展览会筹备工作流程

展览会正式开始前,组织者需要重点进行的工作主要包括参展单位的确定、展览内容的宣传、展示位置的分配、安全保卫的事项、辅助服务的项目和现场迎接工作等。

(1)参展单位的确定

一旦决定举办展览会,由什么单位来参加的问题,通常都是非常重要的。在具体考虑参展单位的时候,必须注意两厢情愿,不得勉强。按照商务礼仪的要求,主办单位事先应以适当的方式,向拟参展的单位发出正式的邀请或召集。邀请或召集参展单位的主要方式为刊登广告、寄发邀请函、召开新闻发布会等。

无论采用哪种方式,均须同时将展览会的宗旨、展出的主要题目、参展单位的范围与条件、举办展览会的时间与地点、报名参展的具体时间与地点、咨询有关问题的联络方法、主办单位拟提供的辅助服务项目、参展单位所应负担的基本费用等,一并如实地告知,以便对方据此决定是否参展。对于报名参展的单位,主办单位应根据展览会的主题与具体条件进行必要的审核。切勿良莠不分、来者不拒。当参展单位的正式名单确定以后,主办单位应及时地以专函进行通知,让被批准的参展单位尽早准备。

(2)展览内容的宣传

为了引起社会各界对展览会的重视,并且尽量地扩大其影响,主办单位有必要对其进行大力宣传。宣传的重点,应当是展览的内容,即展览会的展示陈列之物。因为只有它,才能真正吸引各界人士的注意和兴趣。对展览会,尤其是对展览内容所进行的宣传,主要可以采用下述8种方式:

①举办新闻发布会。

②邀请新闻界人士到场进行参观采访。

③发表有关展览会的新闻稿。

④公开刊发广告。

⑤张贴有关展览会的宣传画。

⑥在展览会现场散发宣传性材料和纪念品。

⑦在举办地悬挂彩旗、彩带或横幅。

⑧利用升空的彩色气球和飞艇进行宣传。

以上8种方式,可以只择其一,也可多种同时并用。在具体进行选择时,一定要量力行事,并且要严守法纪,注意安全。为了做好宣传工作,在举办大型展览会时,主办单位应专门成立对外宣传机构。其正式名称,可以称新闻组,也可以称宣传办公室。

(3)展示位置的分配

对展览会的组织者来说,展览现场的规划与布置,通常是其重要职责之一。在布置展览现场时,基本的要求是展示陈列的各种展品要围绕既定的主题,进行互为衬托的合理组合与搭配。要在整体上显得井然有序、浑然一体,展品在展览会上进行展示陈列的具体位置,称为展位。大凡理想的展位,除了收费合理之外,应当面积适当,客流较多,处于展览会较为醒目之处,设施齐备,采光、水电的供给良好。

在一般情况下,展览会的组织者要想尽一切办法充分满足参展单位关于展位的合理要求。假如参展单位较多,并且对于较为理想的展位竞争较为激烈的话,则展览会的组织者可依照展览会的惯例,采用下列方法对展位进行合理的分配。

1)对展位进行竞拍

由组织者根据展位的不同,制订不同的收费标准,然后组织一场拍卖会,由参展者自由竞价,由出价高者获得自己中意的展位。

2)对展位进行投标

由参展单位依照组织者所公告的招标标准和具体条件,自行报价,并据此填具标单,由组织者按照"就高不就低"的常规,将展位分配给报价高者。

3)对展位进行抽签

将展位编号,然后将号码写在纸签上,由参展单位的代表在公证人员的监督下每人各取一个,以此来确定其各自的具体展位。

4)按"先来后到"分配

以参展单位正式报告的先后为序,谁先报名,谁便有权优先选择自己所看中的展位。

不管采用上述何种方法,组织者均须事先将其广而告之,以便参展单位早作准备,尽量选到称心如意的展位。

(4)安全保卫的事项

无论展览会举办地的社会治安环境如何,组织者对有关的安全保卫事项均应认真对待,免得由于事前考虑不周而出现麻烦。在举办展览会前,必须依法履行常规的报批手续。此外,组织者还须主动将展览会的举办详情向当地公安部门进行通报,以求其理解、支持与配合。

举办规模较大的展览会时,最好从合法的保卫公司聘请一定数量的保安人员,将展览会的保安工作全权交予对方负责。为了预防天灾人祸等不测事件的发生,应向声誉良好的保险公司进行数额合理的投保,以便利用社会的力量为自己分忧。

在展览会入口处或展览会的门券上,应将参观的具体注意事项正式成文列出,使观众心中有数,以减少纠纷。展览会组织单位的工作人员,均应自觉树立良好的防损、防盗、防火、防水等安全意识,为展览会的平安尽一份力。按照常规,有关安全保卫的事项,必要时最好由有关各方正式签订合约或协议,并且经过公证。

(5)辅助的服务项目

主办单位作为展览会的组织者,有义务为参展单位提供一切必要的辅助性服务项目,否则会影响自己的声誉。由展览会的组织者为参展单位提供的各项辅助性服务项目,要事先对有关费用进行详尽的说明。

具体而言,为参展单位提供的辅助性服务项目,主要包括下述8项内容:

①展品的运输与安装。

②车、船、机票的订购。

③与海关、商检、防疫部门的协调。

④跨国参展时有关证件、证明的办理。

⑤电话、传真、计算机、复印机等现代化的通信联络设备。

⑥举行洽谈会、发布会等商务会议或休息时所使用的适当场所。

⑦餐饮以及有关展览时使用的零配件的提供。

⑧供参展单位选用的礼仪、讲解、推销人员等。

6.3.2 展览会期间礼仪

(1)展览会现场管理礼仪

迎接是会展活动中一项最常见的工作,也是会展活动主办方的诚意、形象及礼仪素养的重要体现。迎接工作就像会展活动的门面工程,各环节处理得好,会给参加会展活动的代表留下美好而深刻的第一印象,并为即将举行的会展活动顺利开展打下基础。因此,在会展活动中,迎接工作应事先拟订计划,由指定的部门和人员负责,注重接待礼仪的规范,把握好迎接中的工作细节。

1)机场和车站是迎接会展代表的重要场所

在会展活动方案中,常在机场和车站设立专业观众接待站,为专业观众提供接待和咨询服务。训练有素的迎接人员,会给会展代表们留下美好、愉悦的第一印象。

2)展览会现场接待第一环节是办证

对于人员较多的代表团,可事先将资料、票证办妥并发放给他们。对于在现场办证的代表,则应依据办证程序办理,接待人员应向远道而来的代表表示问候,并耐心地请代表出示邀请函、相关证件等,指导他们填写办证表格,引导代表来到制证场地等候办证。办证过程中应多使用礼貌语言如"请坐好""请看摄像头""请稍候"等,最后将制作好的证件双手递送给代表。

3)现场投诉接待

会展活动的综合性特点,决定了投诉往往伴随着会展活动的开始而产生。任何一个环节出现问题,都有可能造成会展参与者的不满或投诉。会展接待人员在接待投诉时必须遵守代表至上的原则,妥善处理投诉。

4)现场问题控制

在展会过程中随时随地都有可能发生一些意外的事情,因此,在展会期间,必须有现场管理者维持秩序。现场管理者也是一个协调者,如果发生问题,他们可以在主办单位、参展单位、参观者和政府各部门之间进行沟通。

5)其他服务

在展会期间,还应做好大会的参观人数的统计、分类;大会展览会刊的发放;协调展会期间研讨会会议组织安排工作,使研讨会与展览会有机结合;做好中间人形象,积极为企业牵线搭桥,为企业服务,如为企业提供洽谈间(休息室)、签约场所;及时将参观者的信息反馈给企业,积极与企业沟通,了解企业的想法及要求;统计大会的成交额;听取参会代表对大会的意见和建议;邀请参展商继续参加第二年展会等。

(2)司仪礼仪

会展司仪是会展各种仪式、活动的主持人,从事会展仪式、活动方案策划、程序推进、气氛调节和关系沟通等工作,是协助仪式、活动现场控制,也是串联整个会展仪式、活动进程的灵魂人物。可见,司仪是会展活动中不可或缺的重要角色,而掌握司仪礼仪规范更是司仪人员在工作中的重中之重。

1)仪式活动前

在主持各种仪式、活动之前,为了导入、串联、配合会展仪式和活动各环节,推进活动程序,司仪人员一般要做好如下工作。

①了解会展仪式、活动的各种目的及要求。

②尽可能参与会展活动方案的构思和撰写。

③承担会展仪式、活动细节的筹办。

④熟悉会展仪式、活动的程序。

⑤明确主持活动过程中的礼仪要求。

可见,会展司仪人员不仅需要具备良好的语言表达能力,还应做好主持活动前的各项准备工作,做到心中有数,为会展活动的顺利进行打下良好的基础。

2)仪式活动中

在主持仪式时,司仪一般按以下程序进行。

①做好准备工作。司仪应严格控制时间进程,在仪式活动开始前,应力争让一切工作准备就绪,并安排主席台上的会议领导及嘉宾依次入席,严格执行议程的时间安排。

②活动时间到达时,为了表现对按时出席活动及仪式的领导和嘉宾的尊重,司仪人员应当准时宣布会展仪式、活动正式开始,并请全体起立、奏国歌。

③介绍主要来宾,宣布贵宾、需要发言的嘉宾名单。介绍"出席××活动的领导、贵宾"时,应按职位高低宣布。一般情况下,先宣布外宾、外单位领导人的名字,各主办单位领导应排在宾客后面,但如果主办单位领导是国家领导人的则应先报。如果有外国驻华大使参加的,因其是外国元首的代表,故宣读名单时其位置应提前。

④祝词或开幕词。司仪邀请领导或贵宾致辞,内容可包括此次会展活动举办的缘由及

意义,对所有来宾表示感谢,对会议、展览活动的祝愿和期待。祝词或开幕词应当热烈而简短。

⑤介绍会展仪式活动程序。司仪的介绍能让代表们了解仪式活动的具体安排及时间。

⑥宣布会展仪式活动开始,如剪彩、奏乐、舞狮等。

⑦司仪按程序进行会展各项活动或邀请嘉宾参观展览。

此外,会展司仪人员还可适当地与会展活动参与者进行交流互动,营造气氛,会展主持人的礼仪表现对会展仪式活动能否取得圆满成功有着重要的影响。

(3)演讲礼仪

演讲,又称讲演或演说,它是向听众就某一事件、某一问题,发表个人见解,或是论证某种观点,是当众进行的一种正规而庄严的讲话。演讲具有明确的目的性,简单地说,它只是为了传递一种信息;具体地说,它是为了阐明一个事实、提供一种见解、分析一个事物、说服一个群体。演讲具有姿态语言配合有声语言、情真意切的特点,能更吸引听众和观众,具有强大的交流功能,并为会展活动的成功奠定基础。

会展活动中常见的演讲形式有欢迎(致贺)、欢送(答谢)、解说(简介)等,为了便于掌握,以下分别介绍几种不同形式的演讲应注意的礼仪问题。

1)欢迎(致贺)时的演讲礼仪

在会议、展览开幕时,为会展活动的举行而表示祝贺,为远道而来的嘉宾致上一份热情洋溢的欢迎词,往往必不可少。准备贺词及欢迎词时,通常应考虑对象、场合、内容与态度等几大问题。欢迎(致贺)时演讲的重点在于"欢迎与祝贺"。

①演讲时间设定在 3 min 左右即可,一般不要超过 5 min,否则演讲的效果会有所降低。

②演讲稿也应事先准备并加以背诵,以便在演讲台上能应付自如,不应低头照念稿子。

③演讲者的语言可生动、形象或幽默、风趣,可使用名言、诗词或描绘性的语句,以增强演讲的效果,但要注意不能使用不规范的语言或乱开玩笑,否则会引起听众的反感。演讲的开场白没有固定模式,可以首先介绍一下自己的姓名,并向来宾致意,郑重表示欢迎之意,然后对即将举行的活动表示祝贺、建议与希望等。

2)欢送(答谢)时的演讲礼仪

会展活动结束时,应对参加会展活动的代表及嘉宾表示感谢和欢送。与欢迎相比,欢送多了一分惜别,少了一分热烈,但更增添了真情实感,欢送时的演讲重点在于"感谢与祝福"。

①演讲者可对会展活动进行回顾和总结。

②演讲者可表现出惜别之情。

③演讲者应对参加会展活动的代表及嘉宾表示感谢及表达美好的祝福。

3)讲解(介绍)时的演讲礼仪

在会展活动中,这种演讲形式十分常见,尤其是在确定主题的会议或展览会上,相关人员、展位服务人员需要对会议推介的项目、展览展出的产品及企业进行讲解和介绍。因此,演讲者应注意以下3点:

①注重与听众、观众的交流,演讲时可适当使用手势,让观众的注意力转移到需要介绍

的产品和内容上。

②解说应具有针对性。解说和介绍的内容应针对展览或会议的主题,突出项目和展品的特点及优势。

③解说时应镇定、大方,并配合需要介绍的项目和产品选择解说的风格,保持演讲者的风度,也要注意演讲的效果。

【案例】 ....

标致公司总裁圣儒在日内瓦车展对媒体发表演讲

大家好!

感谢各位女士、先生不远万里来到日内瓦与我们见面。

昨天,各位已参观了标致展台,已领略了我们展台的设计和氛围以及我们的产品,它突出表现了品牌的4项核心价值:可靠、活力、美感、创新。

在神龙公司总经理刘卫东先生、东风标致总经理窦赛尔先生和我本人回答各位的问题之前,我还想讲一下我们的品牌以及在全世界的发展。各位知道,我们特别自豪,我们的汽车历史可以上溯到1889年。在那一年的世博会上,阿尔芒·标致展示了一辆蒸汽三轮车。首次的成功以及接下来的一系列有吸引力的、创新的车,使标致在20世纪成为一个世界品牌,在20个国家开展业务。

今天,PSA标致雪铁龙集团是世界第六大汽车集团。标致2003年共销售1 914 000辆车,与1997年相比,增长了60%。这一巨大成功,我们首先归功于我们的产品:206、307、607、807和今天的407。它们满足了用户日益增长的需要。用户不仅寻求一种出行的工具,还希望有一种令人震撼的美感、马上就能体验到的驾驶愉悦、最高水平的整体安全。

标致以全球发展为本。2003年近50万辆汽车在欧洲以外销售,与2002年相比增长了13.6%,与1997年相比增长了180%。因此标致带着决心和活力进入猴年。

中国对标致品牌来说是一个重要的挑战。中国市场以快速增长著称,两年增长180%。2003年,标致汽车在中国市场销售了两百多万辆。中国用户很现代,他们知道标致给他们提供产品的质量和优异性能。

即将投放的3074P,各位在展台上已首次看到,标致回到中国市场,带来的是一款高科技含量的车,是307"马格利特"计划的第六个花瓣,此车在307系列全球平台上开发。我们相信她能满足中国用户的需要,发扬使标致在全世界获得成功的品牌价值。

代号为T5的307项目,一开始就是按"马格利特"计划设计的。就像一朵花有不同的花瓣一样,307系列有3075P、3073P、307SW、307旅行车、307CC和3074P。

我们在全世界进行了消费者期待的调查,并决定在每个国家实施不同的产品战略。在中国,2001—2003年我们在几个城市作了测评,以了解中国消费者的期待。为此,我们与中方合作伙伴一起选择了3074P在中国市场投放。这是一个目标宏大的抉择,表明了标致在中国市场取得成功的决心,因为在中国投放一个已经在另一个国家商品化的车型应该更容易。

这款3074P传承了307家族的质量特点,刷新了中级车市场的标准,空间更大、更亮、更有活力、更多功能,简而言之,更多驾驶愉悦体验。她的质量得到一致公认,307在全世界取得的商业成功,在25个国家获得的多个奖项,其中有欧洲年度车型,也证实了这一点。

以其专有的三厢结构和现代、典雅的造型,新3074P有很强的个性,与这个级别的传统规则完全不同。她代表该级别行政用车的新标准。

她的高结构及前倾的风挡玻璃使其外部充满活力,内部宽敞、安静、明亮。高技术含量可以让3074P提供到目前为止只有高档车才有的装备。

辅助驾驶设备:车灯自动打开系统,雨水传感器,辅助泊车系统,可自动收缩、电镀铬颜色自动变暗防眩目后视镜。

舒适装备:隔热风挡玻璃和自动空调,防夹式电动天窗。307的主动和被动安全也达到最高水平。行走系使307成为该级别在道路行驶表现方面的全球标准,行走系全部标准配备ABS、制动电子分配、辅助紧急制动装置。

在被动安全方面,307的车身结构符合最严格的撞击标准,还有丰富的标准配置:驾乘人员安全气囊、燃爆式安全带、座椅主动椅背、可收缩转向柱以及后排儿童座椅固定装置。

这款3074P从在中国投放开始,就搭载最现代的汽油发动机(1.6 L,16气门;2.0 L,16气门),配载手动变速箱或保时捷系统TIPTRONIC式自动变速箱,体现标致汽车特有的活力和愉悦。这些动力系统从一开始就符合欧洲汽车尾气排放Ⅲ号标准,比法规要求提前两年,体现了品牌对环境保护的关注。

这款有丰富产品内涵的3074P,将在年中上市销售。2004年4个月的销售目标将达到15 000辆,2005年将达到50 000辆。307将在武汉生产,工厂很现代化,大量投资已启动。事实上,已经新引进了一个工业平台,工厂产能翻番计划也已开始,从2004年起每年推出一个新车型。

此外,在PSA和DPCA之间非常重要的工业合作计划使很多工程师进行交流,每个月有近150人在武汉和法国之间往来,保证武汉工厂的质量标准和制造水平与PSA集团在世界上其他工厂的水平一致。

标致在中国的工业导入伴随着相应的商务组织的建立和商务网络的建设,东风标致专营网点今年将有80家,分布在全国的52个大城市。这些4S网点将符合蓝盒子标准——我们国际上最现代的商务形象和用户服务标准。

3074P投放中国市场对标致而言是一件大事,因为这是标致历史上第一次在欧洲以外投放一款新车。这表明了标致对中国汽车市场发展的决心和信心。

谢谢各位,下面请大家提问。

6.3.3　撤展工作流程

展会的撤展工作一般安排在大会的最后一天下午,主要进行会场情况登记和出馆工作。派送撤馆通知要求如下:

①保持馆内秩序。
②要求每个参展商清理自己的展品,并保管好。

③有序地组织出馆。

④进行最后的清理工作。

展览会的会后总结,是以后展览会的延续,也是成功案例的表现,因此在结束整个展会后,要求对整个展览会工作及整体情况进行一个整体分析,以便合理开展今后的工作。

任务6.4　汽车展览会

【学习目标】

1. 掌握汽车会展礼仪的标准。
2. 掌握汽车会展工作流程。
3. 掌握汽车展览礼仪策划。

【任务导入】

成功的背后

1996年国际汽车展在国际展览中心举行,世界名车云集,盛况空前,取得极大的成功。在成功的背后,展览会中的礼仪功不可没。奔驰、宝马、本田、三菱等名车不仅在展台设计,技术专业人员上花了大力气,更在礼仪策划、人员的选择培训、服装的选择等方面下足了功夫。当我们走进展览会,本田小姐嗓音清澈的解说,让人赞叹不已;福特小姐的现场表演让人流连忘返,精美的展台、高雅的礼仪小姐,更显示出汽车的名贵。这些展览礼仪小姐与汽车的品牌、车型、风格、特点巧妙融合,相得益彰。伴随汽车展的轰动效应,参展礼仪更加受到人们的重视。

6.4.1　汽车展览会的选择

不同的汽车企业在不同的时间参加展览会的目的不尽相同,一般有5个目的:一是宣传品牌;二是宣传车型;三是通过展览会这个平台,获得更多客户;四是借此机会作为观众去观摩学习;五是通过展览来研究和开发市场。

汽车企业在选择展览会时,应结合参展目的重点考虑以下4个因素:

(1)要尽可能多地了解展览会资料

了解这个展览会覆盖的地区有多大,展览会的声誉;了解展览会的办展历史、规模、影响力、专业观众人数、展出内容(每届主题)、举办周期、地点、参展者的构成等;还要了解展览主办方的资质及上一届展览会的总体情况,展览会预订场地的费用、时间安排如何。展览会不一定越大越好,关键是要选择合适的。

(2)要尽量选择参加分类明晰、定位明确、专业性强的专业展

对于有些被笼统称为博览会的展览会,尽管展出的面积不小,规模也较大,但参观者的水平参差不齐,专业人士不多,这样的展览会,企业选择时要慎重,切忌盲目参展。汽车行业的企业可以选择参加汽车、汽车零部件或汽车用品类的展览会。如2001年9月在郑州举办的汽车博览会以"绿、风、飘"为主题,突出了环保、时尚、新颖的车展特色。专业分类清晰、定位明确,参观者都是专业人士,往往能取得明显的效果。

(3)要选择参加辐射面广的展览会

企业参展的目的是促销,应考虑展览会的辐射面。如国内北京汽车展览会和上海汽车展览会都是国际性的,辐射的范围比其他城市的车展要广;再如美国的展览会,会辐射到加拿大、墨西哥和拉美的一些国家;欧洲的展览会,可以辐射到欧洲直至北非的一些区域。

(4)要结合企业的目标市场,阶梯式持续参展

出展效果的直接体现是开拓市场和促销,潜在的还有企业实力和形象的展示和宣传。有这样一个客户,在考察了某参展企业三年的参展情况后才决定正式洽谈合作,并发展成为合作伙伴。原因有三个方面:一是合作者认为这家企业参展的展品每年都在更新并逐渐系列化,由此确定该公司是在迅速发展的;二是认为该企业连续阶梯式参展,说明其目标市场确定并一直为之努力,这种企业会有合作前景;三是认为该企业经过几年的尝试,已能适应目标市场的质量要求并已了解贸易习惯。这个例子体现了一个企业连续阶梯式参展所带来的潜在效果。

【知识链接】

全球五大车展特色

法兰克福车展——博大

法兰克福车展创办于1897年,是世界最早办国际车展的地方,也是世界规模最大的车展,有世界汽车工业"奥运会"之称。展览时间一般在9月中旬,每两年举办一次,展出的车辆主要有轿车、跑车、商务车、特种车、改装车及汽车零部件等,此外为配合车展,德国还举行不同规模的老爷车展览。这个车展的地域色彩很强,可能因为是名车发源的老家,靠近各大车商总部,看法兰克福车展的欧洲老百姓不但拖家带口、人山人海,而且消费心理非常成熟,汽车知识了解得很全面。车展上,各种品牌新车很多,参观者挑选车型重视的是科技的含量、汽配零部件质量,甚至是DIY维修问题、售后市场产品,理性实用的成分居多。

巴黎车展——优雅

享誉全球的巴黎国际汽车展,自1898年创办以来,直至1976年每年一届,以后每两年一届,是世界第二大汽车展。巴黎车展的展览时间一般在9、10月间,每两年举办一次,与德国法兰克福车展交替举办,展览地点位于巴黎市区,共有8个展馆,展出的车辆主要有轿车、跑车、商用车、特种车、改装车、古董车、电动车及汽车零部件等。巴黎是个浪漫之都,车展也不例外,文化味道比较浓,每次车展的时候都会专门拿出一个展馆来展出老爷车。那些汽车厂商不仅时兴玩"新品",对"老古董"也饶有兴致,这自然就便宜了那些远道而来的看客们。当然,法国人浪漫之余,是不会忘记发财的。去巴黎车展你就会发现,车展的资料居然以价格表居多,每届车展上还会举行二手车拍卖,难怪有人说巴黎车展是五大车展中商业味最浓的车展。

北美车展——妖娆

北美车展创办于1907年,开始叫作"底特律车展",是世界最早的汽车展览之一,1989年更名为"北美国际汽车展"。拉开每年车展序幕的是北美车展,时间固定在1月5日左右开始,举办地在美国的汽车之城底特律。展览面积为8万 m^2 左右,会议室、会谈室近百个。车展每年为底特律带来了可观的经济收益,年平均在4亿美元以上。北美车展"作秀"的味道很浓,看上去更像一个汽车的狂欢派对,吃喝玩乐加音乐灯光,热闹非凡。

东京车展——细腻

东京车展是世界五大车展中历史最短的,创办于1954年,逢单数年秋季举办,双数年为商用车展,是亚洲最大的国际车展,历来是日本本土生产的各种千姿百态的小型汽车唱主角的舞台。展馆位于东京附近的千叶县幕张展览中心,是目前世界最新、条件最好的展示中心。展出的展品主要有整车及零部件。该车展的特点之一是车型极其多,多得让人无法记住,几乎什么稀奇古怪的车型都有,但又不是概念车,而且以小车型居多。车型种类的繁多,恰恰体现了日本人的细腻所在。比如,在日本有很多专为残疾人设计的汽车,这类汽车在打开车门后,驾驶座会自动转90°,以方便乘坐,还有可用手控制的刹车等,这是为了让残疾人也享受到汽车文明带来的好处和便利。

日内瓦车展——奢华

瑞士这个国家很特殊,虽然它没有自己的汽车制造公司,但它却是一个庞大的汽车消费市场。在瑞士的大街小巷,你常常可以看到本特利、保时捷等名车,名车就跟名表一样,成了某种标志。日内瓦车展上的展品不仅是各汽车厂家最新、最前沿的产品,而且参展的车型也极为奢华。由于各大公司纷纷选择日内瓦车展作为自己最新、最靓的车型首次推出的场所,这就为日内瓦车展博得了"国际汽车潮流风向标"的美誉。日内瓦车展不仅档次高、水准高,更重要的是车展很公平,没有任何歧视。无论是汽车巨头还是小制造商,都可以在日内瓦车展上找到一席之地,就连各类车展的资料,也被"一视同仁"地印成了英语、法语、德语等几种版本。

6.4.2 汽车展览礼仪策划

展览会以其专业性和针对性的特点逐渐成为国际、国内企业直接面对客户展示自己的极好工具。与此同时,一种新的礼仪文化随之诞生,即展览礼仪。尤其是近几年来伴随汽车展览业的发展,汽车企业对展览礼仪策划也越来越重视。

汽车展览礼仪策划是参加展览会的汽车企业在参展前做的活动设计方案。它包括硬件的展位、展台布置以及与之配合的各种声光电效果;软件的宣传促销活动、展览礼仪模特的培训及包装等,使企业的优势最大限度地表现出来。

汽车展览礼仪策划,可考虑从以下5个方面进行:

①了解展览会的类型、企业品牌、产品特点、展台风格、展位的周边环境及竞争对手的情况。

②通过所掌握的资料进行整个礼仪活动的创意策划,如展台设计、影视效果、解说效果等。

③根据活动的策划和创意,选择礼仪小姐,对其进行分工,如解说员、演员、展示员、接待员,并对其进行培训。

④根据汽车品牌、参展车型、展示风格,选择车模,并进行服装的设计制作,力求充分表现一个品牌或车型的特色。

⑤策划展前宣传工作,邀请和吸引客户。可采取直接发函、登门拜访、通过媒体做广告、现场宣传、派发资料等手段。

【案例】 ....

"TRAE"公司成功的展览礼仪策划

在国际展览中心的一次国际制冷展上,美国"TRAE"公司取得了极大的成功,公众被"TRAE"独特的展示设计所吸引:在亮丽的背景幕布上,悬挂着一张巨幅风景画,象征着"TRAE"公司为改善人们的生存环境而奋斗的目标。在展台上,两位美丽动人的礼仪小姐带着微笑和来宾合影,一位专业摄影师用一次成像的相机把这一幕变成永恒。短短几天,大约4 000人得到了自己与"TRAE"小姐的合影照片。"TRAE"公司成功的展览礼仪策划,一时被传为佳话。

6.4.3　参展企业整体形象

在参与展览时,参展单位的整体形象直接映入观众的眼里,因而对自己参展的成败影响极大。参展单位的整体形象,主要由展品的形象与工作人员的形象两部分构成。对于二者要给予同等的重视,不可偏废。

(1)汽车展品的形象

汽车展品的形象主要由展品的外观、展品的质量、展品的陈列、展位的布置、发放的资料等构成。用以进行展览的展品,外观上要力求完美无缺,质量上要优中选优,陈列上要既整齐美观又讲究主次,布置上要兼顾主题的突出与观众的注意力。而用以在展览会上向观众直接散发的有关资料,则要印刷精美、图文并茂、资讯丰富,并且注有参展单位的主要联络方法,如公关部门与销售部门的电话、电传、传真以及电子邮箱等。

(2)工作人员的形象

工作人员的形象主要指在展览会上直接代表参展单位露面的人员的穿着打扮。在一般情况下,要求在展位上工作的人员统一着装。最佳的选择,是身穿本单位的制服,或是穿深色的西装、套裙。在大型的展览会上,参展单位若安排专人迎送宾客时,最好请其身穿色彩鲜艳的单色旗袍,并胸披写有参展单位或其主打展品名称的大红色绶带。为了说明各自的身份,全体工作人员皆应在左胸佩戴标明本人单位、职务、姓名的胸卡,唯有礼仪小姐可以例外。按照惯例,工作人员不应佩戴首饰,男士应当剃须,女士则最好化淡妆。

能否在展会上取得成功,在很大程度上取决于展位接待人员的表现。因此,企业在参展前应注意对展位接待人员的挑选,并对展位人员进行专业知识及礼仪接待等各方面的培训,并在展位接待过程中注意以下礼仪要求。

1)热情待客

展会实际就是现场营销的战场,展会上容易分散人们注意力的因素有很多。因此,展位接待人员应当在开展前作好相应的准备,热情待客,用微笑对待每一位经过展位的观众,主动向对方打招呼,如"您好,欢迎参观""请您参观"等。对于正在展位参观的观众,接待人员应耐心地进行讲解,并善于分辨及识别潜在客户,分发相关的印刷品和宣传材料,真诚地道别,如"谢谢光临"等。不能对观众的提问置之不理,应让观众高兴而来,满意且带着收获离去,使展位展览取得成功。

2)熟悉展品

接待前应该对展位的接待人员进行必要的专业知识培训,如:有针对性地让接待人员了解一些公司产品的资料、竞争对手的信息以及重要客户的情况,明确参展的目的和期望,以便胸有成竹地与观众和潜在客户打交道。

3)善于交流

展会接待人员要擅长和陌生人交谈,了解观众及客户的需要,具有较好的亲和力,还要有一定的解说技巧,能够因人而异,使解说具有针对性。展位接待语言应简洁明了,选用最简短而富有条理的话语,抓住观众的心理、展品的特点,适时地与观众进行交流与服务,也有助于建立公司的专业形象。

4)学会倾听和解说

展位上的倾听十分重要,接待人员应专注而有意识地注意倾听,能从中发现观众的兴趣和爱好。讲解时,应注意语言流畅,语调柔和,声音清晰。同时,还要善于运用解说技巧,向观众介绍或说明展品时,应当掌握基本的方法和技能。解说技巧可按展会类型不同而有所侧重。

5)礼貌欢送

当观众离去时,接待人员应礼貌地与观众道别,并致以"谢谢参观,再见"等礼貌用语,给观众留下一个美好而难忘的印象。

(3)汽车模特的形象

车展模特与时装模特不同。车模要表现车,不要展示自我,通过气质、装束、造型、语言、表演、创意及汽车知识表现等方面来体现汽车的品位和用途。因此对汽车模特的选择也更加严格。

1)气质匹配

每一车型都具有不同于其他车型的气质和内涵,模特的气质也应极大地与车型相互匹配,达到车人合一。如丰田的丰田品牌与雷克萨斯,所选择的模特不仅有所不同,其着装也泾渭分明。

　2）喜爱展品

　模特如果能够做到喜欢这款车，了解这款车，才能做到真正影响到消费者，让消费者爱屋及乌。

　3）有耐力

　汽车展览时间长、场地小，要求汽车模特工作的时间相对较长，需要一定的耐力。

　4）具备汽车专业知识

　从某种意义上讲，汽车模特也是汽车推销员，他不仅仅是装饰，是点缀，有时也要回答观众的疑问。

【情境小结】

　　会展礼仪即在参加和组织会展活动时用于维护企业与个人形象，对交往对象表示尊重友好的行文规范和准则，它包括会展组织经营者、参展商、公众之间的礼仪礼貌礼节，以及在一定场合中的礼仪程序。本学习项目介绍了会展礼仪的特征：国际性、传统性、民族性、时代性、地域性、综合性。会展礼仪的基本功能：交流功能、协调功能、约束功能、塑造形象功能。会展礼仪的基本原则：形式规范、区分对象、礼貌服务。

【思考与训练】

　　1. 会展礼仪的概念是什么？

　　2. 会展礼仪操作的原则和要求是什么？

　　3. 汽车展览会中，主办单位的工作及应注意的礼仪有哪些？

　　4. 参展企业的整体形象应从哪几方面来进行设计？

【实训】

实训6.1　一般会议的组织

　　任务目标：训练学生组织一般会议的能力。

　　任务准备：公司准备召开部门经理年度总结会，由你负责会议的组织工作。

　　训练要求：请你拟订一份计划书，要求包括以下要点：

　　①开列与会者资格及名单。

　　②拟订议程。

　　③选择地点、布置会场。

　　④暗示与会者不能吸烟。

　　⑤制订会务预算。

＿＿＿＿＿＿＿＿＿＿＿＿＿＿＿＿＿＿＿＿＿＿＿＿＿＿
＿＿＿＿＿＿＿＿＿＿＿＿＿＿＿＿＿＿＿＿＿＿＿＿＿＿
＿＿＿＿＿＿＿＿＿＿＿＿＿＿＿＿＿＿＿＿＿＿＿＿＿＿
＿＿＿＿＿＿＿＿＿＿＿＿＿＿＿＿＿＿＿＿＿＿＿＿＿＿
＿＿＿＿＿＿＿＿＿＿＿＿＿＿＿＿＿＿＿＿＿＿＿＿＿＿

实训 6.2　车展接待礼仪

任务目标:训练学生在汽车展览会上接待时的灵活应对。

任务准备:假设你是车展的参展方之一。现在,有一位参观者坐在你的样品车里不肯出来,执意要直接购买该车。因为样车只有一辆,为了完成展会,你不得不拒绝这个参观者的要求。

训练要求:请考虑怎么处理这件事才能不伤和气?

＿＿＿＿＿＿＿＿＿＿＿＿＿＿＿＿＿＿＿＿＿＿＿＿＿＿
＿＿＿＿＿＿＿＿＿＿＿＿＿＿＿＿＿＿＿＿＿＿＿＿＿＿
＿＿＿＿＿＿＿＿＿＿＿＿＿＿＿＿＿＿＿＿＿＿＿＿＿＿
＿＿＿＿＿＿＿＿＿＿＿＿＿＿＿＿＿＿＿＿＿＿＿＿＿＿
＿＿＿＿＿＿＿＿＿＿＿＿＿＿＿＿＿＿＿＿＿＿＿＿＿＿
＿＿＿＿＿＿＿＿＿＿＿＿＿＿＿＿＿＿＿＿＿＿＿＿＿＿

实训 6.3　汽车车展活动

任务目标:掌握举办车展的主要工作及礼仪要求。

背景资料:某汽车品牌经销商企划部门负责人召开部门会议,会上决定11月下旬在世贸广场举办车展,如果要你来负责这次活动,你该怎么做?

实训方法:以小组为单位先拟一份策划方案,根据方案进行演示。组内同学分别扮演不同角色如领导、司仪、工作人员等,模拟练习宣传、邀请、介绍、主持、礼仪服务等工作。然后,用数码摄像机(或数码照相机)记录整个过程,大屏幕回放,学生自我评价,授课教师总结点评学生存在的个性和共性问题。最后评选"最佳设计团队""最佳主持""最佳解说员"和"最佳服务人员"。

＿＿＿＿＿＿＿＿＿＿＿＿＿＿＿＿＿＿＿＿＿＿＿＿＿＿
＿＿＿＿＿＿＿＿＿＿＿＿＿＿＿＿＿＿＿＿＿＿＿＿＿＿
＿＿＿＿＿＿＿＿＿＿＿＿＿＿＿＿＿＿＿＿＿＿＿＿＿＿
＿＿＿＿＿＿＿＿＿＿＿＿＿＿＿＿＿＿＿＿＿＿＿＿＿＿
＿＿＿＿＿＿＿＿＿＿＿＿＿＿＿＿＿＿＿＿＿＿＿＿＿＿

业务礼仪篇

汽车售前服务礼仪

【学习目标】

> 1. 掌握汽车 4S 店服务流程。
> 2. 掌握各服务环节中的礼仪要求。
> 3. 加深对汽车营销岗位职责和规范的认识。
> 4. 掌握汽车营销的基本技巧。
> 5. 掌握汽车营销行为规范。

【任务导入】

> 汽车销售业绩直接决定着汽车企业的成败。面对激烈的市场竞争,销售人员的不规范行为,导致销售业绩不佳和客户流失。企业因此表现为对外无法获得客户的"满意度、忠诚度和回头率";对内缺乏规范的科学管理。因此,规范产品的销售流程,提升销售人员的营销技能,成为当今各汽车公司及其 4S 店追求的目标。

任务 7.1 4S 店汽车销售

【任务书】

> 1. 掌握 4S 店的经营业务。
> 2. 掌握 4S 店汽车销售流程。

【相关知识】

4S店是一种以"四位一体"为核心的汽车特许经营模式,包括整车销售(Sale)、零配件(Spare Part)、售后服务(Service)、信息反馈(Survey)4部分。它拥有统一的外观形象,统一的标志,统一的管理标准,只经营单一的品牌的特点。汽车4S店是一种个性突出的有形市场,具有渠道一致性和统一的文化理念,4S店在提升汽车品牌、汽车生产企业形象上的优势是显而易见的。4S店汽车专卖店是由汽车经销商投资建设,用以销售由生产商特别授权的品牌汽车,其渠道模式可以表述为:厂商—专卖店—最终用户。汽车4S销售模式目前成为我国轿车市场上主流的渠道模式。4S店的核心含义是"汽车终身服务解决方案"。

7.1.1　整车销售

整车销售一般包括进货、验车、运输、储存、定价、促销、销售等环节。

(1)进货

进货是汽车销售公司通过某种渠道获得销售所需的商品汽车。一般来讲,第一手货源是直接从生产厂或生产厂主管的汽车销售公司进货,进价较低。因此,最好要减少商品车的中间流通环节,将从工厂直接进货作为主渠道。除从生产厂进货外,也可发展横向联系,从各地的汽车销售公司进货,这就是第二手货源或第三手货源。商品转手的次数越多,一般而言价格就越高,但这要根据本公司的实际情况,如地理位置、运输成本、与厂家和其他进货商的合作关系等,具体情况具体分析,其原则就是要控制商品车的进货价格。

另外,销售部门必须在头一年年底或当年年初,由整车销售部根据市场信息和顾客的需求,通过市场调研编制《汽车年度销售计划》,经总经理批准后,进行采购。同时每月根据年度计划和实际情况制订下个月的订车计划单。

进货订货时,供应和销售双方在充分协商的基础上,最后签订供货合同。双方应履行合同条款的各项规定,按合同办事。

(2)验车

销售公司根据合同票据规定的时间,计算车辆到达时间,做好接车的准备工作。

新车的运输如果是专业运输商负责运到本公司,销售部在接车过程中要严格按照相应职业与职业道德作为一种社会现象,两者均属于历史的范畴。它们的产生及其发展的根本原因和客观基础,是由于人类社会生产力发展而引发的社会大分工。

《车辆发运交接单》的内容进行检查,运输商确认,双方在《车辆发运交接单》上签字认可。检查出的在运输过程中产生的问题应由运输商负责修复或承担全部费用。

销售公司对供货方所提供的商品车进行检查和验收的工作,即完成PDI检验,一般要由服务部门完成。因为服务部门的专门人员熟悉汽车技术,有经验。验收的核心问题是:对于第一手货源,检查质量是否有问题;对于第二手货源或第三手货源,主要辨别是真货还是假货,是新车还是旧车,质量有无问题,避免上当受骗。商品车主要做好以下各项验收工作:

①核对发动机号、底盘号与合格证是否一致。

②检查备胎、随车工具是否齐全。

③检查随车附件、文件是否相符齐全。

④检查全车漆面是否有损伤。

⑤检查四门及前后玻璃是否完好。

⑥检查各种灯罩是否完好。

⑦检查轮胎和轮辋是否完好、统一、紧固。

现在世界各国的汽车公司生产的汽车大多使用了 VIN（Vehicle Identification Number）车辆识别代号编码。"VIN 车辆识别代号编码"由一组英文字母和阿拉伯数字组成，共 17 位，因此，又称 17 位识别代号编码，它是识别一辆汽车不可缺少的工具。按照识别代号编码的顺序，从 VIN 中可以识别出该车的生产国别、制造公司或生产厂家、车辆类型、品牌名称、车型系列、车身类型、发动机型号、车型年款、安全防护装置的型号、检验数字、装配工厂名称和出厂顺序号码等，在汽车验收时要特别注意。

另外，还应核对说明书、维修卡等文档材料。若从第二货源或第三货源进货，还应逐车验收，验车应严格按有关手续进行。检查合格后，将商品车入库保管，填写相关商品车交接验收单据，并请发运人员签字。

（3）运输

汽车在从货源地运到销售公司所在地即为车辆的运输。根据路途远近和具体情况，委托生产厂预订铁路运输的车皮，并帮助发货。也有委托当地储运公司将商品车提出后，由储运公司预订车皮并发货。此外，还有由生产厂派司机或自雇司机通过公路长途运送。还可以用汽车专用运输车辆，一次可装运 4~6 辆整车，经公路运抵目的地。现行的销售体系中，一汽大众、上汽大众、二汽均设有汽车中转库，要求一定范围内的企业自提，其他车型一般多采用批量配送的方式。销售企业在车辆交接的过程中，应严格进行 PDI 检验，检验不合格的车辆要及时进行意见反馈或更换，防止其进入流通环节。无论采用哪种方式运输都要上保险，以防在运送途中出现问题，造成不必要的损失。

（4）储存

在储存移送车辆时，注意采用合适的方法搬运移动，防止因震动、磕碰、划伤而造成车辆损坏。销售部接车后负责将车辆清洗干净，由仓库保管员将待售商品车驶入规定的区域有序停放。商品车入库后，售出前的这一段时间为仓储保管期，这一期间应精心保管，防止意外情况的发生。储存时，要做好维护保养工作，避免风吹、日晒和雨淋。定期检查，防止电瓶失效。若保存期较长，则对某些部件还要作防锈养护。冬天，要注意防水防冻。

定期整备商品车，保证商品车处于最佳状态，可随时提出进行销售。在移动商品车过程中，应保证两人参与，确保商品车不受损伤。商品车按"先入先出"的原则排列有序，钥匙按次序放好，以便准确、及时地开启调出车辆。汽车销售过程中，发现汽车的质量问题，经验证确实需要索赔时，应积极按照相关索赔管理的规定程序进行索赔。

要及时、准确编制商品车入库单。自己无储运仓库，则要租借储运库储存，事先要订好储存合同,预先约法三章,防止以旧换新,以假乱真,或运用商品车跑运输赚钱,或做其他运输工作。

（5）定价

一般销售单位的汽车销售价常用下式表示：

$$汽车销售价＝进货价＋商品流通费＋销售利润$$

商品车的流动费用包括营销费用、管理费用和财务费用等。销售利润根据市场情况有很大波动,畅销时偏高,滞销时较低。现在4S店一般都有厂家的指导价格。

（6）销售

汽车销售有批发交易和零售交易两种。零售交易多为个人购车,要凭个人居民身份证,并要作一些项目的登记,以便联系。零售交易也有单位购车的,要凭单位介绍信,并留下作凭证。单位购车一般使用汇票,本市可使用支票。用支票一般都要交银行查验,并在划拨车款后,才能提车,以防支票有假或为废票。

对于批发交易,客户必须要有汽车营销许可证,应查验客户的营业执照,要签订好合同,在合同中明确交易的车型、数量、价格、交货期、交货方式、付款方式等有关内容。这里要坚守一条,收款后方可交车,以避免不轨行为和"三角债"。

销售公司实施分期付款的方式销售车辆的初期,由于保障制度、手续等方面还不很严密,个别不法之徒就会钻空子,把车提走后,转手销售,携款潜逃,使销售公司蒙受损失。目前,已有了规范的制度和保障措施,这种销售汽车的方式已在全国各地开展,为汽车销售创造了很好的条件,通过分期付款的方式销售车辆,已经成为汽车销售领域一项重要的销售形式和手段。它能够促使潜在客户转变为现实客户,提高销售量,为公司创造更大的经济效益。对需要分期付款购车的客户,销售顾问要为其详细讲解有关分期购车的利与弊,为其计算首付款、月还款,解释有关保证保险、律师费、验车费等全部费用的缴纳情况。客户在销售部认可报价并选定车辆后,由销售顾问带其到客户服务部办理后续贷款手续。

7.1.2　零配件供应

零配件供应是做好售后服务的物质基础。首先应保证汽车保质期内的零部件供应;其次应保证修理用件。生产厂对零部件的生产量要超出整车生产量的20%,以满足各维修部及配件商店的供应。配件定价要合理,按物价部门的规定定价,不得在配件供应紧张时涨价,借机捞一把,从客户身上获取不义之财。

7.1.3　售后服务

售后服务包括两大部分:一是客户付清车款之后,销售服务店帮助办理上路之前各种手续的有偿或无偿服务;另一个就是汽车在使用中的维修和维护保养服务。4S中的售后服务更侧重于后者。因为汽车除价位较高外,还是一种高技术性产品,一般人较难全面了解和掌握,所以,售后服务就成了汽车营销过程中的一个重要环节,也是4S汽车销售服务店利润的主要来源。

汽车是一种高附加手续费用的商品。客户付清车款之后到上路之前还要经过一定时间办理各种手续,这对于绝大多数客户来说深感烦琐。因此,各汽车销售服务公司实行所谓的"一条龙服务",代办各种手续,从中也可以合理收取一定的费用。但是,一些"车虫"搞"拼缝儿"的人却往往利用顾客不懂程序和怕麻烦的特点,在办此类手续或贷款等手续的过程中欺骗客户,以能够卖给顾客低价的汽车为诱饵,最终将客户"狠宰一刀"。4S 汽车销售服务店绝对不能做这种江湖游医式的一锤子买卖。

客户付清车款之后在上路之前一般要办理哪些手续呢?以北京市为例,主要有工商验证、办理移动证、缴纳附加税、上保险、验车、领取车牌照、领取正式行车执照、交纳车(船)使用税共 8 项。

①第 1 项:工商验证。付了购车款之后,带好购车发票到市工商局所属的机动车市场管理所办理验证手续,并加盖验证章。进口车还需交验由经销商提供的海关货物进口证明或罚没证明书、商检证明书及相关申领牌照手续。

②第 2 项:办理移动证。由于没有牌照的车辆是不能上路的,因此验证之后本地居民还得到当地交通大队(或其驻场代办处)办理车辆移动证。对于出本市的车辆,须先到检测场验车,并办理临时牌照方准许上路。

③第 3 项:交纳附加税。汽车为高档消费品,必须到交通部门指定的车辆购置附加税征稽管理处交纳购置附加税。一般国产车计算公式为:

$$购置附加税 = 购车款 / (1+17\%) \times 10\% (进口车为售车价的 10\%)$$

④第 4 项:上保险。汽车出事概率较高,容易给他人带来危害。因此,购买新车必须承保机动车交通事故责任强制保险,这是国家的强制保险。另外,各家保险公司开办的车辆保险的险种很多,客户可在保险公司或市场内、4S 销售服务店的保险代办处交纳保费。4S 销售服务店代办保险,可以从保险公司收取一定的提成。

⑤第 5 项:验车。新车须经车辆检测场体检合格才能领牌。验车场由车管所指定,检验合格后填发由驻场民警签字的机动车登记表。验车时,带齐所需证件、车主身份证、车辆合格证,进口车还需出示商检书、进口单和车管所核发的准验单。有的车如"捷达""桑塔纳""富康""夏利""奥拓"等已列入环保目录并是已大批量生产的轿车,属于免检车辆。

⑥第 6 项:领取车牌照。以上程序完成后,就可到指定的车管所领牌。领牌需带以下证件:购车发票,车辆合格证,身份证及以上 3 项复印件,保险单、购置附加税证、验车合格的机动车登记表。单位购车还须带上法人代码,并须在机动车登记表上加盖单位公章。诸证齐备方可领取车牌照、临时行车执照和检字牌。私车牌证须车主本人亲自前往,他人不得代领。

⑦第 7 项:领取正式行车执照。准备新车照片两张,凭照片、临时行车执照、备案卡、养路费凭证到换牌照的车管所换正式行车执照,再到附加费征稽处建档,并在附加费证上加盖已建档戳记。

⑧第 8 项:交纳车(船)使用税。在地方税务局(或购车时在其驻场代征处)交纳车(船)使用税及印花税,领取"税"字牌。这样就办好了所有手续,汽车可以上路了。

面对以上较为烦琐的手续,4S 汽车销售服务店应该做好提车后的各种代办服务,使客户乘兴而来,满意而归。

客户在汽车使用过程中,还会出现这样那样的问题或故障,4S 汽车销售服务店售后服务着重在维修服务的任务上。维修服务不仅要在质量保证期内做好服务,而且还应在质量保证期外做好维修工作。当客户需要时,迅速到达服务现场,为客户解决问题。主动走访客户,跟踪服务。现在很多 4S 汽车销售服务店开展了救援服务,一旦客户的车辆坏在路上,一个电话,维修救援人员就会尽快赶到,解顾客之所急。这样的售后服务更能体现出人文关怀,也只有这样周到的服务,才能够培养出忠实的客户,才能获取源源不断的利润。

4S 汽车销售服务店应该不断开展技术培训,对用户驾驶技术和维修人员的技术进行培训,以提高有关人员的使用、维修技术水平。

4S 汽车销售服务店的销售顾问在车辆售出后,要将客户车辆第一次进行维护保养的预约情况通知售后服务部,以编制首保计划。销售顾问还要协助接待首保的顾客,及时将客户档案资料移交售后服务部门,以便提供后续服务。

7.1.4 信息反馈

信息反馈主要是指 4S 汽车销售服务店的工作人员向汽车制造企业反馈汽车各方面的信息。因为汽车整车销售、零配件供应,售后服务人员整天与客户打交道,了解车辆的实际情况,对汽车投放市场后的质量、性能、价位、客户评价和满意程度,以及与其他车辆对比的优势与劣势等都了如指掌。搜集这些信息并及时反馈给制造企业的产品设计部门、质量管理部门、制造工艺的设计部门以及企业的决策领导层,对提高产品质量、开发适销对路的新产品、提高市场占有率等都有重要意义。

此外,4S 汽车销售服务店的工作人员要将汽车制造企业和销售公司本品牌车辆的最新信息、促销活动开展等情况反馈给消费者,这对提高服务质量,进一步拓展市场,是十分有用的。

上述的"整车销售""售后服务""零配件供应"和"信息反馈"形成了销售体系。其中"整车销售"是中心内容,其他各项都要为"整车销售"服务。它们是相辅相成,缺一不可的。

7.1.5 4S 店汽车销售流程

在世界汽车行业影响比较大的公司进行市场调研时,有相当一部分是基于汽车销售的流程和规范进行的。因此,规范汽车的销售流程、提升销售人员的营销技能和客户满意度,成为当今各汽车公司以及各 4S 店的追求。汽车 4S 店销售主要包括:客户开发、客户接待、需求咨询、车辆展示与介绍、试乘试驾、处理客户的异议、交车服务、售后跟踪 8个环节。

任务 7.2　客户开发

【任务书】

1. 掌握客户开发的方法。
2. 掌握客户开发礼仪。

【相关知识】

客户开发主要是汽车营销人员分析能够成为潜在客户的条件及寻找潜在客户的方法。确认谁是潜在顾客,包括主动打来电话咨询者、主动上门来展厅的顾客和汽车营销员主动出击获得的顾客。同时,有计划地对潜在顾客直接拜访或电话拜访。只有掌握寻找、挖掘潜在客户的各种方法和渠道,并尝试与客户进行广泛的接触,才能够获得更广泛的客户资源,为实现销售奠定基础。

商场如战场。在我国汽车产能严重过剩的环境下,汽车生产出来以后如何尽快地销售出去,尽快回笼资金、减少库存成本是所有汽车制造企业都很关注的问题,而作为汽车制造厂的各级汽车销售企业无疑成了该艰巨任务的最终执行者。所以,怎样有效地开发客户、保留客户、维系客户忠诚、挖掘客户的终生价值成为汽车销售企业取得佳绩的关键环节,而这些工作要想取得成效,当务之急就是怎样寻找到大量的优质潜在汽车客户。

7.2.1　寻找潜在客户

作为销售人员要有效地利用时间和精力以求在最短时间内获得最多的销售量。为此,必须练就能准确辨别真正潜在客户的本领,在寻找客户的同时就要注意对他们的情况进行分析评价,从中找出有望客户,以免盲目访问,浪费大量的时间、精力以及财力。

(1)从你认识的人中发掘客户

任何一个人的日常生活中都有一些朋友、同学和老师,还有家人和亲戚。所有这些认识的人都是你的资源,你完全可以利用这些资源去发掘你的潜在客户。

在你的熟人圈中可能就有人需要汽车,或者他们知道谁需要。在寻找的过程中,你的任务就是沟通,让他们知道你、了解你。当你开始踏上汽车销售的道路时,请积极与他们联系。如果你连续 6 个月每天都这么做,他们就会为你高兴,并希望获得你更详细的信息。同时,你将可以利用他们来检验你的讲解与示范技巧。如果你确信你所销售的车辆正是亲友需要的,那么请大胆地尝试向他们推荐你确信的优越车辆,他们会积极地给予你回应,并成为你最好的客户。因为他们相信你,希望你成功,为此,他们总是很愿意帮你。而且,你和他们的这种"商业往来"可以说是基本上没有时间限制的,即使在非工作时间里也可以进行。此外,你要知道,向朋友或亲戚销售,即使不能成功,多半也不会让你有强烈的失败感,而这种失败感正是新手的最大恐惧。

即使你的亲戚、朋友不会成为你的客户,你也要时常与他们联系。寻找潜在客户的最重要一条规律就是不要假设某人不能帮助你建立商业关系。他们自己也许不是潜在客户,但是他们也许认识可能成为你的客户的人。只要你能够虚心地说上一句"因为我欣赏您的判断力,我希望听听您的观点",一定会使对方觉得自己重要,并愿意帮助你。

(2)从有车一族中寻找潜在客户

现有的有车一族是最好的潜在客户。不要以为他们已经有车了,就不可能再次购车。要知道,这些有车一族通常是高收入群体,他们不一定仅仅满足于拥有一部车,而可能会想拥有更多的车。

此外,车辆是有使用期限的,期限一到,马上要强制报废,二次购车也就付诸行动了。而对于那些有能力购买高档车辆的客户来说,换车的时间肯定要早于强制报废的时间。为此,你需要及早接触他们。

(3)参加车展

现在,展会日益成为一种销售手段,在北京,每年大大小小的展会有几百个。一般来说,众多汽车厂商和经销商都会有针对性地派人去参加车展的,借此机会来拓展客户源。

去过车展的人都知道,展会现场汽车品牌、型号众多,客户通常是无暇顾及每一个摊位的,这就需要掌握一定的技巧,并保持主动热情的态度,以给客户留下一个良好的印象。对于每一位来展位咨询的客户,都应该认真对待,不可以貌取人或敷衍了事,并且尽可能地取得他们的联系方式,以便日后跟踪联系。对于那些对你的汽车特别感兴趣或购买意向特别强的客户,要尽可能地邀请他们去门店参观,作进一步的洽谈。

(4)连锁介绍

连锁介绍,也称"滚雪球法",就是根据消费者的消费需求和购买动机的相互联系与相互影响这个性质,利用各客户之间的社会关系,通过客户之间的连锁介绍来寻找更多的新客户。

在生活中每个人的生活圈子都是有限的,如果能将客户发展成你新的客户或者你的介绍人,那对你的销售工作是有百利而无一害的。

有些汽车销售人员认为,汽车作为一件大宗消费品,普通老百姓在短时间内通常只能消费一次,不会重复购买,因而对那些已经购买了汽车的客户就不再加以重视。其实,随着居民收入和消费水平的不断提高,很多客户都有能力更换新车甚至是购买第二辆车。并且,即使这些客户没有能力购买新车或第二辆车,他们也能通过另外一种方式为你增加客户来源,比如,他们可以帮你介绍客户,使你获得更多的准意向客户。

进行连锁介绍的方法有很多,你可以请现有的客户代为转送海报等宣传资料及名片等,从而促使现有客户的朋友转为准意向客户,并建立一定的联系;你还可以尽可能地成为客户的朋友,融入他们的生活圈,进而赢得更多的客户。

在房地产业内流传这样一句话"早期业主是楼盘的最佳销售人员。"其实,将这句至理名言放在汽车销售上也完全适用。对于那些并非汽车发烧友的购车者来说,他们对汽车的认识并不多,他们更愿意相信那些已经拥有同类型车的亲朋好友的意见,因为他们认为这些亲朋好友都是已经使用过或正在使用这款车的,为此他们对这款车的综合素质量是最有发言权的,也是最客观和公正的,所以他们的话最有说服力和号召力。

要想让客户为你介绍新客户,关键是要取信于现有的客户。因为现有的客户与被介绍者往往有着共同的社会关系和利害关系,他们之间或者是同事关系,或者是朋友关系,或者是亲戚关系,所以他们往往团结一致、相互负责,尤其是这种对他们无利可图的事情,他们更不会在不相信你、不相信你的汽车的情况下去轻易为你介绍客户,否则,一旦他所介绍的客户买了汽车又不满意,就会极大地损害他们之间的关系。明确了这一点,就必须树立全心全意为客户服务的意识,急客户之所急,想客户之所想,千万不可故意隐瞒或欺骗客户。"水能载舟,亦能覆舟",如果客户一旦发现你在欺骗他,那他不但不会为你介绍新客户,反而会在他的亲朋好友想购买你的汽车时加以劝阻。

乔·吉拉得(Joe Girard)是世界上汽车销售最多的一位超级汽车销售员,他平均每天要销售 5 辆汽车。他是怎么做到的呢?连锁介绍法是他使用的一个重要方法,只要任何人介绍顾客向他买车,成交后,他会付给每个介绍人 25 美元,25 美元在当时虽不是一笔庞大的金额,但也足够吸引一些人,举手之劳即能赚到 25 美元。哪些人能当介绍人呢?当然每一个都能当介绍人,可是有些人的职位,更容易介绍大量的顾客,乔·吉拉得指出银行的贷款员、汽车厂的修理人员、处理汽车赔损的保险公司职员,这些人几乎天天都能接触到有意购买新车的顾客。

每一个人都能使用介绍法,但您要怎么进行才能做得成功呢?乔·吉拉得说:"首先,我一定要严格规定自己'一定要守信''一定要迅速付钱'。例如,当买车的客人忘了提到介绍人时,只要有人提及'我介绍约翰向您买了部新车,怎么还没收到介绍费呢?'我一定告诉他'很抱歉,约翰没有告诉我,我立刻把钱送给您,您还有我的名片吗?麻烦您记得介绍顾客时,把您的名字写在我的名片上,这样我可立刻把钱寄给您。'有些介绍人并无意赚取 25 美元的金额,坚决不收下这笔钱,因为他们认为收了钱心里会觉得不舒服,此时,我会送他们一份礼物或在好的饭店安排一次免费的大餐。"

(5)权威介绍

权威介绍,也称"核心介绍法",它其实是连锁介绍法的延伸运用。任何一款汽车都有其明确的客户群体,而每个消费群体都有自己的核心代表人物,可以利用这些核心人物帮助推介。利用核心人物的关键是要取得他们的信任。你要想办法与这些权威人物接触,集中精力对核心人物进行攻关,最好能够成为朋友,并让对方感觉到你的工作能够给他本人及其亲朋好友带来利益。

当然,运用权威介绍法是有很大难度的,主要就在于你很难有机会和他们接触。有些时候,你可以通过查阅相关资料的方式去寻找核心人物,比如工商企业名录等。

（6）交叉合作

每个销售人员都在马不停蹄地与人打交道，不断地发现、挖掘新客户，他们拥有一张强有力的人际关系网，这也是一个很有利的资源。

你是某个行业某家企业某种产品的销售人员，但你同时又是其他众多行业、众多企业、众多产品的销售人员的客户。在你的身边，肯定也有很多销售人员，因为销售是世界上最庞大的职业群体之一。

在闲暇的时候，找个合适的时间，与他们共同探讨互相提供线索之事，或要求他们在合适的机会下推荐你的产品和服务，当然，你也要为对方做同样的服务，作为回报。

不同行业的销售人员不存在业务上的竞争，并且能够更好地和你进行互补。除了让他们直接为你提供线索和机会之外，你还可以向他们学习推销的经验和技巧。虽然面对的客户稍有差异，但还是同行，有很多触类旁通之处。

即使是同行业的销售人员，也会有很多合作机会。比如，如果你有哪位朋友也是做汽车销售，只是大家不在同一家公司、不是销售同一品牌同一款式的汽车，那么你就可以与他合作。

当他接待的某一客户对他们所销售的汽车不感兴趣时，你就可以让他将这个客户推荐到你这里来："您对××车更感兴趣？我有个朋友刚好在做这款车，您可以去找他，或许对您能有所帮助……"甚至，对于你那些做二手车买卖的同僚们，同样存在着合作的可能性。那些客户并不是说非要买二手车不可，只要你的汽车符合他们的需求，他们同样会考虑的。"既然二手车没有合适的，您可以去××店看看××车，它还是挺适合您的，而且我有个朋友在那里做销售，他会给您提供力所能及的帮助的……"

任何一个行业的销售都是在与人打交道，与人交往的热情和精明的特性是他们的职业素质。他们更善于把握客户的心理、个性及其他。因此，只要你多与他们交流，学习这方面的技巧，都会对业务拓展有很大的帮助。

（7）资料分析法

资料分析法是指通过分析各种资料（统计资料、名录类资料、报章类资料等），从而寻找潜在顾客的方法。

①统计资料。例如，国家相关部门的统计调查报告、行业在报刊或期刊等上面刊登的统计调查资料、行业团体公布的调查统计资料，等等。

②名录类资料。例如，顾客名录（现有顾客、老顾客、失去的顾客）、同学名录、会员名录、协会名录、职员名录、名人录、电话黄页、公司年鉴、企业年鉴等。

③报章类资料。例如，报纸（广告、产业或金融方面的消息、零售消息、迁址消息、晋升或委派消息、订婚或结婚消息、建厂消息、事故、犯罪记录、相关个人消息等），专业性报纸和杂志（行业动向、同行活动情形等），等等。

7.2.2　客户开发的准备工作

不管你采用哪一种方式去开发客户，你都必须事先做好准备工作，否则，你就达不到预期的目的。

①要详细了解和熟悉产品的品牌、车型、技术参数、配置,等等。要做到在与客户交流的时候,对于相关问题你都能流利地回答。

②要熟悉本公司对这个汽车产品销售的政策、条件和方式。

③要详细了解汽车销售过程中的各项事务,如付款方式、按揭费用的计算、上牌的手续、保险的内容、保险的费用,等等。

④要了解竞争对手的产品与你所售车型的差异。有的时候客户会讲某款车比你的车好,那个车有什么装备,你有没有?这个时候你就要了解对方,事先了解了以后,你才能有应对的策略。

⑤了解客户。你要了解客户属于哪个类型,这样,你在与客户进行交流的时候,就会有的放矢,占据主动。

⑥了解客户真实的购买动机、付款能力、采购时间,等等。

7.2.3　制订客户开发方案

(1)明确各个要素

首先要确定开发客户的对象,考虑与他接触的方式,是打电话,还是请进来,还是登门拜访,这些都需要你去选择。同时,还要选择时间、地点、内容,找出从哪里切入比较容易找出话题以及与客户拉近距离的捷径,确定谈话的重点和谈话的方式,这些都是事先要在你的准备方案里面明确的。

(2)要有耐心和毅力

在进行客户开发的时候,方案制订出来并不能确保这个方案一定成功。在实际工作中,都是经过了反复的努力才成功的,特别是汽车销售工作。市场上目前有两大商品,一个是住房;另一个是汽车。所以,客户在购买汽车时,不会那么草率地决定,他总是会反复斟酌的。所以,汽车销售人员要有充分的耐心和毅力。

(3)把握与客户见面的时间

依据经验,与客户见面一般在上午10点钟左右或下午4点钟左右比较好。因为买车的人多数都是有决定权的,多数在单位、家庭或者其他环境里是一个领导级的人物。作为领导,他从员工一步一步地走到现在的岗位,上班时形成了先紧后松的习惯。但人的精力是有限的,他从早晨8点钟开始忙,忙到10点钟,就需要休息,在他需要放松的时候你去拜访或联络他,他会把其他的事情暂时放在一边,去跟你聊几分钟。下午也是同样的道理。

7.2.4　访问、接待客户前的准备

作为一名合格的汽车销售人员,要想做好客户的访问、接待工作,必须具备较强的业务能力和良好的个人素质。

(1)业务能力和专业知识

①业务能力主要表现为3点:

a.要有新的营销理念——以客户为中心的营销理念。

b.要以适当的方法和技巧来满足客户的需要。

c.要有丰富的专业知识。

②专业知识可归纳为4个方面:

a.企业知识。公司的介绍,公司的销售政策,例如,让利和促销政策、服务的项目。

b.产品知识。了解生产汽车的厂家、品牌、各款车的性能、功能和配置。

c.市场知识。包括这款汽车在市场上的占有率,与竞争车型的对比、优劣情况,等等。

d.用户知识。用户知识主要包括客户群体、消费习惯、客户的购买动机、客户的爱好、客户的决策人购买力,等等。比如,从事小商品行业的客户喜欢车子的空间大一些,可以顺带一些货物,像SUV、SRV这样的多功能车比较受他们的欢迎;从事路桥工作施工作业的客户偏好越野性能好的吉普、SUV车。

(2)个人素质

个人素质主要是指两个方面:一个是端庄的仪表;一个是良好的心理素质。端庄的仪表是指销售人员在与客户见面或拜访客户的时候,如果没有事先整理自己的仪表,往往会失败。除了端庄的仪表,销售人员还需要具备良好的心理素质。

7.2.5 客户开发的礼仪

销售人员在与客户见面的时候也要讲究技巧。首先要有一个很好的开场白,这个开场白应该事先准备好。如果事先没有准备,应凭借实战经验进行应对。有经验的销售人员到了客户那里,首先会观察客户的办公室环境,客户有哪些爱好,从他办公室里面的摆设就能看出来。例如,客户办公桌椅的后面放了一个高尔夫球杆,那你与客户谈话的时候就可以从高尔夫球杆谈起;如果客户的办公室一角放了一套钓鱼的钓具,你也可以从这个话题开始;如果实在没有反映其爱好的摆设的话,你可以称赞他的办公环境布置得非常协调,令人身心愉快,这也是一个话题。不管怎么说,见面先美言几句,客户总不会心里不舒服。心理学认为,当一个人在听到他人赞美的时候,他所有的戒备都会放松,所以在这个时候是最容易乘虚而入的。与客户见面要注意以下几点:

(1)彬彬有礼地介绍

要彬彬有礼地介绍自己和你所在的汽车公司,或者你所在的专营店。

(2)适当地提示

你可以通过打电话或者拜访的方式提示他。还可以告知客户公司目前新推的优惠政策,如询问客户:"最近我们公司做的汽车广告您看了没有? 里边提到了一些优惠的活动,在活动期间,您来看车或参加试乘试驾,我们会给您提供一份精美的礼品;如果您在活动期间下订单的话,可以参加出国游的抽奖活动。"这也是一个比较好的提示。

(3)尊重客户,注意细节

销售人员去拜访客户的时候,必须要尊重客户,注意细节。见到客户时首先说,"这位先生,你工作很忙,我占用你5 min的时间。"当然5 min时间肯定不够,不过没关系。我们都听过评书,当讲到关键的地方评书演员会说,"欲知详情如何,且听下回分解。"与客户交谈也是一样,当谈到关键的地方时你说,"对不起,我与您约的 5 min 马上就要到了,不好意思。"这种做法充分尊重了客户。如果客户有兴趣,就会说,"你再继续讲没关系,我有时间。"那你就可以继续与他谈下去了。

(4)了解客户需求

与客户谈话时,你还要了解客户的需求,以客户的需求为导向,参照客户的需求给他提供一辆符合他需要的车。

(5)车辆介绍与试乘试驾相结合

销售人员要向客户介绍这款车有哪些亮点,哪些优点可能满足客户的需要。客户听了以后似信非信,这时,你可以请他来试乘试驾,这是对产品介绍的一种延伸和证实。这样客户可能会产生更大的兴趣。

(6)确认客户电话

接下来要确认客户的电话。确认电话特别是手机号码时要注意,手机号一般是 11 位数,一定要记录完整。

任务 7.3　客户需求咨询礼仪

【任务书】

1. 了解客户需求咨询的主要内容。
2. 能够知道如何进行客户需求咨询。

【任务导入】

　　有一天,一位客户到某专营店来买车,他在展厅里仔细地看了一款多功能的 SUV 车,该公司的销售人员热情地接待了他,并且对这位客户所感兴趣的问题也做了详细的介绍,之后,这位客户很爽快地说马上就买。他接着还说,之所以想买这款 SUV 车是因为他特别喜欢郊游,喜欢出去钓鱼。这是他的一个爱好,他很早以前就一直想这么做,但是因为工作忙,没时间,现在他自己开了一家公司,已经经营一段时间了,但总的来说,还处于发展阶段,现在积累了一点钱,想改善下。

　　当时客户和销售人员谈的气氛比较融洽,要是按照以前的做法,销售人员不会多说,直接签合同、交定金,这个销售活动就结束了。但是这位销售人员没这么简单地下定论,他继续与这个客户聊,通过了解客户的行业他发现了一个问题。这位客户是做工程的,他业务的来源是他的一位客户。他的客户一到这个地方来他就去接他，而跟他一起去接他的客户的还有他的一个竞争对手。这位客户过去没车，而他的竞争对手有一辆北京吉普——切诺基，人家开着车去接，而他只能找个干净一点的出租汽车去接。他的想法是不管接到接不到，一定要表示自己的诚意。结果每次来接的时候，他的客户都上了他这辆出租车，而没去坐那辆切诺基。这位客户并不知道其中的原因。但这位销售人员感觉到这里面肯定有问题，销售人员就帮助这位客户分析为什么他的客户总是上他的出租汽车，而不上竞争对手的切诺基呢？销售人员问："是因为您的客户对你们两个人厚此薄彼吗？"他说不是的，有的时候我的客户给竞争对手的工程比给我的还多，有的时候给他的是肉，给我的是骨头。"这位销售人员分析以后发现，他那位客户尽管是一视同仁，但实际上他有一种虚荣心，不喜欢坐吉普车而要坐轿车，出租车毕竟是轿车。于是这位销售人员就把这种想法分析给这位客户听。销售员说："我认为，您现在买这辆SUV车不合适，您的客户来了以后，一辆切诺基，一辆SUV，上哪个车都脸上挂不住。以前一个是吉普，一个是出租，他会有这种感觉，毕竟出租是轿车。到那个时候万一您的客户自己打的走了，怎么办？"这位客户想想有道理。然后，这名销售人员又给他分析说："我认为根据您的这个情况，您现在还不能够买SUV。您买SUV是在消费，因为您买这辆车只满足了您的个人爱好，对您的工作没有什么帮助。我建议您现在还是进行投资比较好，SUV的价格在18万元到20万元之间，在这种情况下我建议您还是花同样多的钱去买一辆自用车，也就是我们常说的轿车，您用新买的轿车去接您的朋友和您的客户，那不是更好吗？"这位客户越听越有道理，他说："好吧，我听你的。"他之所以听从销售人员的建议，是因为从客户的角度来讲，销售人员不是眼睛只看着客户口袋里的钱，而是在为客户着想。他说："我做了这么多年的业务了，都是人家骗我的钱，我还没遇到过一个我买车他不卖给我，而给我介绍另外一款车的情况，还跟我说买这款车是投资，买那款车是消费，把利害关系分析给我听，这个买卖的决定权在我，我觉得你分析得有道理。确实是这种情况，按照我现在公司的水平还不具备消费的那种水平。"于是他听从这名销售人员的建议，买了一款同等价位左右的轿车，很开心地把这个车开走了。在开走之前，那位客户对销售人员说："非常感谢你，我差点就买了一辆我不需要的车，差点白花了这20万元还不起作用。"他一声一个谢。这位销售人员很会说话："先生，您不用对我客气，您要是谢我的话，就多介绍几个朋友来我这买车，这就是对我最大的感谢。"这位客户说："你放心，我一定会帮你介绍的。"

果然，没过多长时间，他亲自开车带了一个朋友来找那位销售人员。经过介绍，大家一聊，销售人员不是问买什么车，而是问买什么样的车，买车做什么用，是从事哪个行业的，这几个问题一问，客户觉得这位销售人员很会为客户着想，于是又在这儿买了一辆车。这位销售人员还是用同样的方法跟他说您买了这辆车以后，如果觉得好就给我在外边多宣传，多美言两句。"那位客户说好，我们王兄就是在你这儿买的车，我就是他介绍来的。现在我也很满意，我也会给你介绍的。"下面肯定也会有这样的事情发生，因为那位客户也有他的朋友社交圈。

半年以后，第一位客户又来找这位销售人员。他说："我找你是来圆我的那个心愿的。"

这位销售人员一听就乐了,他是来买那辆 SUV 的。以客户为中心的顾问式销售使这位销售人员在半年之内卖出了 3 辆车。

【相关知识】

回答客户的提问、主动进行介绍和问询是咨询服务的主要内容,咨询服务的目的就是了解客户的真正需求,引导、激发客户的购买欲望,促成交易。

7.3.1 客户需求咨询的主要内容

(1)用户购车的用途

如果主要用于长途奔波或远距离旅行,应建议用户必须考虑具有足够容量的密闭式行李箱空间,以便将行李装进去而非暴露在外,承受日晒雨淋。

如果大部分时间是用来在市内使用,那么应建议选一辆轴距较短并带有动力助力转向的轿车,以便能够见缝插针,挤入稍有些空地的停车场和穿过拥挤的购物中心。

如果经常在恶劣的路况下驾驶,或者在鹅卵石路上行驶,买一辆四轮驱动的越野车或者运动型多用途车可能再合适不过。

(2)用户的购买能力

在和用户沟通过程中,还要了解他能提供多少钱用来买车、养车和使用车。如果是贷款买车,还要考虑还贷能力,然后向用户介绍所销售车型的各项成本。

车辆购买成本。用户接触到车的第一部分花费必然是买车的成本,而且这一部分的花费是一次性支出,价值也是最大的,往往被用户们看成是最重要的购车因素。

车辆正常保养成本。用户在购买车辆后,紧接着就要面临着保养与维护,保养与维护的好坏也将直接影响到车辆以后的驾乘感觉及使用寿命等。

燃油成本。其实只有燃油费用才是伴随车辆使用全过程的,这部分成本应该是最多的,也是最重要的,能不能节约成本从燃油消耗上最能够直接体现出来。虽然每百千米的耗油量相差只是 1~2 L,但是长此以往,也就不是一个小数目了。这也应该是除了车价外,用户们最为关心的。

易损件及事故件更换成本。鉴于用户们的驾驶习惯、驾驶技巧以及驾驶用途等都不尽相同,在 5 万 km 这么长的里程中,难免会出现磕磕碰碰或者更加严重的小事故。还有一些非人为因素,比如天气、道路状况等,造成的车辆某些零部件的损坏,需要经常更换,也是用户在用车当中的一项比较大的开支。

(3)用户对汽车性能的要求

根据用户对汽车性能的要求,根据所销售汽车的特点,向用户介绍汽车在动力性、经济性、安全性、可靠性等方面的优势。同时,也要纠正某些用户在选购车辆时的不正确看法,如:

车身越坚固则车辆越安全。交通事故安全分析和试验数据表明,如果车身整体都非常坚固,在车辆碰撞时,车内乘员就要承受巨大的打击能量和减速度,容易造成伤害。遇到强烈碰撞时,汽车前面的发动机罩将形成符合碰撞试验标准的倒 V 字形,而后面的行李箱盖渐渐塌陷,令来自前冲或后撞的冲击力得以"软着陆"。

"小车"的安全配置偏低。随着汽车技术的进步,完备的安全配置早已不是高档轿车的专利。其实,现在的一些"小车"已经将原先高档轿车才有的双安全气囊、ABS 防抱死制动系统、全车碰撞吸能设计作为紧凑型家庭轿车的标准配置,从而带动了国产紧凑型家庭轿车安全配置的普遍提升。此外,五座标准安全带、宽胎等也都是容易被忽视的车辆安全保障。尤其是轮胎,高档的宽扁胎可以带来高强度的轮胎抓地性,增强车辆操控性能和行驶平稳性,是安全性的重要保证。

单纯比拼油耗。一辆汽车的油耗水平往往是汽车厂商综合考量一辆车的市场需求特性之后综合匹配的结果。例如,所有有益于车辆安全、舒适的配置均加大了整车质量(车重),其油耗也跟着相应提高。又如,轮胎越宽,则滚动阻力越大,车辆低速时的耗油量越大。此外,车辆的舒适性还间接地影响到汽车风阻系数的设定。消费者对整车各项性能指标充分了解之后,应根据自身的用车需求,在汽车的动力性、安全性、舒适性与燃油经济性之间作出评定和选择。值得提醒的是,作为家庭用车,对家人安全以及乘坐舒适性的考虑是必不可少的选购因素。

7.3.2 客户需求咨询礼仪

在咨询服务的过程中,应该从客户的角度出发,倾听他们的谈话,关注他们的需求,建议他们买什么合适,介绍清楚车辆的特征、配置、选装设备和优势。一定要友好、尊敬地进行交流,诚实、真诚地提供信息,让顾客在销售中占主导地位。

(1)倾听的技巧

了解客户的需求是一种崭新的观念,是以客户为中心的基础,以这种观点和理念进行销售,你会取得更长远的、更好的效果。在与客户接触的时候,一方面是问,还有一方面就是听。如果你在很好地听他讲,客户认为你很尊重他;如果客户在讲,你三心二意,客户会认为你不尊重他。我们的目的是让客户尽快地购买,所以,每一个环节你都要处理好,其中之一就是要会聆听。倾听时,一定要全神贯注,及时给出反馈信息,让客户知道你在聆听,对重要信息应加以强调,及时检查你对主要问题理解的准确性,重复你不理解的问题。

倾听的技巧主要表现在以下几个方面:

①创造良好的倾听环境,没有干扰,空气清新,光线充足。

②眼睛接触,精力集中,表情专注,身体略微前倾,认真记录。

③用肢体语言积极回应,如点头、眼神交流和感叹词。

④忘掉自己的立场和见解,站在对方的角度去理解对方、了解对方。

⑤适度地提问,明确含糊之处。

⑥让顾客把话说完,不要急于下结论或打断他。

⑦将顾客的见解进行复述或总结,确认理解正确与否。

(2)与客户交流的技巧

在咨询服务的过程中,应该打消客户的各种担忧:如担心受到虚假不平等的待遇,销售的产品和维修不能满足他们的要求,价格比他们预计的要高一些等。

(3)注意与客户的距离

有的客户很敏感,人与人之间的距离也是很微妙的,那么什么距离客户才会有安全感呢? 当一个人的视线能够看到一个完完整整的人,上面能看到头部、下面能看到脚的时候,这个人感觉到是安全的。心理学里讲的安全感就是出自这个角度。如果说你与客户谈话时,双方还没有取得信任,马上走得很近,对方会有一种自然的抗拒、抵触心理。在心理学里有个这样的案例,当一个人对另一个人反感的时候,他连对方身体散发出来的味道都会讨厌;当这个人对对方有好感的时候,他觉得对方身体散发出来的味道也是香的。所以,当客户觉得不讨厌你的时候,他会很乐于与你沟通。

(4)认同对方的观点

销售人员要认同对方的观点,不管对方是否正确,只要与买车没有什么原则上的冲突,你就没有必要去否定他。你可以说:"对,您说的有道理。"同时,还要点头、微笑。这样,客户才会感觉到你和蔼可亲,特别是有 3 个字要经常挂在嘴边,"那是啊"这三个字说出来,能让对方在心理上感觉非常轻松,感觉到你很认同他。

(5)善意应用心理学

作为销售人员,掌握心理学是非常重要的。从心理学的角度讲,两个人要想成为朋友,一个人会把自己心里的秘密告诉另一个人,达到这种熟悉程度需要多少时间呢? 权威机构在世界范围内调查的结果最少需要一个月。我们与客户之间的关系要想在客户到店里来的短短几十分钟里确立巩固,显然是很不容易的。在这种情况下销售人员要赢得客户,不仅是技巧的问题,还应适当掌握心理学的知识。运用心理学进行销售时,我们要本着以客户为中心的顾问式销售的原则,本着对客户的需求进行分析,本着对客户的购买负责任的态度,本着给客户提供一款适合客户需求的汽车的目的,绝不能运用心理学欺骗客户。

【情境小结】

汽车 4S 店作为一种整体服务方式目前越来越受到客户和经销商的青睐。作为销售人员要获得最多的销售量,必须练就能准确辨别真正潜在客户的本领。为了使每一个服务人员都有良好的行为规范,我们必须重视服务人员的基本职业素养的培养。咨询服务的目的就是了解客户的真正需求,引导、激发客户的购买欲望,促成交易。新车展示的目的是通过汽车营销人员细致有效的产品说服和异议处理实现最终销售的目的。试乘试驾是车辆介绍的延伸,是一种动态的车辆介绍。正确对待顾客的异议,善于分析和处理各种顾客异议,可以促使顾客产生购买行为。为顾客提供满意的交车服务,会提高客户满意度,拓展汽车品牌形象。售后跟踪回访的目的是完善服务,培养忠诚的客户,是提高用户满意度最有效的途径之一。

【思考与训练】 ······································

1. 4S销售店的含义是什么?

2. 汽车销售人员的仪表应注意哪些问题?欢迎顾客时有哪些需要注意的地方?

3. 跟踪访问应如何操作?

4. 自选车型做车辆介绍演练。

【实训】 ····································

实训 7.1　客户分析确定目标客户

7.1.1　知识点回顾

客户类型,客户心理分析,客户行为分析。

7.1.2　实训要求

①分组。每小组5~6人。

②情境设置人员分工。

③对模拟对象进行分析,采取相应策略。

_____

_____

_____

实训 7.2　客户接待准备工作

7.2.1　知识点回顾

客户接待的要点。

7.2.2　实训要求

①分组。每小组5~6人。

②情境设置人员分工。

③对模拟对象进行分析,做好接待前的准备。

_____

_____

_____

汽车售中服务礼仪

【学习目标】

1. 掌握车辆展示与介绍礼仪的标准。
2. 掌握介绍车辆方法。
3. 掌握试乘试驾的步骤。
4. 掌握交车的程序。
5. 掌握客户投诉处理技巧。

【任务导入】

汽车该怎样卖

在一个炎热的午后,有位穿着汗衫,满身汗味的老农夫,伸手推开厚重的汽车展示中心玻璃门,他一进入,迎面立刻走来一位笑容可掬的柜台小姐,很客气地询问老农夫:"大爷,我能为您做什么吗?"

老农夫有点腼腆地说:"不用,只是外面天气热,我刚好路过这里,想进来吹吹冷气,马上就走了。"

小姐听完后亲切地说:"就是啊,今天实在很热,气象局说有 32 ℃呢,您一定热坏了,让我帮您倒杯水吧。"接着便请老农夫坐在柔软豪华的沙发上休息。

"可是,我们种田人衣服不太干净,怕会弄脏你们的沙发。"

小姐边倒水边笑着说:"有什么关系,沙发就是给客人坐的,否则,公司买它干什么?"

喝完冰凉的茶水,老农夫闲着没事便走向展示中心内的新货车,东瞧瞧,西看看。

这时,那位柜台小姐又走了过来:"大爷,这款车很有力哦,要不要我帮您介绍一下?"

"不要！不要！"老农夫连忙说，"你不要误会了，我可没有钱买，种田人也用不到这种车。"

"不买没关系，以后有机会您还可以帮我们介绍啊。"然后小姐便详细耐心地将货车的性能逐一解说给老农夫听。

听完后，老农夫突然从口袋中拿出一张皱巴巴的纸，交给这位柜台小姐，并说："这些是我要订的车型和数量，请你帮我处理一下。"

小姐有点诧异地接过来一看，这位老农夫一次要订8台货车，连忙紧张地说："大爷，您一下订这么多车，我们经理不在，我必须找他回来和您谈，同时也要安排您先试车……"

老农夫这时语气平稳地说："小姐，你不用找你们经理了，我本来是种田的，由于和别人投资了货运生意，需要买一批货车，但我对车子外行，买车简单，最担心的是车子的售后服务和维修，因此我的儿子教我用这个笨方法来试探每一家汽车公司。这几天我走了好几家，每当我穿着同样的旧汗衫，进到汽车销售店，同时表明我没有钱买车时，常常会受到冷落，让我有点难过……只有你们公司知道我不是你们的客户，还那么热心地接待我，为我服务，对于一个不是你们客户的人尚且如此，更何况是你们的客户……"

任务 8.1 车辆展示与介绍礼仪

【任务书】

1. 掌握车辆展示的方法。
2. 使学生具备全面的车辆介绍的能力。

【任务导入】

有一对夫妇来到展厅，绕过了门口的几辆车，直接走到了他们感兴趣的一辆展车那儿。销售人员看在眼里，这个时候他就感觉到了，这是一个很不错的意向客户。于是，他就去接待这个客户。客户走到东，他就跟这个客户介绍东边的情况；客户走到车尾，他也把车尾的好处跟客户说了很多。在他说的过程中，这个客户只说，"哦，是吗？哦，谢谢。"其他的什么表示都没有。过了一会儿，客户两个人互相看了一眼说，"我们下次再来吧。"就走了。

这个销售人员不甘心，认为自己已经费了好大的劲，把这个车的好处基本上全说完了,怎么他们都没有表示啊。其实问题出在哪里,这个销售人员并不知道。客户走到门口以后看看后面没人了,就开始互相对话了。"老公,刚才他说什么呀?"这男的说:"他说的好像是专业术语,哎,我也没听懂。"这就说明这位销售人员从头到尾不管客户是怎么想的,不管客户有什么样的需求,也不管客户是否听懂了你所介绍的那些内容。人都要面子,特别是在公共场合,而且又是在他的太太面前。在这种情况下他不懂也得装懂。但他不会去问,你刚才说的这个牛米是什么意思,你刚才说的那个千瓦又是什么意思,因为他要面子,就是这样的心理状态。

【相关知识】

8.1.1 车辆展示

新车的展示总是"真实的时刻"。在短短的几分钟内销售人员要抓住机会,唤起顾客对本品牌的热诚,对产品质量的信任,对颇具竞争力的特征和一流的装备的兴趣,对新车的期待和对销售人员及专卖店的好感。因此,在这个阶段中,最重要的是严格按照销售过程标准去做和注意展示要点。

(1)展示要点

为方便顾客的参观与操作,销售人员应把以下方面作为要点来执行:

注意车辆的颜色搭配。展示区域的车辆不能只有一种颜色,几种颜色搭配的效果会更好一些。

注意车辆的型号搭配。同一个品牌的车,可能有不同的系列,车型从小到大,有带大窗的,有不带的;有的是电动门窗,有的不是,不同型号都应搭配展示。

注意车辆的摆放角度。让顾客感觉错落有致,而不是零乱无序。

注意重点车型的摆放位置。要把它们放在合适醒目的位置。属于旗舰的车型,一定要突出它的位置。可以把一些特别需要展示的车辆停在一个展台上,其他的车都围着它,犹如众星拱月,甚至可以打出一些聚焦的灯光。

注意凸显产品特色。这是体现产品差异化,提高竞争力,使顾客加深印象的重要手段。

(2)展示标准流程

1)视线以内的标准

按规定摆放车辆的资料展示架。在实际生活中,我们发现许多汽车销售公司和4S店在这方面做得不很规范,资料展示架不是放在车的左边,就是放在车的右边,在整个展厅里没有协调性、一致性,很随意,摆的位置也不规范,有的在前面,有的在后面,还有的在侧面,什么情形都有,这是需要改进的。

展车要全面清洁卫生,无手纹、无水痕(包括发动机室、排气管、车身、门槛、门缝、门拉手、前脸等部位)。大家知道,车辆油漆的光洁度非常高,车门把手都是镀铬的,很亮,手一触摸便会留下指纹。因此,销售人员在展厅里面要随时随地地按规范保持车辆的清洁度。

水迹也是不允许的,特别是车辆夹缝里的水迹尤其要注意擦干净,不能留有死角。车辆要保持一尘不染,发动机盖打开以后,凡是视线可及的范围内都不允许有灰尘。

轮毂中间的 LOGO(车标牌)应与地面成水平状态。

轮胎导水槽内要保持清洁、无异物。因为车是从外面开进展厅的,难免会在导水槽里面卡住一些石子等东西,这些东西都要去掉,还要清洗干净。

前排座椅调整到适当的距离,而且前排两个座位从侧面看必须是一致的,不能够一个前,一个后。不能够一个靠背倾斜的角度大一点,一个靠背倾斜的角度小一些,而且座位与方向盘也要有一个适当的距离,以方便顾客的进出;两者距离太近了,顾客坐进去不方便,这样会使顾客有空间局促感,还以为是驾驶室空间小了,其实是那个座位太靠前的缘故。

新车在出厂的时候,方向盘上都会有一个塑料套,还有些倒车镜、遮阳板也是用塑料套给套起来的,这些都应拿掉。

调整好倒车镜、后视镜,使其处于一个合适的位置。

方向盘摆正并调到最高位置,如果太低,顾客坐进去以后会感觉局促、别扭。

将仪表盘上的时钟调校出标准的北京时间。

确认各功能范围内的频道,包括交通台、文艺台在内已调好,左右喇叭声道、音量也已调好,可以视顾客的年龄、性别、爱好,为顾客提供一些古典、流行、戏曲或轻音乐等光盘。

确认已准备好各类风格的 CD 和 VCD 碟片。

后座椅安全带折好用橡皮筋扎起来塞到后座椅座位中间的缝隙里面,留 1/2 在外面。

一般展车里面都会放一些脚垫,是怕顾客脚上有灰弄脏了车子。每一个 4S 店都会事先制作好脚垫。例如,沃尔沃的脚垫上面应有沃尔沃的标志,摆放的时候应注意标志的方向。同时,要注意脚垫放正,脏了以后要及时更换。

后备箱整洁、有序,无杂物,安全警示牌应放在后备箱的正中间。

展车放置时间长了,电瓶可能会亏电,所以要保证电瓶充足有电。

轮胎仅洗干净是不够的,还要美容一下,用亮光剂把它喷得亮一些。轮胎的下面应使用垫板。很多专业的汽车公司都把自己专营汽车的标志印在垫板上,这样会给顾客留下一个良好的整体感觉。

2)六方位绕车介绍法

"六方位绕车介绍法"是指汽车销售人员在向客户介绍汽车的过程中,销售人员围绕汽车的车前方、车左方、车后方、车右方、驾驶室、发动机盖六个方位展示汽车。

六方位具体内容如下:

①车前方。汽车销售人员首先应引导客户站在车正前方,上身微转向客户,距离 30 cm,左手引导客户参观车辆。

汽车的正前方是客户最感兴趣的地方,当汽车销售人员和客户并排站在汽车的正前方时,客户会注意到汽车的标志、保险杠、前车灯、前挡风玻璃、大型蝴蝶雨刷设备,还有汽车的高度、越野车的接近角等。

汽车销售人员在这个时候要做的就是让客户喜欢上这辆车。

比如,你向客户介绍的是捷豹 XJ 车系的车型,那么你就可以邀请车主和你并排站在捷豹轿车的正前方,然后说:"捷豹轿车一贯表现优雅而经典,周身流淌着高尚的贵族血统,耐人寻味。看,由车头灯引出的4条拱起的发动机盖线条、大型的镀铬进气栅格、4个圆形头灯都延续了 XJ 车系的传统,品质自然出众。车头看起来蛮精致、蛮漂亮的,是吧?"趁着这个大好时机,你可以给客户讲讲关于捷豹轿车车标的故事,强调你所销售的车子与众不同的地方。

我们知道,每一款车的造型都有它与众不同的地方,如流畅明快的发动机盖线条、活泼俏皮的车灯、威武大气的保险杠……不过,在这个时候,向客户讲太多的技术参数是不太好的,而应用言语给客户描述出一幅幅美丽壮观的画面,比如高大的棕榈树、惬意的晚风、羞红了脸的彩霞、浪漫的海滨、温馨的二人世界或者野性十足的戈壁、奋蹄奔跑的羚羊、魂牵梦绕的大漠驼铃……

②车左方。接下来,汽车销售人员就要引领客户站在汽车的左侧,从而发掘客户的深层次需求。无论哪一类客户,看到汽车的第一眼就怦然心动的都不多见,哪怕客户看起来与汽车很投缘,客户还是要进一步考察他们心仪已久的"梦中情人"是否像传说中那么出色、那么优秀,更何况是他们初次接触的、心动神摇的"漂亮女孩"或"潇洒男生"呢?因此,最重要的还在于气质的匹配程度。在车左方,让客户听听钢板的厚实或轻薄的声音,看一看豪华舒适的汽车内饰,摸一摸做工精致的仪表盘,感受良好的出入特性以及侧面玻璃提供的开阔视野,体验一下宽敞明亮的内乘空间,客户就能将自身的需求与汽车的外在特性对接起来,再加上汽车销售人员的介绍和赞美,客户一定心神摇曳。由于男性追求的多是事业上的成功、生活上的放松和家庭的幸福,因此,汽车销售人员在向他们介绍汽车的左侧面的时候,更应该强调这些。

③车后方。介绍了车左方,就要陪客户一起站在汽车的正后方,全面介绍,仔细回答。站在轿车的背后,距离约60 cm,从行李箱开始,依次介绍高位制动灯、后风窗加热装置、后组合尾灯、尾气排放、燃油系统。开启行李箱介绍,掀开备胎和工具箱外盖进行介绍。千万不要以为这一步骤多余,很多挑剔的客户不是抱怨车尾太短,就是抱怨车子不够大气,抱怨车子没有行李箱。由于客户刚刚走过汽车左方的时候过于关注体验,或许忽略了一些问题。这时汽车销售人员要征求客户的意见,再给他们全面地介绍后仔细地答复。

尽管汽车的正后方是一个过渡的位置,但是,汽车的许多附加功能可以在这里介绍,如后排座椅的易拆性、后门开启的方便性、存放物体的容积大小、汽车的尾翼、后视窗的雨刷、备用车胎的位置设计、尾灯的独特造型等。

④车右方。介绍了前三个方位之后,汽车销售人员应带领客户从车尾来到车子的正右方。这时应该向客户介绍什么呢?这时候正是争取客户参与谈话的时刻,你应该邀请他打开车门、触摸车窗、观察轮胎,观察他的反应邀请他坐到乘客的位置。注意观察他喜欢触摸的东西,告诉他车子的装备及其优点,他会做一番审慎的衡量的。认真回答他的问题,不要让他觉得被冷落,但是要恰到好处地保持沉默,不要给客户一种强加推销的感觉。

汽车销售人员在汽车右侧向客户介绍车时,可以告诉他们一些非正式的信息。但是,要牢记不要误导客户或混淆视听。在欧美国家,汽车销售人员用于非正式沟通的时间不到介绍产品时间的10%,在我国,六方位具体内容车右方这个数字却高达50%以上。在奥迪

A4 上市之初,许多奥迪汽车的销售人员都会有这样的经历,那就是只要一说"第一批奥迪是德国原装的",客户就会很快作出购买决定。如果你喜欢一些汽车的奇闻逸事的话,比如某国家元首或体育明星喜欢乘坐哪个品牌的汽车,那么你尽可告诉你的客人好了。在客户还缺乏相应的品牌忠诚度的时候,告诉客户一些非正式信息也是促成交易的好办法。

⑤驾驶室。带领客户钻进车里,对汽车的功能及操作进行详细介绍。客户察看了汽车的外形,检查了汽车的内饰,对汽车的性能有了大致的了解,那么接下来就是告诉他驾驶的乐趣以及操作方法了。这时,汽车销售人员可以鼓励客户进入车内。先行开车门引导其入座。如果客户进入了车内乘客的位置,那么你应该告诉他的是汽车的操控性能如何优异,乘坐多么舒适等;如果客户坐到了驾驶员的位置,那么你应该向客户详细解释操作方法,如刮水器的使用、如何挂挡等。最好让客户进行实操,同时进行讲解和指导,介绍内容应包括座椅的多方位调控、方向盘的调控、开车时的视野、腿部空间的感觉、安全气囊、制动系统的表现、音响和空调、车门。

⑥发动机盖。最后,引导客户到发动机盖前,根据实际情况向客户介绍发动机及油耗情况。汽车销售人员站在车头前缘偏右侧,打开发动机盖,固定机盖支撑,依次向客户介绍发动机舱盖的吸能性、降噪性、发动机布置形式、防护底板、发动机技术特点、发动机信号控制系统。合上舱盖,引导客户端详前脸的端庄造型,把客户的目光吸引到品牌的标志上。

所有的客户都会关注发动机。因此,汽车销售人员应把发动机的基本参数包括发动机缸数、汽缸的排列形式、气门、排量、最高输出功率、最大扭矩等给客户作详细的介绍。

由于介绍发动机的技术参数时需要比较强的技术性,因此,在打开发动机前盖的时候,最好征求一下客户的意见,询问是否要介绍发动机。

如果客户是对汽车在行的朋友,他们会认为自己懂得比你多,因此不要说得过多。对于不懂的客人,太多的技术问题会让他们害怕,言多无益。作为汽车销售人员,你只要能说出发动机是由哪家汽车生产厂家的,发动机盖是哪家公司生产的,动力性能如何,那就可以了。至于汽车油耗方面的问题,你可以介绍你的汽车是如何为客户节省燃油的。同时你也应该向他们推荐一些节油的方式。只要你服务友好、态度热情,他们一定会很满意。

在运用六方位绕车介绍法(见图 8.1.1)向客户介绍汽车时,要熟悉在各个不同的位置应该阐述的、对应的汽车特征带给客户的利益,灵活利用一些非正式的沟通信息,展示出汽车独到的设计和领先的技术,从而将汽车的特点与客户的需求结合起来。

图 8.1.1 六方位绕车介绍法

总之,六方位绕车介绍法是从车前方到发动机,刚好沿着整辆车绕了一圈,并且可以让汽车销售人员把车的配置状况做一个详细的说明和解释。这样的介绍方法很容易让客户对车型产生深刻的印象。

8.1.2　车辆介绍的方法

(1)FAB介绍法

所谓"FAB",其实是三个英文单词开头字母的组合,其中"F"是指属性(Feature),即产品的固有属性;"A"是指作用(Advantage),即产品的这种属性有什么作用;"B"是指好处(Benefits),即客户通过使用产品时所得到的好处。FAB介绍法可以将所销售产品的属性转化为即将带给客户的某种利益,充分展示产品最能满足和吸引客户的那一方面。

(2)构图讲解法

当人们听到或看到某件事情的时候,往往会在潜意识里为这件事构造出一幅图画,然后根据这副图画作出判断。在产品销售过程中,销售人员也可以利用这种构图的效果达到有效刺激顾客购买欲望的目的。

①采用构图讲解法的好处:给顾客留下深刻印象;增加顾客参与感;让顾客容易明白;吸引顾客注意力。

②构图讲解法应用的3个时机:功能叙述的时候;产品使用的时候;突出产品特点的时候。

③构图讲解法应用的重点:销售人员根据所销售的产品,提炼出一个销售主题,然后为这个主题构造一个应用的情境,最后将主题与情境搭配,连缀而成一个故事。

通过这种方法,为顾客构造出一副幸福、美满的图画,激起顾客对这副美丽图画的向往,从而使顾客接受你的产品介绍,并且购买你的产品。

(3)道具演示法

为了让解说更加逼真、生动,有时候可以利用一些道具来达到锦上添花的效果。

应用道具演示法进行产品解说,有以下几个注意事项:

道具不一定要大,它可以是一把尺子、一支笔、一块手帕,最主要的是通过道具演示来唤起顾客的想象力,引起顾客的共鸣。

操作时,语言、手势动作与道具的应用要配合协调,表情要自然逼真。

道具演示法主要是在顾客无法确实体会产品特色的情况下应用,要根据所销售产品的特点,决定是否采用道具演示法,或应用什么样的演示道具。道具演示法不可滥用,应用不好,还不如不用。

8.1.3　车辆介绍的原则

销售人员在进行产品推介时,需要注意的事项有很多。例如,维持良好的产品说明气氛;选择恰当的时机进行产品说明;产品说明中切不可逞能与顾客辩论等。

（1）了解你的产品

一次成功的销售与销售人员对本产品及本行业专业知识掌握的程度有直接联系。只有对本产品的知识熟练掌握，同时，明确本产品与行业内竞争对手的产品相比，有哪些有利条件和不利条件，才能在产品展示与推介过程中扬长避短、发挥优势。

（2）产品的基本知识

①产品的硬件特性。产品的性能、品质、材料、制造方法、重要零件、附属品、规格、改良之处及专利技术等。

②产品的软件特性。产品的软件指设计的风格、色彩、流行性、前卫性等。

③使用知识。产品的使用方法，如用途、操作方法、安全设计、使用时的注意事项及提供的服务体制等。

④交易条件。付款方式、价格条件、物流状况、保证年限、维修条件、购买程序等。

⑤竞争知识。与竞争产品比较、市场的行情变动状况、市场的交易习惯、顾客的关心之处、法律法令服务流程车辆展示与介绍等相关的规定事项。

⑥掌握产品的诉求重点。销售人员要能够有效地说服顾客，除了必须具备完备的产品知识外，还需要明确、重点地说明产品的诉求点。

有效、明确的诉求重点来自于平时对各项情报的收集整理和与顾客的多次接触。

⑦掌握产品的竞争差异。基于一个基本的市场原则，即市场竞争的存在性，销售人员可以将同类产品进行比较性分析，从而找出自身产品的优点与不利因素，在产品展示的过程中做到趋利避害。

⑧如何扬长避短。在进行产品展示时，切忌对本产品的缺点做过多的解释，否则就会越描越黑。采取摆事实、讲道理的方法，针对顾客的需求，突出产品的优势，回避产品的不足，以优点弥补缺陷，才会收到令人满意的效果。

⑨用顾客听得懂的语言。销售人员在进行产品展示的时候，一定要掌握这样一个重点：必须肯定顾客能够听明白我们的语言。一些专业术语、行话一定要用通俗易懂的语言表达清楚，千万不要故弄玄虚，让顾客不知所云。

8.1.4　车辆介绍的技巧

产品劝购是一门艺术。销售人员在进行劝购时应该注意自己的语气和用词。说话不能太多、太快或者漫不经心；劝购要委婉得体，要让顾客自己拿主意，满足顾客受尊重的需要。

（1）巧妙赞美顾客

巧妙地介绍自己的产品，有效地赞美顾客，将产品的优点与顾客的利益点有效地结合起来。在展示产品的过程中，甜言蜜语地赞美顾客，赢得顾客的好感与信任，这就是聪明的销售人员必须学习的成功秘诀。

（2）打个恰当比喻

有时候又臭又长的产品说明，不但不能起到劝购的作用，反而会引起顾客的反感。现在是个讲究效率的社会,几乎没有人愿意花费太多的时间来听销售人员长篇大论的产品介绍。因此,给你的方案打个恰当的比喻,用最简短、最精练的语言,最恰当、最形象的比喻,将它们表达清楚,这是销售人员在产品劝购中一项重要的技能。

(3)将缺点"全盘托出"

任何产品都会存在一些缺陷,这些缺陷对你的销售存在着诸多不利的因素,很多时候它们是你推销失败的罪魁祸首。然而,永远不要把产品的缺陷当成一项秘密,因为这是一种欺骗行为。一旦顾客发现你有意隐瞒,势必会导致你信誉的丧失。

因此,当产品的某一项性能不符合顾客的要求时,应当将这个缺点当着顾客的面"全盘托出";然后,再想办法把顾客的眼光引向产品的优势,着重表现出产品高于其顾客同类产品的地方。只有如此,才能化缺点为优点。

(4)让顾客参与其中

在销售时,最巧妙的做法是提供一个不完整的方案,给对方留下调整的余地;提供一个汽车营销实务不完美的商品,赋予对方修改的权利。"人之患,好为人师",当顾客参与了使方案或商品更完美之后,顾客就会更乐于接受你的建议。

8.1.5 车辆介绍应注意的问题

(1)对自己所介绍的内容要有信心

顾客在向销售人员了解情况时,非常注意销售人员非语言部分的信息表达。顾客们除了要对销售人员所讲的内容进行分析外,还会根据销售人员讲话时的表情、语气、声调和态度来作出判断。如果销售人员对自己讲的内容有所怀疑、缺乏信心时,自信心将会受到影响,随之面部表情也会发生微妙的变化。尽管销售人员可能会竭力掩饰,但这种微妙的变化会马上让顾客察觉到。

对于顾客而言,连销售人员自己都不认可的产品,凭什么我们还要去买。这就是为什么要求销售人员在进行产品展示与说明时应充满自信、充满激情、面带微笑。

(2)介绍中不能涉及太多的知识与概念

从心理学角度讲,顾客在接收任何信息时,一次只能接收6个以内的概念。但较多的销售人员不理解这个道理,在与顾客洽谈的过程中,就怕讲得不多顾客不接受,拼命将自己知道的向顾客倾诉。结果,当顾客离开时只知道几个不重要的概念,而真正影响顾客决策的要点都抛在了脑后。因此,找出顾客购车时最关注的方面,只需用6个关键的概念建立顾客们的选择标准就可以。如介绍发动机时,最关键的概念包括:输出功率、输出扭矩、油耗、汽缸数量、涡流增压、噪声、汽缸分布方式、压缩比、单顶置凸轮轴或双顶置凸轮等。但是,这么多的概念一下子介绍给对汽车并不专业的顾客,顾客就会如坠云雾之中,根本不知道什么最重要。

此时,销售人员只要告诉一般 1.3 L 排量的发动机,如"输出功率能够达到 6 kW,输出扭矩能够达到 100 N·m 以上,而且气门数量在 16 个以上就是一款好的发动机"。这里只用了 3 个概念,就让顾客有了一个自己的选择标准。此时,如果顾客对发动机兴趣浓厚,希望多了解一些情况的话,可以再把汽缸数、压缩比、凸轮轴等概念介绍给顾客们注意,这样的介绍不单纯只是一个概念,而应该把该概念的含义及对顾客的利益清楚地表达出来。如单凸轮轴和双凸轮轴,它不仅仅是用一根轴还是两根轴来控制进气和排气,双凸轮轴的结构对发动机的性能有提升,但会增加投资成本。如果顾客关注发动机的性能而对投资不做计较的话,选择双凸轮轴的发动机会更好。归纳一点,在向顾客介绍和展示汽车产品时,必须针对顾客关注的那一点说清楚,同时,最多只能给出 6 个概念,除非顾客在这方面很专业或顾客们对销售人员的介绍非常感兴趣并愿意接纳。

(3)介绍产品时不要太积极

这里所指的"不要太积极"不是说可以用消极的态度对待顾客,而是指在产品介绍中当顾客没有提出要求时,不要卖弄自己专业知识的渊博。如果不相信,最终吃苦的还是自己。

(4)要学会处理意外情况

产品展示与说明中经常或有意外的情况发生,可能是销售人员介绍错误,更可能是顾客的看法错误。此时,要注意做到以下几点:

马上修正自己的错误并向顾客表示歉意。任何人都不可能不出错,关键的是出错后的表现。一次,一位销售人员在向顾客介绍千里马轿车的发动机时,讲到一个错误观念,告诉一位顾客说千里马轿车的发动机是起亚公司原装发动机,共有 16 个气门,所以动力性能相当不错,输出功率和扭矩大。同时,销售人员特别指出,在 10 万元以内的家庭轿车中只有千里马轿车的发动机是 16 个气门,像羚羊轿车的发动机只有 12 个气门。当时,作为顾客对销售人员的说法表示出了异议,但该销售人员并未发觉,也没有作出修正。当然,该顾客最终没有与该销售人员成交。

如果是顾客的错误,应表示出善意的微笑。经常会遇到一些对汽车有一定了解并不那么专业的顾客,顾客们为了洽谈中左右谈判的局面,往往会表现出自己很专业的样子,但顾客对某些问题提出的看法又往往不正确。此时,销售人员最容易冲动的行为是试图去纠正顾客的说法。如果销售人员这样做了,就会发现让顾客很难堪,下不了台,甚至感觉非常没有面子,结果就是该顾客再也不会找这位销售人员买车了。遇到这种情况,最佳的处理方式是,如果顾客没有意识到这样的问题,销售人员千万不要自作聪明地去纠正;如果顾客已经认识到自己出错了,要面带微笑地说不要紧,谁都会发生这样的错误,刚开始时我也出了错。如果此时销售人员给足了顾客面子,顾客反过来也会回报销售人员并买单。

(5)别在顾客前说第三者的坏话

这里的"第三者"主要指竞争对手。一般而言,顾客为了降低自己购车的风险,往往会花费大量的时间去广泛调查。因此,有可能对调查过的销售商和销售人员会建立认识和好感,往往会有些汽车销售人员由于经验不足,当顾客提及竞争对手时销售人员会紧张,生怕这些对手会抢走自己的生意。因此,会针对这些"第三者"提出贬低的评价,这些评价就有相当一部分与顾客已经建立起来的认识发生冲突。结果不但没有降低顾客对"第三者"的认同,反而再一次增加了顾客对竞争对手的关注和认同。此时,如何巧妙地处理这样的情况就成为一个销售人员是否专业的一个标志。

最佳的做法是轻描淡写或以忽略的方式,或先认同顾客的看法,再以"只是""不过""如果"等转折词进行变换,千万不能用"是的""但是"这样非常强硬的语气来表示。如果销售人员对顾客提出的竞争对手的优势表示出不以为然的表情,则顾客就会觉得顾客们提出的问题不应该是汽车选购中最应关注的问题,反而有利于顾客对销售人员所涉及内容的关注度。

"第三者"还包括销售人员自己的同事。有时某些销售人员为了自己的业绩,会在销售中对汽车营销实务顾客提及的前面与顾客们打交道的同事进行贬低,殊不知越贬越让顾客觉得这家公司不可信,这位销售人员不值得合作。如果能够在顾客面前对自己的同事大加赞美的话,不仅不会失去顾客,反而会让顾客对销售人员产生敬佩,更有利于达成交易。

(6)保全顾客的面子

一个成功的销售是让顾客高兴而来,满意而归。谁也不希望在与销售人员的接触过程中发生不愉快的行为,但有时会由于销售人员无意识的行为让顾客动怒,从而不利于销售的顺利进行。有这样一个案例,即顾客的小孩用玩具敲打宝马轿车车盖,当时那位销售人员告诉小孩如果敲坏的话要顾客父亲赔,父亲听到这句话后说了一句"不就才几十万元,有什么了不起!"如果此时销售人员换一种说法就可以让顾客挽回面子。例如,"实在对不起,我说的不是这个意思,我只是不希望您买回去的是一部不完美的宝马轿车"。

任务8.2　试乘试驾礼仪

【任务书】

1.了解试乘试驾的流程。
2.通过试乘试驾得到客户对车辆的进一步认可。

【任务导入】

家人来参加试乘试驾活动,老公坐在前面开车,他太太抱一个小孩儿坐在后面,副驾驶位坐的是销售人员。快到红绿灯时他一脚刹车踩下去,那个车本来刹车就硬,他一踩刹车,结果车停下后,后排座他太太抱着的那个孩子的脑袋碰到了前面的座椅,孩子哇的就哭起来了。夫妻两人本来是很高兴的,结果两个人在车上吵起来了,弄得很不愉快。所以,在试乘试驾流程里,大家一定要注意细节。

【相关知识】

试乘试驾是让顾客感性地了解车辆有关信息的最好机会,通过切身的体会和驾乘感受,顾客可以加深对销售人员口头介绍的认同,强化其购买信心。在试乘试驾过程中,销售人员应让顾客集中精力进行体验,并针对顾客需求和购买动机进行解释说明,建立起信任感。

8.2.1　试乘试驾前的准备

规划试车路线,使顾客有足够时间来体验车的性能,熟悉并喜欢这部车。必须按照规定路线行驶,确保行车安全。事先安排好试驾路线,有可能的话,最好选择车流量较少的平坦路面,同时,选一些坑洼、爬坡路段等不同的路面,增加顾客的适应性,以舒适、安静为原则,时间控制在 15 min 左右为好。

(1)试车车辆选择

选择一部已被顾客基本确认、与顾客的要求与愿望基本相近(如果不能完全符合的话)的试车车辆。车况保持最佳状况,车辆加贴试乘试驾标志,CD 换碟盒中装有 CD,车内有脚垫。其他要求参照管理手册中展车规范要求的相关内容执行。

保持车内外清洁、各项功能正常和有足够的油料使用。

(2)试车车辆要保全险

顾客必须持有国家规定的 C 级或 C 级(新照 C1,C2,B1)以上的机动车驾驶证,才能亲自驾驶相应的试车车辆。

根据试车要求登记《试乘试驾登记表》,依次安排试驾。

准备并签订协议书。协议书具体内容由专营店自行编写,明确界定双方的权利和义务,以规避不应承担的经济、法律责任。

准备好《试乘试驾评估表》,请顾客填写。

8.2.2　试乘试驾的步骤

(1)引导用户观察整车外观和内饰设计

观察整车主要包括:格栅、前灯、车轮;车的外形;外形与车的功能是否符合;车身漆面;车内布局是否符合人体工程学,比如开关按键布局是否直观或便于操控;内饰材料、色彩、手感,内饰件颜色搭配协调,车内饰件贴合严密;车的行李箱空间大小;轮胎与车身的协调性。

(2)引导用户感受舒适性

①坐进车里,从乘坐空间的角度介绍汽车设计的合理性,根据用途不同,介绍车内空间的合理利用。

②车前座与后座有令人满意的头部空间、腿部空间。

③介绍座椅调整方法,座椅的加热功能,以及在较长旅途情况下,座椅的舒适程度。

④介绍车内空调系统运行状况,制冷或制暖的应用。

⑤介绍车内灯光的舒适度,如门灯、脚灯。

⑥介绍车门进出的方便性。

⑦介绍被试车提供的安全装备,三点式座椅安全带、头部保护装置、安全气囊的功能。

⑧介绍车辆主动安全性,如 ABS、ESP、ASR、EBD、动力转向随速助力调节系统等的功能。

⑨介绍在撞车实验中的表现。

⑩介绍并比较装备价格。

⑪介绍装备价格比。

⑫介绍在既定价格下,被试车提供的装备,如空调系统、音响系统、电动门窗。

⑬介绍在同级别车型中,有无其他品牌车没有提供的装备。

⑭介绍本车型提供的质保期。

⑮讨论在同级别车型中,与竞争对手相比的相对优点。

(3)指导用户驾驶与乘坐体验

①点火着车,体验发动机运转是否顺畅,留心听发动机声音(还可踏下加速踏板,听听声音是否顺畅)。感受转向盘和座椅有无轻微或不可忍受的振动,试试静止时车的排挡(自动挡车型)是否可以顺畅地拨动。

②在不同路面(如湿滑路、坡路、土路、一般公路)情况下,体验起步加速是否平稳。

③在不同路面,体验不同速度下汽车行驶质量怎样,感觉底盘是硬还是软。

④体验汽车动力是否强劲(包括起步、超车、提速),在不同挡位体验加速是否顺畅。

⑤体验转向是否精确,范围包括直线行驶稳定性,转向随动性,制动稳定性等,汽车转向有无转向不足或转向过度问题。

⑥体验整车悬架设计,包括弹簧支柱、四连杆式悬架是否与整车动力表现匹配。

⑦感觉齿轮转换或咬合是否精确或顺畅,如果是自动变速器,是否频繁跳挡。

⑧体验轮胎在干、湿路面下能否充分抓地,同时感受制动性能表现如何。

⑨感觉高速行车时发动机噪声、路面行驶噪声及风噪的大小。

任务8.3　交车服务礼仪

【**任务书**】

1. 了解新车交车的程序。

2. 能够知道如何进行交车。

【任务导入】••

    顾客1:"所有的销售人员对任何一个客户都应该热情周到,不要不是自己的客户遇到问题咨询时就不理,只要进店的客户无论是否购车,都应该热情耐心接待,不应该那么冷漠。"

    顾客2:"希望销售人员做不到就不要承诺客户。"

    顾客3:"销售顾问应多给客户讲解车辆的知识,包括配置和保养手册等的知识。"

    针对以上顾客的心声,你认为怎样才能做到"完美交车"呢?

【相关知识】••

    从客户的角度来讲,在交完车款办完各种手续准备开走自己的爱车时,心情大多会欣喜而激动。客户在交车时希望得到什么呢? 一般而言,他们希望:

    ①汽车已经准备好,油箱中加满燃料,自己拿到车钥匙即可开回家。

    ②汽车内外一尘不染,好像客户是第一个坐进去的。试想谁会在买新车时开走一辆被人开过多次或有些脏污的车辆呢?

    ③顾问对汽车的特征、仪表和操纵设备作完整的介绍,使得客户对自己的爱车有清楚而详尽的了解。

    ④销售商对汽车的保修和维护计划作完整的介绍,这样有利于客户以后的用车。

    ⑤与维修服务的经理见面并得知维修服务的程序。4S店的整体利润很大一部分来自于售后服务,经过这样的见面引见程序,可以很自然地将销售程序过渡到售后维修程序,这样对于4S店而言是利润的保证,对于客户来讲是周到细致的服务。

    ⑥销售顾问对汽车非常了解,能解答客户的大部分问题,并愿意为客户查找不知道的答案。这里既要求销售顾问的业务知识素质,又要求销售顾问百问不厌的热情服务素质。

    ⑦可以得到所有应提供的材料,包括保修单、使用手册等。

    ⑧购车完毕后,如果遇到任何问题,销售顾问可以解答疑问或提供帮助。

    完美交车的五个指标是:确认交车流程满意,建立详尽的客户资料,巩固客户对我的忠诚,完美衔接零服部门,预设推荐意愿伏笔。

8.3.1　交车程序

    首先由客户挑选车辆,通知仓库保管员客户所选车辆型号及颜色,由其将车辆提至指定区域待选。销售顾问要陪同客户进行选车,及时解答客户在选车过程中提出的疑问,待客户确定外观无损后,打开车门启动发动机,检查发动机是否运转正常,察看内饰件是否有损,各功能件是否操作无误。在选车的过程中,一般不可以移动车辆,因客户操作不当而造成的任何车辆损失问题由销售顾问负责。

    客户确定好所要购买的车辆后,销售顾问即可通知财务安排交款事宜。一般应该坚持车款到账提车的原则,以免产生不必要的纠纷。

车辆交付手续一般包括:

领取档案销售顾问到仓库保管员处领取车辆档案,领取的档案一定要与客户所选定的车辆一致,当面核对档案袋内容,如合格证、技术参数表、车辆使用说明书、保修手册、点烟器及交车手续等。特别注意合格证上的车架号、发动机号与所售车辆要绝对一致。

开具发票客户需提供有效证件作为开票依据。注意开完发票后要认真核对,确保其准确无误,以免为后续车辆落户工作造成麻烦。

填写购车单客户信息的填写务必要准确,为后续跟踪服务提供有效依据。交车前 1 h 完成所有行政、证件、交款的相关手续。

建立客户档案复印合格证、技术参数表、发票、客户有效证件、条形码,用于建档。客户档案一般包括的内容有:加盖业务专用章的购车单一张、合格证复印件、技术参数表复印件、条形码和客户有效证件复印件、发票复印件、需客户签字确认的汽车交付表、需客户签字确认的技术报告单等。

填写保修手册内容的填写必须详细、清晰且符合标准。分别由客户、销售部门、售后服务部门各留一份。

车辆交付再次核对发动机号和车架号是否清晰无误、检查随车工具是否齐备,为客户详细讲解车辆使用及操作过程中应注意的事项。客户在汽车交付表及技术报告单上签字确认后即完成交车。

带你的客户参观维修部门,向客户介绍适当的维修人员和维修程序,出现什么问题找什么部门解决。售后服务部门的工作人员向客户介绍解释保修和保养计划、保养项目、保养秘诀等。销售、售后部门相关人员与客户合影留念,确认车主购车过程、交车流程是否满意,约定下次电话拜访的可能时间。

交车程序结束后如果建立俱乐部或会员制的公司,要用一种恰当的方式将公司的会员卡送给客户,将与之相关证件的复印件留档,并作好记录备查。提醒客户将公司介绍给其他客户。

8.3.2　交车礼仪

首先电话联系顾客,商量交车时间,询问与顾客同行人员、交通工具,对交车流程和所需时间作简单介绍,并且询问顾客还有什么要求。

汽车营销人员应提早在展厅迎候客户的到来,穿着正装,举止得体,语言亲和、友善。

交车前汽车营销人员要对车辆进行必要的检查和清洁,使得车辆清洁、清新,并且把车内的地板铺上保护纸垫。

汽车营销人员在交车前,事先要协调好售后服务部门及客服中心,保证交车时相关人员在场,在交车过程中要将售后服务顾问介绍给客户。

汽车营销人员在交车前准备好需要签字的各种文件,确认并检查车牌、发票、随车文件和工具等。

汽车营销人员在交车前确认顾客的服务条件和付款情况及车辆的保险等。

将车放在已打扫干净的交车区内,准备好车辆出门证。

汽车营销人员在交车前的准备还包括照相机、礼品、服务优惠券等。

与顾客道别,对顾客表示感谢。送顾客离开,挥手致意。

1)电话预约顾客来店交车

在交车前一天电话与客户联系,商量并确定交车的具体时间,如有延误影响预定的交车日期和时间,应立即与客户联系并表示道歉,同时,说明延误的原因并重新确定交车时间。提示客户带上必备的证件。

2)简短热烈的交车仪式

为什么要有简短热烈的交车仪式?因为通过仪式可以向客户传递这样的信息,我们是专业的、可以信赖的经销商,是能够为客户提供优质售后服务的团队。选择恰当(个性化)的赠品来赢得客户关注。

交车仪式包括开场白、介绍、个性演讲、祝贺、礼物、欢送。

①开场白、介绍

a. 向顾客介绍服务顾问,由服务员介绍服务部的时间、预约流程,并递交名片。

b. 向顾客及其家属赠送鲜花、小礼品、拍纪念照等,并鼓掌表示祝贺。

c. 主动询问周围是否有潜在顾客。

d. 陪同试车/提供送车服务(如果顾客有需要)。

e. 请顾客填写《客户满意度调查表》——客服部负责。

②欢送

a. 确认顾客可接受的售后跟踪联系方式,说明跟踪目的。

b. 感谢顾客选择产品,并恭喜顾客拥有了自己的新车。

c. 提醒就近加油,并指明具体位置,提供出门证。

d. 根据顾客去向,指导行驶路线。

e. 送顾客到门口,目送顾客远去至看不见为止。

3)交车后追踪

一般 3 日内尽可能致电或亲自拜访,了解车辆使用情况,定期或不定期地进行持续性沟通,预约回厂进行保养,以便建立长期的服务关系。

【情境小结】 ●●●

六方位绕车介绍很容易让客户对车型产生深刻印象;通过试乘试驾,使汽车消费者可以确认购买行为的产生,掌握销售技巧,树立销售品牌意识。

【思考与训练】 ●●●

自选车型做车辆介绍演练。

【实训】

实训 8.1　汽车展厅接待综合实训案例模拟

1. 进行案例模拟的目的

让学生模拟汽车销售中顾客接待、需求分析及车辆介绍的流程,训练学生从顾客进门、洽谈业务到送客整个流程的礼仪举止。使学生通过角色的演练,熟练掌握基本礼仪中的规范动作,并使学生的礼仪和销售技巧以及应变能力都能得到质的飞跃。

2. 设备准备

①场地。汽车营销实训室。

②车辆。宝马、宝来车辆各一台。

3. 案例模拟

一位教师欲购买一台威驰车,场面设定如实训表 8.1 所示。

实训表 8.1　场面设定

状况	自由来店(首次来店)
时间	星期二下午 6 点左右
地点	经销店展厅
来店方法	乘出租车前来
来店者	一位 30 岁左右的男顾客

顾客背景信息及对应要求如实训表 8.2 所示。

实训表 8.2　顾客背景信息及对应要求

	检查点		详细信息
相关信息	顾客信息	①姓名、年龄、驾龄	王先生 28 岁,未婚,刚领驾照
		②职业	大学教师
		③兴趣	打球、会友
	来店时心情		准备近期选购一款新车,但还没有确定选购的车型。下班回家的路上,顺便来经销店看看
顾客的想法	关于新车	①购车经验	新购车,主要是想选购一款车
		②主要使用者用途	主要是上下班代步使用
		③顾客本人对新车的期待	王先生注重车辆的使用性能、灵活性、综合性价比
		④购车预算	9 万元左右
		⑤其他关注点	期待车辆的配置先进

续表

检查点			详细信息
顾客的想法	关于竞争车型	①最近看过的车型	本田的飞度
		②顾客对飞度的看法	外观小巧灵活、车辆性能优良
顾客表现	顾客进入经销店后,表现出尚未确定具体选购车型,同时对威驰、卡罗拉表现出一定程度的关心		
顾客对应要求	顾客应严格按照脚本推进,对所要提问的问题,一定要进行提问。 回答销售人员的问题时,请严格按照顾客背景信息进行回答(对于销售人员提问以外的内容不进行赘述)。 请进行事前练习,以能够熟练对应。 对于与顾客背景信息无关的提问,应尽早结束谈话。 对于销售顾问的过于生硬的提问,可以选择不完全回答或拒绝回答		

4.销售人员的任务

①从顾客来店、到门口迎接开始,到顾客离开、送顾客出门结束。销售人员应严格规范接待动作和接待礼仪,主动积极地招待顾客,使顾客从满意到感动。

②接待来店顾客,力求给顾客留下良好的印象,建立顾客的信心,为销售服务奠定基础。

③通过与顾客的商谈,把握顾客信息,进行商品说明及竞争车型优势对比。

④对于顾客的提问,进行清晰明了的回答,打消顾客疑虑,为引导顾客需求做好准备。

⑤根据顾客的需求,给顾客合适的建议。

⑥通过良好的沟通,争取顾客能再次来店。

5.销售流程中的要求(实训表8.3)

实训表8.3 销售流程中的要求

检查点		相关要求
顾客应对	①个人仪容仪表及亲和力	装容整洁 活力充沛、精神饱满的第一印象
	②主动邀请顾客进入车内体验	主动邀请顾客进入展车内 姿势正确,为顾客开启车门、保护头部
	③主动引导顾客到商谈桌	主动引导顾客到商谈桌入座姿势正确,为顾客指示席位、拉扶座椅
	④礼仪	
	a.寒暄	顾客进入时,主动向顾客打招呼声音洪亮、充满朝气
	b.递交名片、自我介绍	第一时间向顾客递交名片递交名片时姿势正确同时进行自我介绍、自报姓名
	c.提供饮料	顾客入座后,及时提供饮料询问顾客所需的饮料种类

续表

检查点		相关要求
顾客应对	d.递交资料	资料正面面向顾客,双手递送
	e.手势、肢体动作正确	坐姿、走姿正确不用单指指点
	⑤是否使顾客没有压力	在顾客刚刚进入展厅时,不紧跟其后,使其能自由参观; 不直接进入商品推销,使顾客精神上放松
	⑥约顾客下次来店	主动约顾客下次来店方式委婉、易于被顾客接受
	⑦赢得顾客的信赖	激发顾客对经销店以及销售顾问的信任感
需求分析	①顾客个人信息获取	采用顾客可接受的方式获取顾客姓名、电话、兴趣、职业、家族构成等信息
	②主要使用者信息	采用顾客可接受的方式获取使用人、主要用途、使用习惯等信息
	③对新车的关注点	采用顾客可接受的方式获取顾客对新购车型的要求、关注点等信息
车辆介绍	①绕车介绍	根据顾客需求、关注点重点突出、有说服力
	②竞车比较	根据顾客需求、关注点进行竞争车对比,以客户容易理解的方式进行竞车说明; 竞品说明要体现出能够给客户带来的好处
	③解决顾客疑虑	采用顾客可接受的方式,合理、有说服力
异议处理	充分倾听顾客的感受,表现专业、热情、信赖,具有亲和力	

学习情境 9

汽车售后服务礼仪

【学习目标】

1. 正确认识客户投诉。
2. 了解客户投诉的分类。
3. 掌握客户投诉产生的过程及投诉的原因。
4. 掌握客户投诉的处理原则。
5. 掌握客户投诉处理技巧。

【任务导入】

　　2015年9月5日,某客户到维修站进行车辆常规保养及检修空调异响,当晚发现空调仍有异响,于7日再次到维修站进行检查。维修站检查后告知鼓风机损坏,维修费用约400元,但在更换前发现服务顾问报错了零件,实际价格应是1 000多元。由于两者差额较大,致使客户产生抱怨,认为这是由于维修站第一次检修不彻底导致的,应由维修站承担责任。

　　本案例中,客户在维修站保养、检修完成后认为仍有问题时,尚处于抱怨萌发期。而对应服务核心过程,由于以下原因导致客户投诉:

　　①维修人员对报修项目检查分析判断不彻底,导致故障隐患没有排除。

　　②车辆交车前的质量检验工作不到位。

　　③报错零件价格导致报价反复,使客户抱怨升级并投诉。

　　解决方案和建议:

　　(1)关于客户投诉的处理

　　分析本案例客户投诉动机,其投诉表象是维修质量,而隐含需求则是对再次维修的价格表示不满。因此,作为维修站的态度应是:

　　①服务经理与客户沟通致歉。

　　②提供零件材料实际价格的收费标准。

③对鼓风机损坏与保养及检查是否存在必然联系作出合理的技术解释。

④在维修收费上适当给予优惠。

⑤内部通告处理方式,教育员工,同时针对此投诉所反映出的问题制订相应管理、服务等改进措施。

(2)内部改进措施

①加强维修机工的业务能力的培训。

②完善维修工作质量的检验把关规范。

③对服务接待人员加强业务知识培训和服务责任心教育。

任务 9.1　售后跟踪

【任务书】

1.了解售后跟踪的目的。

2.能够通过售后跟踪达到新的客户开发的目的。

【相关知识】

所谓"跟踪访问",就是销售顾问或其他工作人员为了达成交易或为了提高顾客的忠诚度,运用客户跟踪服务和访问技巧,主动在售前或售后跟进客户,获取信息,促成交易,提供服务,确保客户满意,使之成为忠实客户。

有统计表明,销售服务店的大部分收入是从少部分满意的顾客中获得的。只有满意的顾客越多,销售服务店的收入才会越高,也才会越稳定。一般而言,取得顾客最佳满意度的方法就是了解、满足并超越顾客的期望。这也是销售服务店建立和维护自身长期利益的一种方法。

为了提高顾客的满意程度,销售顾问应努力做到以下几点:

①以客为尊。对顾客要给予充分的重视和尊敬,像接待重要人物一样接待顾客,这也就是所谓的"视顾客如上帝"。

②提供给顾客当成自己为顾客时所需要的一切。通过换位思考,时时设身处地地为顾客着想,这样才能打动顾客。

③找准顾客与品牌及产品之间的连接点,即产品外观、性能和质量等适合顾客的地方,达到顾客的最大满意。

④售后跟踪回访的目的是完善服务,培养忠诚的客户,是提高用户满意度最有效的途径之一。

9.1.1 售后跟踪回访的目的

提高用户满意度,强化顾客忠诚度;了解产品质量信息,消除用户担心,及时为用户提供售后服务,提高产品美誉度;延续顾客对产品的满足感,提高品牌知名度。

9.1.2 售后跟踪回访的主要内容

表达谢意,了解整车使用后的感受、质量反馈及附加维护和修理项目,帮助解决问题,传递本公司最新信息。

9.1.3 售后跟踪回访方式

售后跟踪回访的方式,包括电话、电子邮件、传真、普通邮寄和登门拜访等。

9.1.4 电话回访的主要内容

首先向顾客介绍自己和公司,一定要说出自己的名字和顾客的姓名。例如,"我是××公司的销售顾问×××,您是买了我们××车的×××先生/女士吧。"提及顾客购买的汽车情况,表现出对顾客使用新车的兴趣,倾听顾客的担心,了解顾客新车的使用情况;邀请顾客再次参观销售服务店;感谢顾客购买汽车。

9.1.5 电子邮件、传真、邮寄的主要回访内容

通过电子邮件、传真和邮寄3种方式向顾客寄送感谢信、维护保养提示函、小礼品、问候卡;传递产品、市场和企业最新动态信息,掌握车辆质量信息,及时为顾客解决实际问题,消除顾客抱怨,加强与顾客感情联络。

9.1.6 对特殊顾客的登门拜访

对于系统批量购车企业或团体,应着重从售后服务方面及时解决其已购车后顾之忧,并实行定期走访制,长期保持友好联系;对于抱怨强烈的特殊顾客,必要时,上门拜访,主动向顾客道歉,从心理上安抚顾客。

9.1.7 不同类型顾客跟踪回访方式

对于非常满意的顾客或满意的顾客,在保证为顾客提供优质服务的前提下,按常规回访计划,由售车销售顾问、售后服务人员进行正常跟踪回访,即可保持、提升甚至延续满意度。一般可采用电话、邮寄、电子邮件等方式回访。对于不满意的顾客,除保证为顾客提供优质服务、按常规回访计划由售车销售顾问、售后服务人员进行正常跟踪回访外,还应由服

务店经理亲自回访,一般可采用电话、邮寄、电子邮件、传真等方式回访。对于非常不满意的顾客,除保证为顾客提供优质服务、按常规回访计划由售车销售顾问、售后服务人员进行正常跟踪回访外,还应由服务店经理、总经理亲自回访,一般可采用电话、登门拜访、邮寄、电子邮件、传真等方式回访。

9.1.8　对顾客跟踪访问过程的总体要求

要熟练掌握电话等跟踪访问的技巧;通过顾客访问销售店或车辆维修历史记录等,不断地完善顾客的信息;欢迎牌应放在所有顾客方便看到的地方,如顾客接待区或顾客洽谈区;每天拟订一份跟踪回访议程表,要包含预约访问内容;及时整理、统计、分析、总结、反馈、传递顾客访问信息。

9.1.9　顾客档案的建立和管理

顾客信息属公司无形资产,各家公司都十分重视,一般要由专人负责档案管理,以建立起完善的顾客档案。顾客档案必备的资料,如果是单位或团体的购车用户,包括他们过去购买的产品、服务和价格,关键的联系人和他们的年龄、职位、生日、爱好,竞争的供应商当前合同履行状况,预计以后几年中的开支等;对于个人购车用户,包括个人的人文统计资料,如性别、年龄、收入、家庭成员、生日;生理统计资料,如活动、兴趣和意见等,过去的购买情况和其他相关的信息。另外,档案还要包括售前访问表(如果顾客不是第一次到销售店就直接购车)、售后跟踪回访表、交车表及用户登记表、身份证、发票、复印件等。

任务 9.2　客户投诉分析

【任务书】 ....🚩

1. 正确认识客户异议。
2. 掌握客户异议的分类。

【相关知识】 ....🚩

9.2.1　正确认识客户的异议

顾客异议有些是顾客的合理关注,也有一些是顾客的一种借口或托辞。那么,正确认识顾客异议,以什么样的态度和原则去处理顾客异议就显得非常重要。

（1）把顾客异议看成是一种正常现象

俗话说："褒贬是买主，喝彩是闲人"，对顾客来说，表示异议是顾客的权利。顾客有权利获得最优惠的价格、最好的质量和最佳的服务。而保证顾客获得这些权利的唯一途径就是对推销提出质疑，采取方式是对一个或几个推销特色提出疑问或表示异议。即使顾客发现这笔交易总体上是可以接受的，顾客也总是会提出一些这样或那样的疑问来获取有利的成交条件。

（2）对销售人员来说，应该欢迎这些异议

因为异议体现了潜在顾客对销售人员感兴趣。当顾客不知道销售人员的产品如何能满足顾客们的需要时，顾客们就会提出异议。如果销售人员不能有效地回答顾客的问题或解决异议，销售人员就不能达成交易。通过潜在顾客提出的异议，销售人员还可以了解顾客到底在想什么，同时，也有助于确定潜在顾客处于购买过程的哪一个环节，是注意、兴趣、欲望，还是准备购买。根据调查发现，异议在推销过程中有着很重要的作用，当异议不存在时，交易只有54%的成功率，当顾客有异议时，交易的成功率达到了64%。

（3）顾客异议是一种挑战

推销是一种挑战性工作，如果没有顾客拒绝，还要销售人员干什么？销售的本身就是要求销售人员去改变顾客以往的观念行为而接受新的观念、新的产品、新的消费方式等。这是很困难的，不付出足够的努力是不可能实现的，而不断接受挑战，正是销售人员应具备的素质。

9.2.2　客户异议的分类

顾客异议有时是真实的，有时是虚假的。真实的异议是那些现实存在着的、顾客的真实顾虑，而虚假的异议往往是隐含的，表现在顾客只提出一些表面问题或在没有明确理由下的推托或犹豫不决。

（1）真实的异议

真实的异议就是指客户所提出的异议是他内心真实地对你产品或服务的不满。这些异议可能是事实也可能是错误的。比如，"我的同事开的就是你们的车，它的毛病很多""这车的方向据说特别沉，开起来很费劲""你们修起汽车来总是拖拖拉拉的，收费还很高"。

（2）虚假的异议

虚假的异议就是指客户所提出的异议并不是他内心的真实想法，只是他在购买洽谈中为了压低价格等应用的一个策略。比如，当客户想要你降低价格时，他通常会挑出某些毛病来，如"这车的外形显得不够大气""内饰还停留在几年前的水平上，黑色加上太过保守的布局，很老气"之类的异议，其实，这并不是客户真正的异议，而是客户为了增加自己手中的砝码，寻找不存在的缺陷或扩大产品中微小的不足之处来进行策略性的试探，以寻求价格上的减让或者在谈判中提高自己的位势。

（3）辨别真假异议

辨别真假异议的方式主要有以下几种：

当你为客户提出的异议提供肯定确凿的答案时，注意留心观察客户的反应，一般说来，他们要是无动于衷的话，就表明他们没有告诉你真正的异议。

有些时候，你判断出客户所提出的异议是假异议，但又无法知道他内心的真实想法，这时你也可以大胆地直接发问，比如："王先生，我觉得您好像有什么顾虑又不肯说出口，您能告诉我真正的原因吗?"提问是了解真相的一个好办法。

任务9.3　客户异议处理原则

【任务书】 ⋯⋯⋯⋯⋯⋯⋯⋯⋯⋯⋯⋯⋯⋯⋯⋯⋯⋯⋯⋯⋯⋯⋯⋯⋯⋯⋯⋯⋯⋯⋯

> 1. 掌握好事前准备原则。
> 2. 掌握以诚相待原则。

【相关知识】 ⋯⋯⋯⋯⋯⋯⋯⋯⋯⋯⋯⋯⋯⋯⋯⋯⋯⋯⋯⋯⋯⋯⋯⋯⋯⋯⋯⋯⋯⋯

9.3.1　处理顾客异议时应把握的原则

（1）事前作好准备

销售人员在与顾客接触之前要预计顾客可能提出的各种反对意见，并作好充分准备，当顾客提出时就能从容应对。编制标准应答语的程序：

①将大家每天遇到的客户异议写下来。

②进行分类统计，依照每一异议出现次数的多少排列出顺序，出现频率最高的异议排在最前面。

③以集体讨论的方式编制适当的应答语，并编写整理。

④由老销售员扮演客户，大家轮流练习标准应答语。

⑤对练习过程中发现的不足，通过讨论进行修改完善。

⑥对修改过的应答语进行再练习，并最后定稿备用，最好是印成小册子发给大家，以供随时翻阅。做到运用自如、脱口而出的程度。

（2）保持冷静，避免争论

争辩不是解决问题的最好方法，尤其在销售过程中，往往会导致交易的提前终结。

（3）留有余地

无论顾客的对错，销售人员都要注意为顾客留有余地，维护顾客的自尊心。

（4）以诚相待

汽车营销的目的在于与顾客建立长期的关系，因此，销售人员要以诚相待，才能获得顾客的持久信任。

（5）及时处理

对出现的异议要及时进行处理，从而防止矛盾积聚和升级。

9.3.2　处理客户异议的步骤

无论销售人员的推销能力多么出色，但是在交易过程中总会有一些异议发生。因此，事先规划好一个处理异议的步骤非常重要。

（1）倾听客户异议

这是收集信息的一种过程，这些信息非常有助于解决问题。①要耐心听完，不要急于作出反应；否则，会让顾客感到你非常敏感而起疑心。②不可打断顾客，因为这样会激怒他。③听取顾客意见时要诚心。总之，要多听少说。

（2）对客户异议表示理解

在对一个异议作出反应之前，应保证完全理解顾客。这种理解包括两个方面的内容：一是正确把握异议的真实含义；二是向顾客表示自己对顾客异议的善意、诚意。对顾客提出的意见要表示感谢，态度要诚恳，表现出赞同顾客观点，充分理解顾客的感受。

（3）澄清和确定客户异议

顾客提出异议后，必须澄清其真伪性，通过一系列的提问，确定真实的顾客异议，然后表述一下销售人员对顾客提出的异议的理解是否与顾客的出发点一致，对自己的判断予以确定。找不到真实的顾客异议，就不能解决顾客心中最大的顾虑。就像医生治病一样，只有找出病根，才能对症下药。

（4）解答客户异议

澄清顾客异议的同时，要掌握处理异议的技巧，选择最好的回答。需要强调的是，最佳的回答总是取决于顾客当时的情况和异议本身的特点，只有完全满足了顾客的一切要求，异议才会消除。

（5）努力完成销售

在销售人员圆满地处理顾客异议之后，就有可能达成交易，但是如果顾客对销售人员的解答仍然摇头，则说明销售人员没有真正弄清顾客的需要，仍需要进行沟通，直至顾客满意，推销才能成功。

9.3.3　处理客户异议的方法

（1）运用转折法处理客户异议

转折处理法是销售人员处理异议时常用的方法。销售人员应用这种方法，首先要承认顾客的看法有一定的道理，也就是向顾客做出一定的让步；然后再根据有关事实和理由来间接否定顾客的意见，提出自己的看法。

1）转折处理法的优点

①销售人员不是直接驳斥，而是间接否定，有利于保持良好的人际关系和融洽的销售气氛。

②销售人员尊重异议，承认异议，态度委婉，顾客容易被说服。

③销售人员利用回避，赢得时间，去分析异议的性质和根源，可为处理异议的方案留有余地。

2）转折处理法的用途与缺点

从转折处理法的基本思想来看，它不适用那些敏感的、固执的、个性强且具有理智型购买动机的顾客，也不适用于探索研究性的、疑问类型的顾客异议，而适用于那些因顾客成见、偏见及信息不通而产生的异议。转折处理法适宜在"以柔克刚"的情况下应用，不得滥用。当然，这一方法也并非十全十美，它可能削弱销售人员及其销售提示的说服力量，增大销售的难度。由于故意回避顾客的异议，还容易使顾客产生各种错觉，认为销售人员可信度低，而且转折处理需要时间，不利于提高工作效率。

（2）运用转化法处理客户异议

转化处理法是利用顾客的反对意见本身来处理异议的方法。顾客的反对意见有双重属性，它既是交易的障碍，同时，又是很好的交易机会，销售人员要利用其积极因素去抵消消极因素。

1）转化处理法的优点

销售人员利用异议处理异议，不必回避顾客异议。

销售人员可以改变有关顾客异议的性质和作用，将顾客拒绝购买的理由转化为说服顾客购买的理由。

销售人员直接承认顾客异议，有利于保持良好的人际关系和营造融洽的推销气氛。

有效利用了推销哲学，把顾客异议转化为推销提示，把推销异议转化为推销动力，把不利因素转化为有利因素。

2）转化处理法的缺点

利用转化法处理异议的缺点：可能使顾客产生抵触情绪；顾客希望自己的意见受到尊重，但采取转化法容易使顾客失望；如果滥用，会导致顾客提出更多异议，弄巧成拙，适得其反。

（3）运用补偿处理客户异议

如果顾客的反对意见的确切中了商品和服务的缺陷，销售人员千万不可以回避或直接否定。明智的方法是承认有关缺点,然后淡化处理,利用产品的优点来补偿甚至抵消这些缺点。

1)补偿法的优点

销售人员不是利用和转化利益,而是肯定和补偿顾客异议,因此,有利于改善销售人员与顾客之间的关系。

销售人员实事求是,承认缺点,提示优点,有利于顾客达到一定程度的心理平衡。

由销售人员直接提示优点,有利于开展重点推销。

用途比较广泛,适宜处理各种有效的顾客异议。

2)补偿法的缺点

补偿法可能产生负效应,易使顾客认为销售人员无法处理所提异议;会使某些顾客自以为是,纠缠不放,甚至提出更多异议;有些顾客异议,尤其是来源于顾客购买动机和认识水平的异议,就很难抵消和补偿。

(4)运用询问法处理客户异议

在没有考虑好如何答复顾客的反对意见时,销售人员不妨先用委婉的语气,把对方的反对意见重复一遍,或用自己的话重复一遍,这样可以削弱对方的气势,有时换一种说法会使问题容易回答得多。注意,销售人员只能减弱而不能改变顾客的看法,否则,顾客会认为是在歪曲顾客的意思而对销售人员产生不满。销售人员可以复述之后问一下"您的意思是这样吧?"然后再说下文,以征得顾客的认可。

1)询问法的优点

通过询问,可以得到更多的反馈信息,有利于找出顾客异议的根源,明确顾客异议的性质。

采用询问法,销售人员直接追问顾客,请教顾客,有利于销售人员进一步处理好顾客异议。

询问可以迫使顾客说出异议根源,既可使销售人员处于主动地位,又可暴露顾客的弱点。

询问法方式灵活,能让顾客自己来处理自己所提出的有关购买异议。

2)询问法的用途与缺点

询问法主要适用于处理各种不确定型的顾客异议,不宜处理各种无关异议。如果顾客希望得到销售人员直接的答复或者得到明确的澄清,而销售人员不理解顾客的心理活动,不仅不能给予顾客简单明确的答复,反而滥用询问法去追问顾客,就会引起顾客的反感,甚至产生抵触情绪。当顾客本来就存在不少异议,在销售人员的进一步追问下又会引发新的异议,就会造成对销售更为不利的局面。

此外,销售人员对顾客的异议一再追问,也会破坏销售气氛甚至可能导致最终无法成交。

(5)运用反驳法处理客户异议

从理论上讲,应该尽量避免使用反驳处理方法。直接反驳对方容易使气氛不友好,使顾客产生敌对情绪,不利于顾客接纳销售人员的意见。但如果顾客的反对意见是由于对产品的误解或销售人员手头上的资料恰好能帮助说明问题时,销售人员不妨直言不讳。

1)反驳法的优点

通过摆事实、讲道理,可以增大推销说服力度,增强顾客购买信心。

直接说明有关情况,可以节省推销时间,提高推销效率。

用途十分广泛,而且符合多数顾客的习惯。

有利于道破顾客的各种借口,促使其接受推销。

2)反驳法的用途与缺点

反驳法只适用于处理因顾客的无知、误解、成见、信息不足等原因而引起的有效顾客异议,不适用于处理无关的、无效的顾客异议,不适用于处理因情感因素或个性问题引起的顾客异议,也不适用于有自我表现欲望与较为敏感的顾客提出来的异议。反驳法也具有明显的局限性,具体表现为:销售人员直接否定顾客异议,容易引起抵触、反感情绪,形成不融洽气氛;容易增加顾客的心理压力,导致顾客回避推销。如果顾客的异议正确或有一定道理,利用反驳只会降低企业、推销品及销售人员在顾客心目中的信誉度。

(6)处理客户异议的其他方法

1)预防法

预防法是指销售人员预知顾客将要提出特定的反对意见,在顾客尚未主动提出之前主动抢先替顾客提出的一种处理方法。在推销活动中,有些顾客提出的各种公开的异议只是拒绝的一种借口,而隐藏在内心深处的秘密异议才是成交的真正障碍。在这种情况下,销售人员可以通过预防处理法抢先提出顾客实际上存在的购买异议,先发制人,排除成交故障。

2)忽视法

忽视法对于顾客的一些不影响成交的反对意见,销售人员最好不要反驳,销售人员只要面带微笑地同意其意见就够了。

任务9.4　客户投诉处理技巧

【任务书】

1.掌握客户投诉处理的技巧。

2.能够妥善处理客户的投诉。

9.4.1 用心倾听

虚心接受客户投诉,耐心倾听对方诉说。客户只有在利益受到损害时才会投诉,作为客服人员要专心倾听,并对客户表示理解,并作好纪要。待客户叙述完后,复述其主要内容并征询客户意见,对于较小的投诉,自己能解决的应马上答复客户。对于当时无法解答的,要做出时间承诺。在处理过程中无论进展如何,到承诺的时间一定要给客户答复,直至问题解决。

(1)倾听客户投诉问题的3个方法

1)准备

客户找你洽谈或倾诉或投诉的时候,你要做好如下准备:给自己和客户都倒一杯水;尽可能找一个安静的地方;让双方坐下来,坐姿尽量保持45°;记得带笔和记事本。

2)记录

俗语云:好记性不如烂笔头。一线服务人员每天要面临许多客户,每个客户的要求都不尽相同,把客户谈话的重点记录下来是防止遗忘的最安全的方法。记录客户的谈话,除了防止遗忘外,还有以下好处:

①具有核对功能。核对你听的与客户所要求的有无不同的地方。

②日后工作中可根据记录检查是否完成了客户的需求。

③可避免日后如"已经交代了""没听到"之类的纷争。

3)理解

要检验理解你所听到的与客户所要求的并无不同,要注意以下几点:不清楚的地方,询问清楚为止。以具体的、量化的方式,向客户确认谈话的内容。要让客户把话说完,再提意见或疑问。

(2)销售员倾听技巧

1)做好"听"的各种准备

首先要做好心理准备,要有耐心倾听客户的讲话;其次要做好业务上的准备,对自己销售的产品要了如指掌,要预先考虑到客户可能会提出什么问题,自己应如何回答,以免到时无所适从。

2)不可分神,要集中注意力

听人说话也是一门学问,当客户说话速度太快或与事实不符时,销售员绝不能心不在焉,更不能流露出不耐烦的表情。一旦让客户发觉销售员并未专心在听自己讲话,那销售员也将失去客户的信任,从而导致销售失败。

3)适当发问,帮客户理出头绪

客户在说话时,原则上销售员要有耐性,不管爱听不爱听都不要打断对方,可适时地发问,比一味地点头称是或面无表情地站在一旁更为有效。

　　一个好的听者既不怕承认自己的无知,也不怕向客户发问,因为她知道这样做不但会帮助客户理出头绪,而且会使谈话更具体生动。为了鼓励客户讲话,销售员不仅要用目光去鼓励客户,还应不时地点一下头,以示听懂或赞同(见图9.4.1)。例如:"我明白您的意思""您是说……"或者简单地说"是的""不错"等。

图9.4.1　用心倾听客户的诉求

　　4)从倾听中了解客户的意见与需求

　　客户的内心常有意见、需要、问题、疑难等,销售员就必须要让客户的意见发表出来,从而了解需要、解决问题、清除疑难。在销售员了解到客户的真正需求之前,就要找出话题,让客户不停地说下去,这样不但可避免听片断语言而产生误解,而且销售员也可以从客户的谈话内容、声调、表情、身体的动作中观察、揣摩其真正的需求。

　　5)注意平时的锻炼

　　听别人讲话也是一门艺术。销售员在平时同朋友、家人、服务对象交谈时,随时都可以锻炼听力,掌握倾听技巧,慢慢地就可以使倾听水平有很大的提高,而且也可以从倾听中学到许多有用的知识。

9.4.2　了解客户投诉心理期望

　　客户投诉时心里是怎么想的?希望通过投诉获得什么?作为汽车销售人员务必深刻洞察客户的心理状态,培养准确分析客户心理的能力,然后给予合理解决。

　　(1)发泄的心理

　　客户遇到不满而投诉,一个最基本的需求是将不满传递给商家,把自己的怨气发泄出来,这样,客户不快的心情会得到释放和缓解,恢复心理上的平衡。客服人员耐心倾听是帮助客户发泄的最好方式,切忌打断客户,让他的情绪宣泄中断,淤积怨气。此外,客户发泄的目的在于取得心理平衡,恢复心理状态,客服人员在帮助他们宣泄情绪的同时,还要尽可能营造愉悦的氛围,引导客户的情绪。美国商业银行有一个制胜秘诀——招聘外向的使别人开心的员工,然后对他们进行培训,培训,再培训,使每个员工都具备让客户开心大笑的本事。作为投诉处理人员,即便有着过硬的业务能力和极强的责任心,如果整天苦着脸或神经质地紧张,给客户的感觉必然会大打折扣,但是营造愉悦氛围也要把握尺度和注意客户的个性特征,如果让客户感到轻佻、不受重视,那宁可做一个严肃的倾听者。

（2）尊重的心理

所有客户来寻求投诉都希望获得关注和对他所遇到问题的重视，以达到心理上的被尊重，尤其是一些感情细腻、情感丰富的客户。在投诉过程中，商家的客服人员能否对客户本人给予认真接待，及时表示歉意，及时采取有效的措施，及时回复等，都被客户作为是否受尊重的表现。如果客户确有不当，商家的客服人员也要用聪明的办法让客户下台阶，这也是满足客户尊重心理的需要。

（3）补救的心理

客户投诉的目的在于补救，因为客户觉得自己的权益受到了损害，值得注意的是，客户期望的补救心理不仅指财产上的补救，还包括精神上的补救，根据我国的法律规定，绝大多数情况下，客户是无法取得精神赔偿的，而且实际投诉中提出要求精神赔偿金的也不多，但是，商家客服人员通过倾听、道歉等方式给予客户精神上的抚慰是必要的。

（4）认同心理

客户在投诉过程中，一般都努力向商家证实他的投诉是对的和有道理的，希望获得商家的认同。所以商家客服人员在了解客户的投诉问题时，对客户的感受、情绪要表示充分的理解和同情，但是要注意不要随便认同客户的处理方案。比如客户很生气时，客服人员可以说"您别气坏了身体，坐下来慢慢说，我们商量一下怎么解决这个问题。"这个回应是对客户情绪的认同、对客户期望解决问题的认同，但是并没有轻易地抛出处理方案，而是给出一个协商解决的信号。客户期望认同的心理得到回应，有助于拉近彼此的距离，为后面协商处理营造良好的沟通氛围。

（5）表现心理

客户前来投诉，往往潜在地存在着表现的心理，客户既是在投诉和批评，也在建议和教导，好为人师的客户随处可见。他们通过这种方式获得一种成就感。客户表现心理的另一方面，是客户在投诉过程中，一般不愿意被人做负面的评价，他们时时注意维护自己的尊严和形象。利用客户的表现心理，商家客服人员在进行投诉处理时，要注意夸奖客户，引导客户做一个有身份的、理智的人。另外，可以考虑性别差异地接待，如男性客户由女性来接待，在异性面前，人们更倾向于表现自己积极的一面。

（6）报复心理

客户投诉时，一般对于投诉的所失、所得有着一个虽然粗略却是理性的经济预期。如果不涉及经济利益，仅仅为了发泄不满情绪，恢复心理平衡，客户一般会选择投诉、批评等对商家杀伤力不大的方式。当客户对投诉的得失预期与商家的相差过大，或者客户在宣泄情绪过程中受阻或受到新的伤害，某些客户会演变成报复心理。存有报复心理的客户，不计个人得失，不考虑行为后果，只想让商家难受，出自己的一口恶气。自我意识过强，情绪易波动的客户更容易产生报复心理，对于这类客户要特别注意做好工作。客户出于报复心理状态时，商家客服人员要通过各种方式及时让双方的沟通恢复理性。对于少数有报复心理的人，要注意搜集和保留相关的证据，以便客户做出有损商家声誉的事情时，拿出来给大家看看，适当的时候提醒一下客户这些证据的存在，对客户而言也是一种极好的冷静剂。

9.4.3　设身处地，换位思考

当接到客户投诉时，首先要有换位思考的意识。如果是本方的失误，首先要代表公司表示道歉，并站在客户的立场上为其设计解决方案。对问题的解决，也许有三到四套解决方案，可将自己认为最佳的一套方案提供给客户，如果客户提出异议，可再换另一套，待客户确认后再实施。当问题解决后，至少还要有一到二次征求客户对该问题的处理意见，争取下一次的合作机会。

9.4.4　承受压力，用心去做

当客户的利益受到损失时，着急是不可避免的，以至于会有一些过分的要求。作为客服人员此时应能承受压力，面对客户始终面带微笑，并用专业的知识、积极的态度解决问题。

9.4.5　有理谦让，处理结果超出客户预期

纠纷出现后要用积极的态度去处理，不应回避。在客户联系你之前先与客户沟通，让他了解每一步进程，争取圆满解决并使最终结果超出客户的预期，让客户满意，从而达到在解决投诉的同时抓住下一次商机。

9.4.6　长期合作，力争双赢

在处理投诉和纠纷的时候，一定要将长期合作、共赢、共存作为一个前提，以下技巧值得借鉴。

①学会识别、分析问题。

②要有宽阔的胸怀、敏捷的思维及超前的意识。

③善于引导客户，共同寻求解决问题的方法。

④具备本行业丰富的专业知识，随时为客户提供咨询。

⑤具备财务核算意识，始终以财务的杠杆来协调收放的力度。

⑥有换位思考的意识，勇于承担自己的责任。

⑦处理问题时留有回旋的余地，任何时候都不要将自己置于险境。

⑧处理问题的同时，要学会把握商机。通过与对方的合作达到双方共同规避风险的共赢目的。

此外，汽车销售人员应明白自己的职责，首先解决客户最想解决的问题，努力提升在客户心目中的地位及信任度，通过专业知识的正确运用和对公司政策在不同情况下的准确应用，最终达到客户与公司都满意的效果。

任务9.5　汽车4S店客户投诉处理流程

【任务书】

1. 掌握客户投诉处理流程。
2. 客户投诉处理流程监督考核流程。

【相关知识】

9.5.1　客户投诉处理流程

①任何人在接到客户意见后,第一时间向客户道歉并记录投诉内容,并记录相关内容,比如时间、地点、人员、事情经过、其结果如何等问题,了解投诉事件的基本信息,并初步判断客户的投诉性质,在1h内上报客户经理或客户服务中心,由客户经理或客户服务中心立即填写《客户信息反馈处理单》。

②客户服务中心立即给该《客户信息反馈处理单》进行编号并简单记录基本信息:车牌号、填单人姓名、内容概要。

对于明显能确定责任的质量问题、服务态度、文明生产、工期延误的投诉:

a. 客户经理在24h内协同被反馈部门完成责任认定并对责任人完成处理意见后,完成与客户的沟通(如有必要)并将《客户信息反馈处理单》转给管理部。24h内没有联系上的客户,客户经理应在48h完成上述工作。

b. 管理部在接到《客户信息反馈处理单》后,在4h内根据公司文件对处理意见进行复核,对认可的处理出具过失处理意见;对有异议的,召集客户经理和被相关部门进行协商并签署协商意见。在4h内,将处理结果上报主管总经理,同时将主管总经理的处理意见反馈给客户经理和相关部门执行。

c. 管理部在8h内根据最终处理意见实施责任追究、进行过失沟通,完成最终的《客户信息反馈处理单》并于当日转客户服务中心。

对于当时无法确定责任的质量问题、配件延时、客户不在场、客户没有时间的投诉。

a. 客户经理通知客户在客户方便时直接找客户经理解决,报主管总经理认可后,按未了事宜进行处理。

b. 如客户属于重大投诉,客户经理应请示主管总经理后上门拜访客户。

c. 未了事宜由客户经理和客户服务中心分别在各自的《未了事宜台账》上进行记录,并在维修接待计算机系统中明确标注。

　　d. 客户经理每月 4 日完成上个月未了事宜的客户沟通提醒及时回厂处理并及时掌握未了事宜的变化情况。

　　回访流程：客户服务中心对处理完毕的《客户信息反馈处理单》，并有客户经理明确标明需要回访的客户，在 24 h 内进行回访；对正在处理中的《客户信息反馈处理单》暂停回访，直至处理完毕后再进行回访。

9.5.2　客户投诉处理流程监督考核流程

　　①客户服务中心对收到的《客户信息反馈处理单》进行及时性和处理尺度的考核，发现问题的《客户信息反馈处理单》返回管理部，由管理部与相关责任人进行过失认定后将《客户信息反馈处理单》交客户服务中心存档。

　　②客户服务中心每周二和每月 2 日将《客户信息反馈处理单》汇总报主管总经理和管理部。

　　③每月 4 日管理部将《客户信息反馈处理单》汇总中的奖罚情况报主管总经理和财务部。

9.5.3　《客户信息反馈处理单》的时效性

　　除责任人外，每个环节涉及的部门都应安排主要责任人和次要责任人，不得由于人员休息延误《客户信息反馈处理单》的处理时效性。

9.5.4　当事人不得直接参与客户投诉处理

【情境小结】 ···

　　顾客异议是顾客对销售人员或其推销活动所做出的一种在形式上表现为怀疑或否定或反对意见的一种反应。简单地说，被顾客用来作为拒绝购买理由的意见、问题、看法就是顾客异议。顾客异议是成交的障碍，因为无论何时出现，它都是顾客拒绝的理由。然而，顾客的异议并不都是消极的，有时它不但不会妨碍销售，反而可以使销售人员找到成交的途径。任何一个销售人员都必须做好心理准备和思想准备，正确对待顾客的异议，善于分析和处理各种顾客异议，努力促使顾客产生购买行为。

【思考与训练】 ···

　　1. 什么是客户投诉？客户投诉的分类有哪些？

　　2. 产生客户投诉的原因有哪些？

　　3. 简述处理客户投诉的原则。

　　4. 简述处理客户投诉的技巧。

【实训】 ··· 🏳

1. 知识点回顾

客户投诉产生的原因,以及处理的方法、技巧、流程。

2. 实训要求

①分组。每小组 5～6 人。

②情境设置人员分工。

要求 20 min 内完成;选择评委人员来为每组打分,10 分为满分。

③现场模拟(模拟 10 min)。

④评委打分并总结。

3. 情境模拟

①模拟投入(态度、表情、语言、流畅度)20%。

②分工明细度 20%。

③处理流程 30%。

④处理技巧 30%。

4. 统计总得分

参考文献

［1］张志. 汽车服务礼仪［M］. 上海：上海交通大学出版社，2012.

［2］王秋实. 汽车服务礼仪［M］. 北京：人民交通出版社，2017.

［3］王亚维. 汽车服务礼仪［M］. 北京：电子工业出版社，2015.

［4］孟晋霞. 汽车商务礼仪［M］. 北京：清华大学出版社，2012.

［5］夏志华，姬虹，孔春花. 汽车营销服务礼仪［M］. 北京：北京大学出版社，2011.

［6］刘易莎，钟晓红，杨运来，等. 汽车商务礼仪［M］. 北京：清华大学出版社，2016.

［7］李继斌，李文亮，陈云富. 汽车服务与礼仪［M］. 上海：复旦大学出版社，2013.

［8］刘韵，杨红艳，杨娜. 汽车服务礼仪［M］. 北京：人民交通出版社，2017.

［9］刘建伟，郭玲. 服务礼仪（汽车运用技术专业用）［M］. 北京：人民交通出版社，2012.

［10］黄关山，程浩勋. 汽车营销［M］. 北京：人民交通出版社，2012.

［11］邱英杰. 汽车商务礼仪［M］. 杭州：浙江科学技术出版社，2014.

［12］姚飞，赵珊娜，白林. 汽车服务礼仪［M］. 北京：北京理工大学出版社，2014.

［13］李福来，吴晓斌. 汽车营销礼仪［M］. 北京：人民交通出版社，2014.

［14］支文婷. 汽车营销礼仪［M］. 杭州：浙江科学技术出版社，2013.

［15］刘军. 汽车服务礼仪［M］. 北京：化学工业出版社，2017.

［16］安建伟，李彦军. 汽车4S店服务顾问上岗速成［M］. 北京：化学工业出版社，2015.

［17］丁卓. 汽车售后服务管理［M］. 北京：机械工业出版社，2015.

［18］吴卫，苏科. 汽车售后服务管理［M］. 北京：中国财富出版社，2013.

［19］纪亚飞. 服务礼仪［M］. 北京：中国纺织出版社，2012.

［20］金正昆. 服务礼仪［M］. 西安：陕西师范大学出版社，2012.

［21］黄文静，向梦知. 服务礼仪［M］. 北京：中国财富出版社，2014.

［22］张丽威. 销售语言技巧与服务礼仪［M］. 北京：中国财政经济出版社，2011.

［23］葛雷. 营销素养训练［M］. 北京：中国财政经济出版社，2015.

［24］宋海燕，纪亚飞. 销售礼仪标准培训［M］. 北京：中国纺织出版社，2015.

［25］石虹. 汽车销售礼仪［M］. 北京：北京理工大学出版社，2013.

［26］李灵，刘桦. 销售语言与服务礼仪学习指导与练习［M］. 北京：高等教育出版社，2009.

［27］孙路弘.汽车销售第一本书［M］.北京:中国人民大学出版社,2008.

［28］丁兴良,王平辉.沟通技巧:汽车销售人员业绩提升第一步［M］.北京:机械工业出版社,2011.

［29］韩宏伟.汽车销售实务［M］.北京:北京大学出版社,2012.

［30］礼仪培训课程:多说几句"客套话"［EB/OL］. http://www.517edu.com/2010/1/11/bgbjn.htm.

［31］孙同明.汽车营销学实务［M］.重庆:重庆大学出版社,2015.